AF357411

— Impr. Sally-B. Salomou —

LES COULISSES

DE LA

DIPLOMATIE

QUINZE ANS A L'ÉTRANGER

(1864-1879)

PAR

JULES HANSEN

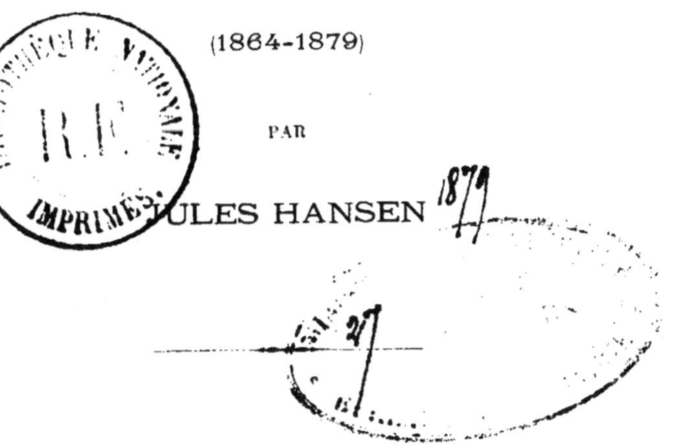

PARIS

J. BAUDRY, LIBRAIRE-ÉDITEUR

15, RUE DES SAINTS-PÈRES, 15

COPENHAGUE CHEZ A.-F. HØST & FILS

1880

TOUS DROITS RÉSERVÉS

PRÉFACE.

Quand au mois d'avril de l'année 1864, j'ai quitté Copenhague pour entreprendre un voyage à l'étranger, je croyais m'absenter quelques mois à peine ; mais ces mois se sont multipliés et sont devenus des années. Voici quinze ans que j'ai quitté ma patrie.

Dans les pays que j'ai habités, et surtout en France, on m'a temoigné une bienveillance et une sympathie dont je conserverai toujours un profond souvenir. M'acquitter envers les amis que je vais laisser derrière moi, ne me sera sans

doute jamais permis. Je tiens, du moins, à ce
qu'ils sachent, ainsi que mes compatriotes, quels
sentiments reconnaissants j'emporte et quel usage
j'ai fait de leur confiance et de leur appui. C'est
pour cette raison que je publie ce livre.

Il va sans dire que ma publication n'a pas la
prétention d'être une histoire : elle n'est qu'un
court et fidèle exposé des événements auxquels je
me suis trouvé mêlé pendant ces quinze dernières
années. Peut-être le lecteur, dans le cours de ce
récit, trouvera-t-il l'explication de quelque fait,
resté obscur pour lui, dont je dois d'avoir eu
connaissance au rôle modeste que j'ai joué.

Paris, Mai 1879.

JULES HANSEN.

CHAPITRE I.

Vers la fin de mars 1864, la position du Danemark
était, comme on le sait, devenue très critique. La guerre
des duchés, cette œuvre inouïe de violence et d'usurpa-
tion, avait pris une tournure désastreuse pour notre pays.
Le 8 mars, l'ennemi pénétrait dans le Jutland; le 17
mars, la place de Düppel était complétement investie,
et tout cela sans que l'armée danoise ait eu à son actif,
comme dans la guerre de 1848 à 1850, quelques succès
qui lui permissent l'espérance.

La position politique du Danemark n'était guère meilleure que sa situation militaire. Politiquement, l'Europe se trouvait dans un état de division complète; les questions d'»équilibre européen« et d'»intégrité des États« étaient mises de côté. Les choses étaient bien changées depuis 1857, époque où Napoléon III enjoignait à son ambassadeur à St Pétersbourg de déclarer bien haut, en toute occasion, que la France, tout comme l'Angleterre et la Russie, tenait fort à l'intégrité du Danemark et considérerait comme un *casus belli* toute atteinte qui y serait portée. La conduite de la France, lors du soulèvement de la Pologne, avait vivement indisposé le gouvernement russe et l'avait éloigné de la France, en le rapprochant de la Prusse. Quant à l'Angleterre, le mauvais accueil qu'elle avait fait à l'idée du Congrès, mise en avant par Napoléon III, avait beaucoup contribué à refroidir les anciennes relations amicales des deux alliés de la guerre de Crimée, et l'on pouvait considérer l'alliance anglo-française comme à peu près dissoute. Ajoutons que l'expédition du Mexique paralysait à ce moment les forces de la France, ce dont les Français, à cette époque, étaient peu disposés à convenir et ne se doutaient même pas.

Dans ces circonstances, il n'est pas étonnant qu'un politique aussi hardi et énergique que M. Otto de Bismarck-Schœnhausen, ait eu l'audace habile de profiter de la mort de Frédéric VII et de l'agitation anti-danoise entretenue depuis si longtemps en Allemagne par des moyens artificiels, pour attaquer le Danemark. Mais il y avait lieu de s'étonner que l'Autriche se fût laissée entraîner par l'astucieux ministre prussien à prendre part à une telle guerre, et tout le monde pouvait prévoir que l'heure de la punition ne serait pas loin pour les Habsbourg.

Le reste de l'Europe ne marchandait pas, il est vrai, ses sympathies au petit Danemark; mais, en général, faute de connaître les véritables causes du conflit, on ne comprenait pas, dans toute son étendue, l'iniquité des agressions allemandes. Dans le pays qui nous était le plus sympathique tant par tradition qu'à raison de la générosité chevaleresque du caractère national, — en France, — on était encore assez ignorant de la véritable nature du conflit. Cela tenait en grande partie à ce que la presse française, comme la presse étrangère en général, subissait dans une large mesure l'influence de journalistes allemands, qui, travaillant surtout dans l'intérêt du prince d'Augustenbourg, remplissaient les journaux d'articles hostiles à la cause danoise. Je citerai seulement, à ce propos, deux grands journaux de Paris, le journal officieux *Le Constitutionnel*, et *Le Temps*, — ce dernier rédigé par l'Alsacien Nefftzer, — qui, pendant toute la guerre dano-allemande, soutinrent les intérêts allemands avec une partialité marquée. La raison de cette attitude était tout simplement dans ce fait, que l'un et l'autre de ces journaux avaient un collaborateur allemand, et que les rédacteurs français, peu au courant eux-mêmes des origines de la question danoise, abandonnaient volontiers cette partie du journal à des gens qu'ils croyaient bien informés.

Cet état de choses, si fâcheux pour la cause danoise, fit vers le mois de mars 1864, à Copenhague, le sujet de plusieurs conversations dans un cercle d'hommes animés d'un vif esprit patriotique. Ils s'accordèrent à penser qu'il serait heureux que la presse européenne — la presse française surtout — pût recevoir d'autres lumières et d'autres inspirations, et que l'opinion étrangère eût une idée plus juste de la situation. Le gouvernement ne semblant pas disposé à prendre cette tâche en main, il se forma dans le centre même de ce cercle un petit comité, dont feu le conseiller d'État et procureur de la cour royale Nyholm était l'âme, et qui se proposait de mener cette affaire à bonne fin.

Un des derniers jours du mois de mars, le conseiller d'État Nyholm s'adressa à moi, et me demanda si je serais disposé à me charger de cette mission. Je lui demandai quelques jours de réflexion. Je ne me dissimulai nullement les difficultés d'une telle entreprise; car d'abord, je ne connaissais qu'assez imparfaitement la langue française; puis, je n'avais jamais été, et ne serai jamais non plus un journaliste dans le sens complet du mot, — deux raisons suffisantes pour me faire craindre de ne pas posséder les qualités nécessaires pour obtenir accès et influence dans la presse. D'ailleurs, mes occupations comme sous-chef à la cour Royale supérieure, différaient fort de celles que l'on m'offrait. Il y avait donc bien des raisons d'hésiter avant d'accepter la proposition de M. Nyholm. Celui-ci m'encouragea cependant, en me parlant de la noblesse du but auquel mes efforts patriotiques seraient consacrés; il vint enfin à bout de mes scrupules. J'acceptai la mission et demandai quelques mois de congé, qui me furent accordés très.volontiers par le ministre de la Justice, M. le conseiller d'État Casse.

Le 2 avril, M. Nyholm me remit une somme d'argent pour subvenir à mes premières dépenses à Paris, et prit en même temps congé de moi, sans me donner d'autres instructions que celle de travailler de mon mieux pour la cause danoise à l'étranger, et surtout en France.

Le 3 avril, à deux heures de l'après-midi, je m'embarquai, conformément à ce mandat, sur le vapeur *L.-I. Bager,* qui devint plus tard si tristement célèbre. Naviguant sous pavillon suédois, il pouvait sans obstacle transporter des passagers de Copenhague à Lübeck, d'où l'on continuait le voyage jusqu'à Paris. Un seul incident marqua notre trajet: vers le point du jour, nous fûmes hélés par une chaloupe canonnière danoise, pour voir si nous avions de la contrebande de guerre à bord. Quant à la guerre elle-même, nous n'eûmes pas lieu de nous en apercevoir, et quoique l'ennemi eût déjà dès le 17 mars complétement investi la position de Düppel, et que le bombardement de Sœnderborg eût commencé peu de jours après, nous n'entendîmes pas un seul coup de canon durant le trajet.

Le matin du 6 avril j'arrivai à Paris. Je descendis à l'hôtel Montesquieu, près du Palais Royal. J'avais pensé que, pour le genre d'activité auquel j'allais me vouer, il valait mieux demeurer au centre de la ville, où se trouvaient les bureaux de rédaction des grands journaux.

Comment entamer les opérations? C'était une question ardue pour moi, qui ne connaissais personne à Paris, Danois ou Français. Mais il fallait agir, et je n'avais pas de temps à perdre.

Le lendemain de mon arrivée, j'entrai le matin dans un café du Palais-Royal, qui recevait la plupart des journaux de Paris, et je pris l'adresse d'une dizaine environ de bureaux de rédaction.

Je pensai qu'il serait bon de tenter fortune tout d'abord auprès d'un organe gouvernemental, et je songeai à la rédaction du *Pays,* journal de l'Empire, dont les bureaux étaient au Faubourg Montmartre, près du Boulevard. Vers onze heures, je me présentai donc au bureau de ce journal et demandai le rédacteur en chef, lui faisant remettre ma carte, sur laquelle j'avais écrit que je désirais l'entretenir des affaires du Danemark. On me fit répondre qu'un des rédacteurs, M. Lomon, était chargé de me recevoir, et je fus à l'instant introduit auprès de ce dernier.

Par bonheur, cet excellent M. Lomon, qui dans la suite a toujours montré beaucoup de sympathie pour la cause danoise, comprenait assez bien l'allemand; je réussis donc, moitié en allemand, moitié en français, à lui faire comprendre ce que je voulais.

— »Eh bien!« dit-il, »essayons donc, et voyons ce que vous valez. Si vous pouvez nous fournir des nouvelles sûres de la guerre, et surtout nous faire une description de la manière dont soixante millions d'Allemands font la guerre à deux millions de Danois, vous serez le bienvenu.«

Je lui racontai alors ce que je savais de la défense de Düppel, de l'oppression de l'élément danois dans le Slesvig, et de la manière dont les Prussiens se comportaient en Jutland.

Lomon n'avait pas un talent littéraire de premier ordre; il occupait une place assez modeste dans la rédaction. Mais c'était un homme persévérant et laborieux, un excellent confrère, qui m'a rendu bien des services pendant les années où je l'ai connu. Après avoir causé à peu près une heure avec lui, je le quittai et retournai à mon hôtel, très-curieux de savoir quelles seraient les suites de cette première visite à un journal français, et si, en somme, j'avais obtenu quelque chose.

On peut donc s'imaginer ma joie et ma surprise, lorsque, quelques jours après, je trouvai dans le *Pays* un assez long article sur la guerre et les affaires du Slesvig, signé du nom de »Hansen«. Les Français sont ainsi! Quand quelqu'un leur a inspiré confiance, cette confiance grandit rapidement, et ils passent volontiers par dessus les formes. Lomon, qui avait une véritable stature de géant, est mort, il y a quelques années, d'une fluxion de poitrine. Il n'a pas assez vécu pour jouir des triomphes littéraires de son fils, qui, tout jeune encore, a remporté au Théâtre-Français un des grands succès de ces dernières années, avec son drame patriotique en vers *Jean Dacier*.

Le lendemain du jour où avait paru l'article du *Pays*, je me rendis auprès de Lomon, pour le remercier. Les jours suivants, je lui apportai plusieurs nouvelles, dont il se servit partie dans le *Pays*, partie dans ses correspondances avec les journaux de province.

La glace était donc rompue, et par l'intermédiaire de Lomon, je fis bientôt connaissance avec plusieurs des rédacteurs d'autres journaux parisiens, tels que *La France* et *La Patrie*. Dans ce dernier journal, tous les articles sur le Danemark étaient écrits par Louis Bellet, qui, quelques années auparavant, avait publié une brochure sur les affaires de ce pays. Dans *La France*, qui était regardée alors tout spécialement comme l'organe du ministère des affaires étrangères, je trouvai bientôt un bienveillant appui chez un des rédacteurs politiques, M. Escudier, qui avait beaucoup de relations, surtout dans les cercles diplomatiques, et qui était admis dans le cabinet de M. Drouyn de Lhuys. Escudier, malgré ses soixante-et-dix ans, est encore aujourd'hui collaborateur assidu de plusieurs journaux; c'est un homme fort remarquable. Pendant quarante ans qu'il s'est occupé de journalisme, il a eu l'occasion de faire connaissance avec presque tous les personnages influents de France, depuis Louis Blanc jusqu'au duc Decazes. C'est un homme très laborieux, et, par son obligeance et sa persévérance, il s'est fait beaucoup d'amis, surtout dans les hautes régions politiques, et sait bien des choses qui ne sont pas arrivées à la connaissance du public. Tout le monde à Paris a rencontré ce petit homme pétillant de vivacité, — qui comme M. Thiers, est né à Marseille, — circulant dans son cabriolet attelé d'un petit poney, et dans lequel il quitte à huit heures du matin son hôtel de l'Avenue du Bois de Boulogne pour commencer ses visites chez divers hommes politiques, tournée qui dure en général jusque fort avant dans la journée.

M. Escudier me mit à même de fournir des communications à *La France*; ce journal avait alors beaucoup d'influence et jouissait d'une grande considération dans les cercles diplomatiques. Plus tard, je me rendis en Allemagne en qualité de correspondant de ce journal, et quelques années après, j'entrai dans sa rédaction.

Outre ces journaux impérialistes et officieux, j'entrai aussi bientôt en rapport avec les journaux de l'opposition, qui avaient bien plus de lecteurs et dans lesquels on pouvait s'exprimer plus vivement et plus ouvertement. Là je rencontrai Léon Plée, qui était spécialement chargé des articles du *Siècle* sur l'étranger, et Alexandre Bonneau, qui écrivait dans *l'Opinion nationale*, et avec qui je fus bientôt lié d'amitié, grâce à son caractère ouvert et aimable.

Je ne me bornai cependant pas à faire connaissance

avec des journalistes français. Dans mes fréquentes visites aux bureaux de rédaction, je rencontrais souvent les correspondants des grands journaux étrangers, et j'eus avec eux beaucoup de conversations intéressantes sur les affaires du Danemark. Entre autres, je nommerai spécialement Paul Foucher, beau-frère de Victor Hugo, correspondant de *l'Indépendance Belge*, qui faisait ses tournées quotidiennnes dans les bureaux d'un grand nombre de journaux où il rassemblait les matériaux de ses articles.

Je fis encore la connaissance de Browne, depuis plusieurs années correspondant à Paris du *Morning Post*, et des correspondants de la *Gazette de Cologne*, parmi lesquels je nommerai Kramer, qui vit encore à Paris où il est probablement le Nestor des journalistes étrangers. C'est un homme aimable, qui, malgré son extraction allemande, a su se faire une opinion indépendante et assez impartiale sur la France et les Français, ce qui fit qu'après la guerre de 1870, il obtint sans trop de difficulté la permission de revenir à Paris, pendant qu'elle était refusée à la plupart de ses collègues.

On voit qu'en un temps relativement court, j'avais réussi à nouer des relations qui me mettaient à même de renseigner le public par la voie de la presse étrangère sur les affaires du Danemark, et de neutraliser ainsi les influences allemandes dans la presse française. Je serais coupable d'ingratitude, si je ne consignais ici le reconnaissant souvenir de la courtoisie et de la complaisance que j'ai toujours rencontrées dans les bureaux de rédaction parisiens. J'ai pu juger alors de l'élévation de sentiments qui est dans le caractère national français. On est toujours sûr d'être bien reçu des Français, quand on s'adresse à eux au nom du patriotisme.

Mais, quant aux résultats positifs de mes efforts, je dois malheureusement constater qu'ils étaient, à ce moment-là, fort médiocres. Il n'arrivait de mon pays que de mauvaises nouvelles : le 18 avril, Düppel tombait entre les mains des ennemis, et le 29 du même mois avait lieu la reddition de Fredericia. Les essais tentés par la voie diplomatique et dans le secret des cabinets pour venir en aide au Danemark, pendant la guerre, ne réussirent pas mieux. Vu la grande importance de cette affaire, je tâcherai ici de grouper, aussi bien que possible, les différents renseignements que j'ai été en état de me procurer, sur les négociations qui ont eu lieu dans ce sens.

Il est certain qu'au printemps de 1864, il a été sérieusement question, pour la France et l'Angleterre, de venir au secours du Danemark et de déclarer la guerre à l'Allemagne ; mais il est difficile de dire exactement jusqu'à quel point les gouvernements respectifs s'étaient avancés sous ce rapport, et s'il y a eu plus que des pourparlers. Je puis garantir, pourtant, l'exactitude de l'exposé suivant.

Un des derniers jours du mois de février 1864, l'ambassadeur d'Angleterre, lord Cowley, eut une audience de l'empereur Napoléon ; le duc de Persigny était présent. Dans cet l'entretien, l'ambassadeur anglais insista beaucoup auprès de l'empereur pour l'engager à secourir le Danemark quand même, lui promettant positivement l'assistance de l'Angleterre. Les instances de lord Cowley furent fortement appuyées par Persigny, et parurent impressionner l'empereur, qui ne prit cependant aucune résolution définitive. A peu près à la même époque, la commission budgétaire du Corps législatif français fut subitement convoquée en séance secrète; un des ministres annonça que l'Empereur avait résolu de déclarer la guerre à la Prusse et à l'Autriche. On avait besoin de quatre-vingts millions de francs à cet effet; cinq à six millions avaient déjà été absorbés en dépenses préalables, et Sa Majesté comptait sur l'appui du Corps législatif. Les membres de la commission désirèrent savoir si c'était vraiment la résolution définitive de l'Empereur de commencer la guerre. Le ministre répondit à cette question par un »oui« catégorique.

Néanmoins, quelques jours plus tard, on annonça aux membres de la commission qu'il avait fallu renoncer à la guerre, l'Angleterre s'étant retirée.

Vers ce temps-là, le ministre de France à Cassel, M. le marquis de Chateaurenard, arrivé à Paris en congé, eut une audience de l'Empereur, qui tenait beaucoup à connaître les dispositions des Allemands, mais surtout à savoir, comment serait comprise et appréciée par eux la neutralité éventuelle de la France. Le ministre répondit que l'on préférerait sans doute une France neutre à une France entrant en lice pour le Danemark, mais qu'en revanche, la conviction qu'une guerre devait éclater tôt ou tard entre l'Allemagne et la France, était si profonde de l'autre côté du Rhin, que les Allemands, à tout prendre, aimeraient tout autant avoir cette guerre immédiatement. Ce diplomate ajouta encore ce qui suit, comme indice de leurs dispositions :

»Avant de partir, je me suis entretenu à Cassel avec un prêtre catholique, qui, la conversation étant tombée sur la possibilité d'une déclaration de guerre de la part de la France, s'exprima de la sorte : »Tant mieux, si l'Empereur se mêle de la guerre dano-allemande; car, quel que soit le résultat de son intervention, il faudra bien que quelques-uns de nos petits trônes princiers, si nombreux en Allemagne, disparaissent.«

Je cite ces paroles, parce qu'elles démontrent la force des principes unitaires qui prédominaient, déjà à cette époque, dans certains États allemands.

Le même soir, le marquis de Chateaurenard eut un entretien avec M. Drouyn de Lhuys, qui raconta qu'il avait tous les jours à lutter contre Cowley et Persigny. Ceux-ci voulaient absolument que la France déclarât la guerre à l'Allemagne, tandis que l'Empereur restait indécis. M. Drouyn de Lhuys ne contestait pas que l'Angleterre fût réellement disposée à se joindre à la France pour secourir le Danemark, mais il prétendait qu'elle ne lui prêterait que le secours de sa flotte, et qu'elle laisserait ainsi à la France la tâche de résister par terre au choc des armées allemandes réunies. Or, le ministre français des affaires étrangères ne voulait pas d'un partage aussi inégal des charges et des risques; il demandait catégoriquement, entre l'Angleterre et la France, une union et une solidarité complétes, sur terre et sur mer.

— »Je demande seulement,« disait M. Drouyn de Lhuys, »que l'Angleterre envoie une division sur le continent; sinon, je déconseille sans réserve une alliance avec l'Angleterre, et j'espère faire partager mon opinion par l'Empereur.«

Un ancien ministre des affaires étrangères m'a, d'un autre côté, quelques années plus tard, communiqué ce

qui suit, en m'assurant qu'il avait tout lieu de croire
à l'exactitude substantielle de cette relation:

Au printemps de 1864, lord Cowley reçut l'ordre
de proposer à la France une alliance offensive et défensive avec l'Angleterre, dans le but de secourir le Danemark. L'Angleterre agirait sur mer et, si cela devenait
nécessaire, sur terre, en joignant un corps de débarquement aux armées françaises. Afin d'obtenir le consentement de la France, le gouvernement anglais souscrivait
à une rectification de frontières, qui incorporerait à la
France toute la partie des provinces du Rhin située
entre Darmstadt au Sud, le Rhin à l'Est, et limitée au
Nord par une ligne vaguement indiquée, partant de
Bonn et s'avançant jusqu'à la frontière septentrionale
du Luxembourg.

Dans ses négociations préliminaires et secrètes, lord
Cowley ne s'adressa point au ministre des affaires étrangères mais à M. Rouher, qui jouissait alors d'une grande
influence par sa position personnelle. M. Rouher reçut
ces propositions avec beaucoup de réserve; car, toute
réflexion faite, la France courait un risque bien plus
grand que l'Angleterre. Toute l'Allemagne se sentait
intéressée à la question danoise, et le premier résultat
de l'alliance proposée aurait été de mettre la France
aux prises avec toutes les armées allemandes réunies,
y compris celles de l'Autriche. De l'autre côté, par
contre, il ne fallait pas juger de la valeur de l'assistance anglaise seulement d'après le nombre des combattants qu'elle pourrait mettre en campagne, et les
flottes des deux pays représentaient une force maritime
bien capable de faire pencher la balance. Aussi, sans re-
pousser la proposition du cabinet de St. James, M. Rouher

l'agréa *ad referendum*, et demanda seulement le temps de la communiquer à l'empereur. L'examen dura trois jours, au bout desquels on résolut d'accepter la proposition de l'Angleterre. Ces négociations préliminaires avaient eu lieu dans le plus grand secret, et, la résolution prise, fut communiquée immédiatement au prince de La Tour d'Auvergne, ambassadeur de France à Londres, pour que celui-ci en informât aussitôt lord Russell. La dépêche envoyée au prince était écrite en un chiffre particulier, dont l'ambassadeur seul possédait la clef. Il reçut la dépêche le matin entre sept et huit heures, et se mit aussitôt à la déchiffrer lui-même, sans l'assistance de son secrétaire, pour que personne n'entrât dans la confidence. Aussitôt qu'il eût fini le déchiffrement, il se rendit auprès de lord Russell, afin de lui apprendre que l'empereur acceptait la proposition. Mais le chef du Foreign-Office anglais lui répondit — qu'il était trop tard. La veille au soir, après une conférence des ministres à ce sujet, il avait communiqué aux cabinets étrangers la résolution définitive de l'Angleterre de rester passive et de ne pas soutenir le Danemark par les armes dans sa lutte contre les grandes puissances allemandes.

Telle était la teneur de cette remarquable relation. Je dois cependant faire remarquer que M. Drouyn de Lhuys, avec lequel je me suis plusieurs fois entretenu de cette affaire, doutait de l'authenticité de ces détails, et m'a affirmé que l'Angleterre n'avait jamais offert à la France d'autre assistance que celle de sa flotte.

A cet endroit, j'ajouterai encore que le Prince Napoléon, qui me fit en 1877 l'honneur de me recevoir en audience, me dit alors qu'en Danemark on jugeait trop sévèrement l'Empereur Napoléon à propos de sa conduite pendant la guerre dano-allemande.

— Il est certain, me dit Son Altesse, que mon cousin était décidé à porter secours aux Danois, dans le cas où l'Angleterre eût voulu contracter une alliance raisonnable; mais, l'Angleterre s'y refusant, il en est résulté que le Danemark a été abandonné à lui-même.

Il est encore intéressant d'apprendre ce que pensait lord Palmerston de l'envahissement du Danemark par les puissances allemandes, et du secours qu'on eût pu porter à ce pays. Les opinions du célèbre homme d'État anglais, à ce sujet, sont clairement exposées dans les cinq lettres suivantes, adressées par lui à deux hommes d'État contemporains et au roi des Belges.

Voici la teneur d'une de ces lettres, à lord Russell :

Piccadilly, 94, le 13 février 1864.

Mon cher Russell, je partage pleinement votre indignation. La conduite de la Prusse et de l'Autriche est honteuse, et l'une ou l'autre de ces puissances aura à s'en repentir avant la fin de cette affaire. J'ai quelque doute cependant sur l'opportunité, à l'heure actuelle, des mesures proposées. Le gouvernement français s'y refuserait probablement, à moins qu'il ne fût tenté par l'idée de concentrer une armée sur la frontière du Rhin, dans le cas d'un refus de l'Autriche et de la Prusse, — refus que nous devons considérer comme à peu près certain.

Les objections que soulèvent les mesures suggérées dans le cas d'un refus de l'Autriche et de la Prusse, peuvent être formulées comme suit :

En premier lieu, nous ne pourrions pas, de plusieurs semaines, envoyer une escadre dans la Baltique, et une démonstration de ce genre n'aurait pas grand effet sur les Allemands, à moins d'être regardée comme le prélude d'une action ultérieure. A vrai dire, ce serait une sérieuse entreprise, que d'engager un conflit militaire avec toute l'Allemagne. Avec la coopération de la Suède et du Danemark, nos 20,000 hommes pourraient faire beaucoup; mais l'Autriche et la Prusse pourraient mettre 200,000 ou 300,000 hommes en campagne, et auraient en outre avec elles tous les petits États allemands. En second lieu, bien qu'il fût très-utile de rappeler confidentiellement aux Autrichiens et aux Prussiens le danger qu'ils courent chez eux — en Italie et en Gallicie pour l'Autriche, dans les provinces rhénanes pour la Prusse, — il ne serait pas sage, ni de notre intérêt, de suggérer à la France une attaque contre les provinces prussiennes du Rhin. Si cette attaque avait lieu, ce serait bien fait pour la Prusse, et si elle continuait à se mettre dans son tort, nous ne pourrions pas prendre son parti contre la France. Mais la conquête de ce territoire par la France serait un mal en ce qui nous concerne, et affecterait sérieusement la position de la Hollande et de la Belgique. Somme toute, je suis d'avis qu'il vaudrait mieux, pour nous, attendre quelque temps avant de prendre aucune mesure grave en cette affaire.

A vous, etc.

Palmerston.

Le 20 février, lord Palmerston écrivait au duc de Somerset, premier lord de l'Amirauté:

J'avoue que je suis tout à fait de l'avis de Russell, que notre escadre doit aller à Copenhague, aussitôt que la saison le permettra, avec des ordres pour prévenir toute invasion, toute attaque contre la Sélande et Copenhague. Il n'est pas improbable que l'Autriche et la Prusse, comptant sur notre attitude passive, songent à occuper Copenhague et à imiter ce que le premier Napoléon a fait à Vienne et à Berlin, en dictant les conditions de la paix dans la capitale danoise. On rirait de nous, si nous laissions faire cela en restant simples spectateurs.

Les deux lettres suivantes font connaître les projets de lord Palmerston, pour le cas où le gouvernement

autrichien aurait voulu renforcer ses forces navales dans
la Baltique:

Piccadilly, 94, le 1er mai 1864.

Mon cher Russell, j'étais si peu satisfait de la décision
du cabinet de samedi, que je résolus de faire une démarche
pour mon propre compte. J'écrivis en conséquence ce matin
à Apponyi, lui demandant de venir ici causer une demi-
heure avec moi. Il vint. Je lui dis que je désirais avoir
avec lui un bout de conversation amicale et sans réserve,
non pas comme un ministre anglais parlant à un ambassadeur d'Autriche, mais comme Palmerston causant avec
Apponyi. Ce que j'allais lui dire avait trait à des affaires
très-graves, mais je le suppliais de ne rien prendre de ce
que je pouvais lui dire pour une menace, mais seulement
pour une franche explication entre amis sur des sujets de
nature à amener plus tard des désaccords. Faute d'explications données à temps sur les conséquences possibles de
certaines choses, on pourrait plus tard se reprocher des résultats désagréables, que des explications opportunes eussent
pu prévenir.

Je lui dis que nous avions, dès le commencement, pris
un profond intérêt à la cause du Danemark, — non à raison de liens de famille qui n'ont que bien peu d'influence
sur la politique anglaise, et qui parfois même pèsent dé-
favorablement dans la balance; — mais premièrement, parce
que nous avons jugé dès le commencement que le Danemark avait été durement et injustement traité; et, en second
lieu, parce que nous considérons l'intégrité et l'indépendance
de l'État qui commande l'entrée de la Baltique, comme
intéressant l'Angleterre. Nous nous sommes abstenus d'entrer
en campagne pour la défense du Danemark, pour plusieurs
raisons : à cause de la saison où nous nous trouvons, à
cause de la faiblesse numérique de notre armée, et à cause
des grands risques d'insuccès dans une lutte sur terre contre
l'Allemagne. Par contre, pour une guerre navale, la position
serait retournée : nous sommes forts et l'Allemagne est faible,

2

et les ports allemands dans la Baltique, la mer du Nord
et l'Adriatique seraient à notre merci.

Parlant pour moi-même personnellement, et rien que pour
moi, je devais lui dire franchement que, si une escadre
autrichienne venait à passer le long de nos côtes et de nos
ports, et à se rendre dans la Baltique pour aider d'une façon
quelconque les opérations des forces allemandes contre le
Danemark, je regarderais cela comme un affront et une
insulte pour l'Angleterre. Je ne pourrais pas, je ne voudrais
pas supporter un tel acte, et je refuserais de conserver ma
position actuelle si une escadre anglaise supérieure n'était
pas envoyée après l'escadre autrichienne avec l'ordre d'agir
selon les événements.

Or, dans ce cas, une collision — c'est-à-dire la guerre —
deviendrait probable, et, dans mon opinion, l'Allemagne,
et spécialement l'Autriche, payerait les frais d'une telle
guerre. Je regretterais profondément ce résultat, car l'Angleterre désire être bien avec l'Autriche; mais j'aurais avec
moi l'opinion publique, j'en ai la confiance.

Je le priai de nouveau de vouloir bien ne pas considérer
cette communication comme une menace, mais simplement
comme une indication amicale des conséquences possibles
d'une détermination éventuelle.

Apponyi, après m'avoir écouté avec une grande attention,
répondit que les considérations que je lui signalais n'étaient
pas nouvelles pour lui; qu'elles avaient été exposées, avec
beaucoup de force, par divers personnages entre autres le Roi
des Belges. Il savait parfaitement bien que, si des navires
autrichiens entraient dans la Baltique, ils y seraient suivis
par une escadre anglaise, et que, selon toute probabilité,
il arriverait de deux choses l'une : ou l'escadre autrichienne
serait détruite, ou elle serait forcée de quitter la Baltique
sur l'ordre de l'amiral anglais. L'Autriche courrait ainsi
le risque d'une catastrophe ou d'une humiliation; or, elle
ne désire ni l'une ni l'autre. Par conséquent, quoi qu'ait
pu dire Rechberg dans sa note, nous pouvons être sûrs que
l'escadre autrichienne n'entrera pas dans la Baltique.

Cela est satisfaisant, en tant qu'Apponyi peut être consi-

déré comme l'organe du gouvernement autrichien, mais je
crois que nous devrions avoir quelque assurance écrite plus
positive que nous n'en avons encore reçu. Je communi-
querai demain au cabinet la substance de ma conversation
avec Apponyi.

Votre, etc.

Palmerston.

Il écrivait, vers la même époque, au premier lord
de l'Amirauté:

Mon cher Somerset, il me semble que nous devons insister
pour qu'aucun navire de guerre autrichien n'entre dans la
Baltique à aucun moment, en aucune circonstance, tant
que durera la guerre. Nous ne nous sommes jamais déclarés
neutres dans cette guerre : nous avons décliné, pour des
raisons à nous, d'y prendre part, mais nous avons fait tout
notre possible pour aider les Danois par voie d'intervention
diplomatique.

Les raisons qui s'opposaient à notre intervention militaire ne s'appliquent pas à une assistance navale, et, en
défendant aux Autrichiens d'entrer dans la Baltique pendant la guerre, nous rendons une assistance efficace aux
Danois, sans qu'il nous en coûte un grand effort.

Je serais très-disposé à laisser les Danois avoir leur
navire cuirassé. Je suis convaincu qu'une manifestation de
bienveillance de notre part envers les Danois contribuerait
beaucoup à rendre les Allemands plus raisonnables dans
les négociations. Ils ont été encouragés jusqu'ici par la
croyance que rien ne nous décidera à intervenir. Cette
croyance a été fortifiée malheureusement par des lettres
écrites et des propos tenus en Angleterre.

Votre, etc.

Palmerston.

Plus tard, alors que les hostilités entre les belligérants
avaient cessé, lord Palmerston écrivait au roi des Belges,
Léopold Ier:

Le 28 août 1864.

Sire!

J'ai beaucoup d'excuses à faire à Votre Majesté de ne vous avoir pas remercié plus tôt de votre lettre du 15 juin. Nous étions à ce moment au milieu d'une session parlementaire absorbante, et la lutte inégale entre le Danemark et l'Allemagne n'était pas encore décidée, bien qu'il y eût peu d'espoir de voir le droit prévaloir sur la force. Le gouvernement danois, sous le règne précédent, comme sous le règne actuel, a, sans aucun doute, commis des fautes tant par commission, que par omission, et il a montré dans toute cette affaire, du commencement jusqu'à la fin, toute l'inaptitude à traiter de grandes questions à laquelle on pouvait peut-être s'attendre chez une nation claquemurée dans un coin reculé de l'Europe, et très peu versée dans la politique générale du monde. Cela a été néanmoins un indigne abus de pouvoir, de la part de l'Autriche et de la Prusse, de tirer avantage de leur supériorité de lumières et de forces pour écraser un antagoniste absolument incapable de leur résister, et les événements de cette guerre de Danemark forment dans l'histoire de l'Allemagne une page qu'aucun Allemand honorable ou généreux ne pourra regarder plus tard sans rougir.

Je voudrais que la France et la Russie eussent consenti à se joindre à nous pour donner une direction différente à cette affaire, et je suis convaincu qu'il eût suffi à trois puissances de cette importance de parler, sans en venir aux coups. Une conséquence est claire et certaine : c'est que, si notre bon ami et voisin de Paris se mettait en tête d'enlever à la Prusse ses provinces rhénanes, il ne s'élèverait pas une voix, il ne serait pas voté un homme ni un shilling, en Angleterre, pour empêcher une pareille rétribution de tomber sur le monarque prussien; et quand la France et l'Italie seront prêtes à délivrer la Vénétie du joug autrichien, la joie qui saluera, d'un bout à l'autre de l'Angleterre, le succès de cette entreprise, sera doublée par le souvenir du Holstein, du Lauenbourg, du Slesvig et du Jutland.

J'ai l'honneur d'être, Sire, de Votre Majesté, le très-humble et très-obéissant serviteur.

Palmerston.

Les paroles du premier ministre anglais démontrent clairement que, si l'Angleterre a eu alors l'intention de s'allier à la France, elle a dû renoncer bien vite à cette idée. Le Danemark resta donc abandonné à lui-même. Il était facile de prévoir le résultat de cette lutte inégale.

A la conférence de Londres, le Danemark n'eut pas plus de succès. La conférence commença ses travaux, comme on sait, le 20 avril 1864, et les termina sans résultat le 26 juin de la même année, et pourtant il faut avouer qu'il s'y présenta une occasion d'obtenir pour le Danemark une solution acceptable de la question des duchés.

On se souviendra que lord Russell fit le 28 mai, à la conférence, une proposition d'après laquelle le Danemark aurait gardé du Slesvig tout ce qui était au nord de la ligne Danevirke-Schlei, tandis que le reste du Slesvig, avec le Holstein et le Lauenbourg, aurait été cédé à l'Allemagne. Si un arrangement de ce genre avait eu lieu, le Danemark, vu les circonstances, eût pu en être satisfait; mais les Allemands ne voulurent pas y donner leur consentement. Les représentants danois firent de leur mieux pour engager les grandes puissances neutres à appuyer la proposition anglaise. Un des délégués danois écrivit dans ce sens, dès le 29 mai, au ministre du Danemark à Paris, M. le comte de Moltke-Hvitfeldt, le priant d'user de tout son crédit auprès du gouvernement français pour lui faire maintenir cette ligne de démarcation. Le

lendemain, le ministre se rendit auprès de M. Drouyn
de Lhuys; il lui fit part de son intention de demander
une audience de l'empereur, pour lui parler de l'état des
affaires et lui expliquer ce que le Danemark désirait
obtenir par le traité de paix. Le ministre des affaires
étrangères approuva cette démarche de notre ministre,
qui écrivit immédiatement au secrétaire de l'empereur,
M. Mocquard, pour demander une audience. Elle lui
fut aussitôt accordée pour le 31 mai, à six heures et
demie, aux Tuileries. Le ministre trouva l'empereur
la carte du Slesvig étalée devant lui, et fort au courant
de toute l'affaire. Quand le comte de Moltke-Hvitfeldt
lui eut tout exposé et qu'il lui eut formulé les vœux
du Danemark, l'empereur répondit par les paroles
suivantes:

— »Tout cela est fort bien; le Danemark demande
qu'on lui fasse justice; mais je suis bien fâché d'être
obligé de vous dire qu'il ne sera pas possible d'obtenir
la ligne de démarcation que vous venez de désigner.
Je sais fort bien ce qu'il y a de désirable à ce que le
Danemark conserve les districts mixtes; mais, plutôt
que de continuer la guerre, il faut que le Danemark y
renonce et se contente de la ligne Flensborg-Tœnder,
que je crois possible d'obtenir, tandis que le Danemark
perdra aussi le dernier reste du Slesvig, s'il continue
la guerre. L'Angleterre ne fera rien pour le Danemark.
Moi personnellement, je nourris, ainsi que tout le peuple
français, les sympathies les plus profondes pour la nation
danoise, mais il faut que je songe aux intérêts de mon
propre pays avant de m'occuper de ceux du Danemark,
et je ne puis prendre sur moi la responsabilité de faire
la guerre seul, pour venir à votre secours.«

Le comte de Moltke-Hvitfeldt partit pour Londres
le lendemain de cet important entretien, et en communiqua le résultat aux délégués danois. Le 3 juin, il
envoya, au ministre des affaires étrangères de Danemark, un rapport, dans lequel il faisait part à ce dernier
de ce que nous venons de raconter, et recommandait
l'acceptation de la ligne Flensborg-Tœnder.

On sait que le gouvernement danois, après une déli-
bération du conseil d'État, déclara ne pouvoir accepter
une telle solution. Sans doute il comptait sur un changement de ministère en Angleterre, et sur l'avénement
d'un ministère Tory que l'on supposait disposé à prêter
un secours effectif au Danemark. Je ne saurais dire
au juste jusqu'à quel point cet espoir était fondé; mais
il me semble qu'il était bien aventuré, après tout ce
que l'on savait déjà alors du caractère égoïste de la
politique anglaise et des sympathies allemandes de la
reine Victoria.

Le fait est que la conférence de Londres se sépara
sans avoir atteint aucun résultat; que la flotte anglaise
resta près des Dunes; que la guerre continua; qu'Alsen
fut pris par les Prussiens le 29 juin, et que le Danemark, à bout de forces, dut peu après renoncer à toute
résistance et demander la paix.

Le gouvernement qui était à la tête des affaires en
Danemark, pendant la conférence de Londres, a encouru
de graves reproches, à raison de sa conduite. Il m'est
difficile de juger s'il a suivi l'opinion générale du pays;
ce qui est sûr, c'est que l'idée de renoncer aux districts
mixtes répugnait à une grande partie des Danois, tant
qu'il y avait le moindre espoir d'une solution plus
favorable. Mais le peuple danois ne connaissait pas les

dispositions de l'Europe et ne savait pas ce que savaient les diplomates et le gouvernement. C'est donc sur ce dernier que pèse la plus grande partie de la responsabilité, même en faisant la part de celle qui revient à certaines influences anglaises irréfléchies, qui se sont fait jour au dernier moment.

Il faut encore remarquer qu'un homme d'État danois, M. le conseiller intime Hall, avait sur la situation une opinion contraire à celle du gouvernement. Il fit encore au dernier moment des efforts pour empêcher que la conférence de Londres ne fût dissoute à cause du refus du Danemark d'adhérer aux propositions des puissances étrangères. Malheureusement les événements ont montré l'inutilité de ces efforts.

CHAPITRE II.

Mes relations avec la presse s'étendent. — Les puissances neu-
tres abandonnent la cause du Danemark. — Dépêche du comte
de Moltke-Hvitfeldt du 7 juillet 1864. — Je fais la connaissance
du comte de Chaudordy. — Je me décide à travailler de toutes mes
forces à faire rendre le Slesvig du Nord au Danemark. — Arrivée
à Paris d'une députation de Danois du Slesvig. — Audience de
M. Drouyn de Lhuys, le 5 octobre. — Paroles du ministre. —
Mon premier entretien avec M. de Bismarck à Biarritz. Ses propos
concernant le prince d'Augustenbourg et le Slesvig du Nord. —
M. de Bismarck m'écrit une lettre, le 26 octobre. — Attaques
contre moi dans la presse allemande.

***

L'été de 1864 se passa, pour moi, en travaux dans la
presse. J'étais arrivé à entrer en relations avec un certain
nombre des principaux publicistes français, entre autres
et spécialement le vicomte Arthur de la Guéronnière,
sénateur, qui, comme on sait, a joué un rôle politique
considérable, et qui était le directeur de fait du journal
La France. Grâce à lui mon premier article fut inséré
dans ce journal le 4 juin 1864. J'y défendais le droit
incontestable du Danemark sur le Slesvig, et je démon-
trais le danger que la perte de ce duché faisait courir

au reste du Danemark, ainsi qu'à la liberté et à l'indépendance de la nationalité danoise.

Je devins bientôt collaborateur assidu du journal *Le Pays*, et les frères A. et Th. Grandguillot, qui dirigeaient alors ce journal, le plus fidèle des organes impérialistes, me montrèrent, malgré ma qualité d'étranger, une confiance et une bienveillance extrêmes, dont je leur garderai toujours la plus vive reconnaissance.

Entre temps, les puissances neutres avaient complètement abandonné la cause du Danemark. On verra clairement, par le rapport suivant du ministre de Danemark à Paris, au ministre des affaires étrangères à Copenhague, en date du 7 juillet, combien la situation du Danemark était désespérée.

Monsieur le ministre,

J'ai eu l'honneur, hier, d'adresser à Votre Excellence un télégramme du contenu suivant . . . . .

Quelque douloureux que cela fût pour moi, j'ai regardé comme mon devoir d'adresser sans retard cette communication télégraphique à Votre Excellence, contenant en résumé les points principaux d'un long entretien que j'avais eu un instant auparavant avec le ministre impérial des affaires étrangères. Sans me communiquer aucun événement, M. Drouyn de Lhuys s'est exprimé en termes si précis, qu'il semble impossible de nourrir le moindre espoir que notre horizon s'éclaircisse. Nous souffrons sous le poids de l'état général des choses en Europe, tel qu'il se montre pour le moment et qu'il nous a été révélé par le rapprochement personnel qui a eu lieu entre les souverains des cours du Nord. Il semble hors de doute que la Sainte-Alliance, que la France avait réussi à rompre par la guerre de Crimée, est, pour le moment, plus ou moins un fait accompli, vis-à-vis duquel l'Empereur, abandonné de l'Angleterre ou du moins sans pouvoir compter sur cet État, s'est décidé à observer une position encore plus réservée qu'auparavant. C'est la manière de s'expliquer, je ne veux pas dire la réserve, mais la faiblesse que montre le gouvernement impérial en consentant à la perte de tout le Slesvig et en permettant que le pillage du Danemark prenne de telles dimensions, que tout le Nord à l'avenir soit dans l'impuissance et hors d'état d'opposer une résistance sérieuse aux plans d'agrandissement probables de l'Allemagne.

J'ai fait hier à M. Drouyn de Lhuys ces observations. qui dans des circonstances normales eussent assurément pu avoir une influence décisive sur la politique de la France ; mais j'ai parlé en vain, et je suis forcé de faire observer qu'on semble décidé ici à ne faire cas surtout que de l'état de l'Europe et des périls réels ou factices d'une coalition. Le langage de M. Drouyn de Lhuys ne laisse aucun doute sous ce rapport. En exprimant ses regrets de ce que le cabinet de Copenhague n'eût jamais suivi les conseils de la France, surtout celui que l'Empereur lui avait fait donner dernièrement par mon intermédiaire, le ministre déclara qu'il croyait le Slesvig perdu pour nous, et à la question que je lui fis, il répondit que la France ne s'opposerait pas à l'incorporation du duché de Slesvig dans la confédération germanique. „Nous ferons bien", me dit M. Drouyn de Lhuys, „quelques représentations là-dessus, mais ne vous fiez pas trop à nous dans cette question. Nous ne ferons pas d'opposition sérieuse, surtout s'il est réellement vrai que les habitants du Siesvig veuillent rester réunis."

D'après ce que m'a dit M. Drouyn de Lhuys, le désaccord, du reste peu important, qu'il y a entre la Prusse et l'Autriche, concernerait plusieurs points différents. Bien contre les désirs de la Prusse, l'Autriche serait disposée à faire participer la confédération germanique aux mesures à prendre en commun contre le Danemark. Le Prince d'Augustenbourg est considéré comme le prétendant favorisé par le cabinet de Vienne, tandis que le grand-duc d'Oldenbourg serait le candidat de M. de Bismarck. Enfin le cabinet de Berlin serait disposé à transporter le théâtre de la guerre en Fionie, et à faire entrer les flottes réunies de l'Autriche et de la Prusse dans la Baltique, tandis que le cabinet de Vienne ne serait point disposé à donner à la guerre une telle étendue.

J'ai l'honneur, etc.

L. Moltke-Hvitfeldt.

Combien le langage du ministre français des affaires étrangères différait de celui de la France à la conférence de Londres! Avec quelle clarté et quelle justesse le comte de Moltke-Hvitfeldt avait su dans son rapport du 3 juin au gouvernement danois apprécier et expliquer les intentions du gouvernement français! Il ne peut y avoir qu'une appréciation sur la consciencieuse exactitudo avec laquelle il envoyait à notre gouvernement des communications vraies et authentiques. Son long séjour à Paris, ses relations étendues avec les hommes politiques les plus considérables de la France, et je puis ajouter sa haute intelligence, l'avaient mis à même de bien saisir le vrai d'une situation, même dans des circonstances difficiles. Ce n'est pas au comte de Moltke-Hvitfeldt assurément que l'on peut s'en prendre, si nous avons perdu tout le Slesvig en 1864.

Après l'expiration du second armistice, commencèrent les négociations de la paix. Le Danemark se vit forcé de plier sous le joug et de céder aux grandes puissances alliées le Slesvig, le Holstein et le Lauenbourg, en tout le tiers de sa population.

Dès ce moment il était évident que la seule chance qui restât au Danemark de regagner la partie danoise du Slesvig, était dans un dissentiment entre les alliés. Or, on put bientôt se convaincre que la Prusse et l'Autriche ne seraient jamais d'accord sur le partage du *condominium* des duchés, et que la Prusse, en sa qualité de puissance du Nord de l'Allemagne, devait désirer garder autant que possible la plus grande part du butin. Qu'une dissension sérieuse, ou même une guerre, vînt à éclater entre les grandes puissances allemandes, il en résulterait alors une situation à la faveur de laquelle il serait possible au Danemark de recouvrer au moins une partie du Slesvig. Mon but était donc nettement tracé; tous mes efforts devaient se concentrer sur ce point: rappeler à la France et à toute l'Europe que plus de la moitié du Slesvig était danoise, et que sa population n'aspirait qu'à faire retour au Danemark. Mais, pour atteindre ce but, mes efforts dans la presse étaient insuffisants. Il me fallait gagner à ma cause le bon vouloir des puissants, et surtout celui du gouvernement français, sans lequel toutes les sympathies de la presse ne pouvaient que rester stériles. Je fus assez heureux pour gagner l'appui précieux d'un diplomate français qui occupait alors un poste très-important dans le cabinet du ministre des affaires étrangères. Le 2 septembre 1864, je fus présenté au comte de Chaudordy, dont le nom ne doit être prononcé qu'avec reconnaissance par tous les Danois; car, depuis le jour où j'ai fait sa connaissance, il n'a cessé d'user de toute son influence en faveur de notre pays, et de favoriser toutes mes démarches. Le comte de Chaudordy avait appartenu, pendant quelque temps, à la légation de France à Copenhague, et connaissait parfaitement les affaires de l'Europe septentrionale. Plus tard sa conduite pendant la guerre franco-allemande, puis comme ambassadeur à Berne et à Madrid, et enfin comme délégué du gouvernement français à la conférence de

Constantinople, ont porté le comte de Chaudordy au premier rang des diplomates qui ont honoré la France contemporaine. Il se distingue surtout par son calme et son sang-froid dans les circonstances difficiles, ainsi que par la grande expérience qu'il s'est acquise dans sa longue carrière diplomatique.

Dans l'entretien que j'eus ce jour-là avec le comte de Chaudordy, il se prononça vivement contre les procédés de l'Allemagne envers le Danemark, et exprima le vœu de voir établir en Europe une situation politique favorable à notre pays. Il me dit que le ministre des affaires étrangères avait remarqué les nombreux articles sur les affaires du Danemark que j'avais publiés dans les journaux français, et que je pouvais compter sur la sympathie de M. Drouyn de Lhuys, en continuant à travailler dans le même sens. Je ne tardai pas à avoir des preuves de cette sympathie.

Le 2 octobre 1864 arrivait à Paris une députation du Slesvig du Nord, composée de cinq membres: MM. Klewing, fondeur en fer de Flensborg; Hansen, brasseur; Nielsen et Höyberg, fermiers, et Ulrich, médecin. Cette députation venait demander audience à l'empereur, ou à son ministre des affaires étrangères, pour chercher à obtenir, par la protection de la France, un remède à l'état de choses intolérable créé en Slesvig par la conquête allemande. M. de Bille, rédacteur en chef du *Dagbladet* de Copenhague, venait d'arriver à Paris, pour mettre ses services à la disposition de ses compatriotes.

La députation m'ayant demandé mon concours pour obtenir l'audience désirée, je me rendis chez M. de Chaudordy et lui présentai cette requête. Il m'annonça peu après, par un billet, que M. le ministre des affaires étrangères était disposé à me recevoir, accompagné d'un des membres de la députation.

Le 5 octobre, le fondeur en fer Klewing, que la députation avait choisi pour la représenter, et moi, nous nous rendîmes au palais du Quai d'Orsay, où nous fûmes immédiatement introduits auprès du ministre. Il nous reçut amicalement, en nous déclarant que l'empereur l'avait chargé, à son défaut, de nous voir et d'écouter ce que nous avions à dire. Je lui exposai donc en peu de mots la situation désespérée des habitants danois du Slesvig, dont la nationalité était foulée aux pieds, et qui n'avaient d'autre désir que de faire retour au Danemark. J'exprimai le vœu que les grandes puissances, et particulièrement la France, voulussent bien faire quelque chose pour remédier à une infortune si peu méritée. Le peuple danois était déjà trop petit, pour pouvoir supporter la perte d'un de ses éléments essentiels. La députation suppliait donc, au nom des Danois du Slesvig, les grandes puissances, et particulièrement la France, d'intervenir en leur faveur, aussitôt que l'occasion s'en présenterait.

M. Drouyn de Lhuys répondit, que l'empereur nourrissait les sympathies les plus profondes pour les Slesvigeois, comme pour tout peuple opprimé. La situation politique actuelle de l'Europe ne lui permettait cependant pas, en ce moment, d'intervenir en faveur des Danois du Slesvig. Mais s'il survenait un jour en Europe des événements de nature à faire espérer que les conseils de la France fussent écoutés, il pourrait peut-être surgir une occasion de s'occuper de la cause du Slesvig danois. Le ministre exprima le regret de l'empereur de ce que le gouvernement danois eût peu judicieuse-

ment rejeté lors de la conférence de Londres les conseils
de la France, qui auraient probablement sauvé la partie
danoise du Slesvig, quand même on eût dû renoncer à
la position du Danevirke.

Le ministre me pria ensuite de traduire ses paroles
en danois à mon compagnon, et nous fit encore plusieurs questions sur l'état des choses dans le Slesvig et
dans les duchés en général. Klewing fut vivement touché
de l'amabilité avec laquelle le ministre nous avait reçus,
et je crois que lui et les autres membres de la députation furent satisfaits du résultat de l'audience.

Les jours suivants, j'accompagnai les délégués slesvigeois aux bureaux de rédaction des journaux de toute
couleur qui avaient plaidé la cause danoise. Avant le
départ de la députation, feu M. Adler, banquier de Copenhague, et M. de Bille, rédacteur en chef du *Dagbladet*,
donnèrent en son honneur un banquet, auquel furent
conviés une dizaine environ de journalistes français.
Je n'ai pas besoin de dire que ce banquet fut animé
par la cordialité et l'entente la plus parfaite.

J'avais maintenant acquis la certitude des bienveil-
lantes dispositions du gouvernement français envers les
habitants du Slesvig. Mais quels étaient les desseins de
la Prusse et de son ministre tout-puissant, M. de Bismarck? Il m'était de la plus haute importance de les
connaître, et c'est dans ce but que, quelques jours après
le départ des délégués du Slesvig, j'eus un entretien
avec le comte de Chaudordy, à qui je tâchai de faire
agréer l'idée que j'avais conçue, de m'adresser personnellement à M. de Bismarck, qui se trouvait alors dans
le Midi de la France, aux bains de Biarritz. Non-seulement M. de Chaudordy approuva mon plan, mais il me

procura même une lettre d'introduction du vicomte de la Guéronnière.

Muni de cette lettre, je partis pour Biarritz, où j'arrivai le 12 octobre. J'adressai immédiatement une demande d'audience au premier ministre du roi Guillaume. Le lendemain matin, je reçus avis que M. de Bismarck était prêt à me recevoir à une heure, le même jour.

Le ministre prussien occupait le rez-de-chaussée de la fameuse maison rouge, aujourd'hui historique, située au bord du golfe de Biscaye, au bas de la colline sur laquelle s'élevait la villa de l'empereur. Quand j'entrai dans son cabinet de travail, il causait avec le prince Orloff, alors ministre de Russie à Bruxelles, qui se retira bientôt et me laissa seul avec M. de Bismarck.

Le premier ministre du roi Guillaume était debout, devant une grande table couverte de cartes et de livres. Il jouait avec un long couteau catalan. Cette arme n'était, du reste, qu'un de ces couteaux que tout visiteur à Biarritz achète aux colporteurs espagnols qui courent le pays.

C'était la première fois que je voyais M. de Bismarck. Il ne fit pas alors sur moi la forte impression que j'éprouvai lorsque je le revis dans la suite; il me sembla même montrer quelque embarras à commencer l'entretien.

Enfin, il prit la parole, et après avoir lu la lettre que je lui avais remise, il commença par se fâcher contre le vicomte de la Guéronnière.

— Je ne puis, dit-il, reconnaître le droit à ce monsieur de me recommander qui que ce soit. Il a relativement aux affaires de Pologne surtout, dit de gros mensonges sur mon compte, dans *La France*. Je vous reçois parce que vous êtes Danois, et quoique le vicomte vous ait appelé Hausen au lieu de Hansen. Votre nom ne m'est pas inconnu; je sais fort bien que vous avez été très-dur pour nous autres Prussiens dans la presse française.

— C'est parfaitement exact, lui répondis-je; j'ai fait tous mes efforts pour vous rendre la situation en France aussi désagréable que possible.

— Eh bien, reprit-il, cela ne peut que vous honorer. Mais quel est le but de votre visite ?

Je lui exposai alors mon désir d'apprendre de sa bouche s'il considérait la situation actuelle dans le Slesvig comme définitive, ou si, par des considérations d'équité, et dans le but d'aplanir les voies à de meilleures relations entre l'Allemagne et le Danemark, il ne serait pas disposé à rétrocéder à ce dernier la partie danoise du Slesvig. Je fis entrevoir que les grandes puissances sauraient gré à la Prusse d'un tel arrangement, et que la France notamment, dont la politique était basée sur le principe des nationalités, le verrait avec plaisir.

Voici la réponse de M. de Bismarck :

— Dès longtemps avant la guerre, j'avais le pressentiment que l'hostilité des Universités de Copenhague et de Kiel finirait par amener la guerre entre les deux nations. Quant à moi, je n'ai jamais vu d'un bon œil les menées des professeurs de Kiel; mais la mort de Frédéric VII et l'état de fermentation de l'Allemagne nous forcèrent à commencer la guerre. Personnellement, j'eusse été satisfait de la ligne de Flens-

borg à Tœnder, et, à la conférence de Londres, la
Prusse était disposée à céder au Danemark la ligne de
Gjelting à Bredsted. La ligne militaire de la Schlei
nous aurait suffi comme frontière; environ 70,000 Allemands seraient restés, il est vrai, sous la domination
des Danois. L'attitude du Danemark à la conférence
a rendu un arrangement de partage très-difficile, et la
reprise des hostilités a mis toute combinaison de cette
nature hors de question. Aujourd'hui, en présence des
sentiments de la population en Allemagne, et de ceux
du roi Guillaume, il n'est plus possible de modifier
les stipulations de la paix. Le roi considère comme fondé
le droit héréditaire du prince d'Augustenbourg, et déclare en conséquence que le prince a droit à tout le
Slesvig, s'il a droit à une seule parcelle de ce territoire.
Autrement, dans la pensée du roi, il n'y aurait eu
aucune raison d'enlever au roi Christian IX ses possessions. Le roi de Prusse et toute sa famille sont bien
disposés en faveur du prince d'Augustenbourg. Quant à
moi, j'ai des doutes sur les droits de ce prétendant, et je
crois que l'affaire sera tout au moins traînée en longueur.
Si j'avais le choix entre les deux alternatives : ou
d'incorporer à la Prusse les duchés jusqu'à Flensborg,
ou de donner au prince d'Augustenbourg tout le Slesvig
et le Holstein, j'accepterais sans hésiter la première.
Je crois que ni la France ni la Russie ne s'opposeraient
à un arrangement qui laisserait les duchés à la Prusse,
et l'Autriche ne ferait peut-être pas la guerre pour
cela. Mais il y a un autre obstacle bien plus sérieux,
c'est le roi Guillaume. Il croit qu'un autre a droit aux
duchés, et je ne puis pas être plus royaliste que le roi.
Cependant je reconnais qu'il y a dans le Slesvig plus

de cent mille Danois qui crieront bien fort, dans l'avenir, et qu'il sera difficile de conserver de bons rapports entre l'Allemagne et le Danemark, tant que ces Danois seront séparés de leurs compatriotes ; et je ne considérerais pas comme un grand malheur que le Slesvig du Nord, à un moment donné, fût rendu au Danemark.

Je lui répondis que je trouvais dans ce qu'il venait de me dire des points d'appui pour la politique que je me proposais de défendre à l'avenir dans la presse, et j'exprimai l'espoir de voir le gouvernement de mon pays et celui de la Prusse arriver à une entente dans un temps qui ne serait pas trop éloigné.

M. de Bismarck répondit que cela était bien possible, et qu'il n'avait pas d'objection contre une entente avec la France concernant cette question, pourvu que cela n'eût pas lieu dans un temps trop proche. Enfin, il déclara vouloir bien s'expliquer une autre fois avec moi sur ce point.

Ainsi se termina notre entretien. Le même soir je repartais pour Paris.

Dès ce moment, j'étais parfaitement résolu à travailler, dans la presse française et étrangère, pour l'idée de la rétrocession du Slesvig du Nord au Danemark. La question slesvigo-holsteinoise avait été créée par la presse ; pourquoi ne pourrait-il pas en être de même pour la question du Slesvig du Nord ?

En même temps, je devais non moins activement surveiller, pour les déjouer, les efforts et les agissements du prince-prétendant dans les duchés ; car il était évident pour moi qu'il n'était ni dans le rôle, ni au pouvoir du prince d'Augustenbourg de jamais rendre une partie du territoire conquis. S'il obtenait la couronne des duchés, il serait trop faible vis-à-vis du sentiment populaire allemand pour oser le heurter en consentant à la cession d'un territoire conquis par les armes allemandes. La seule combinaison susceptible de se concilier avec la rétrocession du Slesvig danois, était l'annexion à la Prusse, qui serait assez forte pour faire accepter par l'opinion allemande l'idée d'un abandon de territoire. Le prétendant était donc notre principal adversaire. Il avait su gagner quelques journaux français; il s'agissait de le combattre dans d'autres journaux français dont je pouvais disposer.

M. de Bismarck arriva de Biarritz à Paris le 24 octobre, et descendit à l'ambassade de Prusse. Je lui adressai quelques documents relatifs aux prétendus droits du prince d'Augustembourg, et le surlendemain je lui écrivis une lettre dans laquelle je lui exposais l'état des esprits dans les duchés, en insistant sur ce point, que le désir des populations danoises du Slesvig de faire retour à leur ancienne patrie se traduisait de jour en jour avec plus d'évidence.

Je reçus, en réponse, la lettre suivante:

Paris, le 26 octobre 1864.

Monsieur,

J'ai reçu votre lettre d'aujourd'hui, ainsi que votre envoi d'hier. Je vous en remercie beaucoup et je vous reverrai avec plaisir à Berlin.

Agréez, Monsieur, l'assurance de ma considération très-distinguée,

von Bismarck.

Peu de jours après, le ministre prussien partait pour Berlin, où il arriva au moment de la conclusion de

la paix de Vienne entre le Danemark et l'Allemagne
(le 30 octobre 1864).

J'appréciai quelques jours plus tard (le 13 novembre)
les conditions de cette paix dans un long article, auquel
le journal *la France* ouvrit ses colonnes et qui fit beaucoup de bruit, surtout en Allemagne, où les journaux
commencèrent à m'honorer des épithètes d'»agitateur
danois«, d'»agent de presse danois«, d'»oiseau précurseur
de tempête«, etc.

Mon article, recommandé par une introduction du
rédacteur en chef, parlait de la rétrocession du Slesvig
danois et démontrait que non-seulement cette solution
était la seule compatible avec les vœux de la population, mais qu'elle donnait satisfaction au principe des
nationalités reconnu par la France, et tout récemment
même par la Prusse.

CHAPITRE III.

*Audience de M. de Bismarck à Berlin, le 16 décembre 1864.
Le ministre-président de Prusse demande une compensation
territoriale en cas de rétrocession du Slesvig du Nord. Possibilité d'une rupture avec l'Autriche. — Mon arrivée à Copenhague le 24 décembre. — Mon rapport à M. le conseiller intime
Bluhme. — Difficultés soulevées par mon gouvernement relativement à une prolongation de mon congé. — Retour à Paris le
15 février. — Audience de M. Drouyn de Lhuys, le 26 février. —
Voyage à Berlin en avril 1865. — Entretien avec M. de Keudell. — Lettre de M. de Keudell du 11 mai. — M. de Bismarck
est interpellé le 2 juin, dans le Landtag prussien, sur ses relations avec moi. — La convention de Gastein. Note circulaire
de M. Drouyn de Lhuys, du 29 août, publiée par le Journal de
Bruxelles. — Arrivée de M. de Bismarck à Biarritz le 2 octobre.
Ses entretiens avec l'empereur Napoléon. — J'ai une audience
de M. de Bismarck à Paris, le 4 novembre. — Efforts de l'Autriche
pour gagner la France.*

Vers la fin de 1864, j'avais acquis la conviction que
le gouvernement français approuvait la solution désirée
par moi, et, comme on peut le voir par ce qui précède,
le ministre-président de Prusse était assez disposé à
l'accepter, pour peu que la marche des affaires le per-

mît. Restait à savoir si le gouvernement danois se prêterait à une telle solution. Car à quoi eût-il servi qu'un simple particulier danois, sans mandat officiel, travaillât à un arrangement destiné à être, en fin de compte, repoussé par le gouvernement danois lui-même? Je résolus donc, vers le milieu de décembre, de partir pour Copenhague; mais je passai par Berlin, pour voir encore une fois, s'il était possible, M. de Bismarck, et pour m'assurer plus complètement de ses intentions. A mon arrivée dans la capitale de la Prusse, le 16 décembre au matin, je demandai immédiatement par écrit une audience, et je reçus en réponse, du ministère des affaires étrangères, une lettre m'invitant à aller voir M. de Bismarck à huit heures du soir le jour même, à sa résidence officielle dans la Wilhelm-strasse.

Je commençai l'entretien en disant que, d'après ce que j'avais appris à Paris, la France ne ferait pas trop d'objection, le cas échéant, à une annexion des duchés de l'Elbe à la Prusse, pourvu que le Slesvig du Nord fût rendu au Danemark. Quant à l'Angleterre et à la Russie, j'avais lieu de croire qu'elles ne s'opposeraient pas non plus à cet arrangement, tandis que l'Autriche, sans doute, ne voudrait pas en entendre parler. La Prusse serait donc placée entre l'inimitié de l'Autriche, qui évidemment se refuserait à une semblable trans-action, et le bon vouloir des autres puissances, et no-tamment de la France.

— Oui, me répondit M. de Bismarck, je crois en effet que vous avez raison, en ce qui concerne les senti-ments du gouvernement français dans la question des duchés. Je pense aussi, comme vous, que l'Angleterre

et la Russie ne seraient pas contraires à une solution
en faveur de la Prusse. La Prusse a, par conséquent,
à voir si elle doit rechercher invariablement l'alliance
de l'Autriche, ou si elle doit tirer profit des sentiments
de sympathie qu'elle éveillerait chez les autres grandes
puissances. Toutefois le temps de choisir entre ces deux
alternatives n'est pas venu encore, et la question ne
touche pas encore à sa solution. Mais dans le cas où
la Prusse rendrait le Slesvig du Nord au Danemark, je
suis d'avis qu'il lui faudrait une compensation au Sud
ou au Nord.

— J'avoue, Excellence, répliquai-je, que je suis un
peu surpris, si c'est à une compensation territoriale que
vous faites allusion. J'ai lieu de croire que l'annexion
de la partie allemande des duchés de l'Elbe serait déjà
un bel avantage pour la Prusse.

— Certainement, reprit M. de Bismarck, c'est d'une
compensation territoriale que je parle, puisque le roi
de Danemark a formellement abandonné par un traité
les duchés tout entiers. Si la Prusse en cède une partie,
il lui faut un équivalent quelque part.

— Mais que Votre Excellence me permette de lui
faire observer, répliquai-je, qu'il sera déjà difficile pour
la Prusse de devenir maîtresse absolue des duchés; y
être secondé, vaut bien un sacrifice. La Prusse partage
maintenant, dans les duchés, le pouvoir avec l'Autriche;
en rétrocédant le Slesvig du Nord, elle gagnerait les
autres grandes puissances et pourrait compter sur leur
neutralité, dans le cas d'une rupture avec l'Autriche.

— Oui, répondit M. de Bismarck, une guerre peut
éclater entre l'Autriche et la Prusse dans un ou deux
mois, peut-être dans un an, que sais-je? Au reste je

ne refuserai pas mes sympathies au gouvernement
actuel du Danemark, qui est conservateur, et je ferai
ce que je pourrai pour l'aider à se tirer de sa position
difficile. Nous préférons naturellement un gouvernement
conservateur en Danemark à un gouvernement démocratique. Si les Suédois se sont abstenus de prendre part à
la guerre dano-allemande, cela vient d'abord de ce qu'ils
out vu l'impossibilité de défendre la presqu'île du Jutland, mais aussi de ce que l'aristocratie suédoise ne
veut rien avoir à faire avec la démocratie danoise; elle
a assez de la démocratie norvégienne. Le Danemark
ne trouvera de sympathies en Suède que chez la famille
royale et dans les universités. Le roi Guillaume écrira
dans quelques jours au roi Christian IX, dans le but
de répondre à la lettre par laquelle ce dernier a notifié
son avènement au trône, et un de ces jours le nouveau
ministre de Prusse, M. de Heydebrand und der Lasa,
partira pour Copenhague. Pour en revenir au sujet
de notre conversation, je reconnais qu'il y a, dans le
Slesvig du Nord, environ 200,000 Danois qui nous
donneront du fil à retordre, car ils crieront bien fort;
mais le moment n'est pas venu de traiter cette question. Elle ne trouvera sa solution que bien plus tard.
Vous êtes encore jeune, et vous voulez arriver tout
de suite à votre but. Moi, j'ai appris à attendre; il
vous faudra faire de même.

Après avoir échangé quelques paroles concernant les
derniers discours de M. Hall au Rigsdag danois, et
sur M. le baron de Blixen-Finecke, que M. de Bismarck
connaissait particulièrement, je pris congé du ministre
prussien.

Le lendemain, j'écrivis à un personnage influent à

Paris et lui racontai, en résumé, mon entretien avec
M. de Bismarck, le priant de m'en dire son opinion.
Je reçus la réponse suivante :

»Ne vous laissez pas rebuter par les obstacles qui
surgiront entre vous et votre but. Faites attention aux
concessions que vous a faites, au fond, M. de Bismarck
Allez à Copenhague et informez vos compatriotes de
tout ce que vous avez fait à Paris et à Berlin pour
la cause du Danemark. Du reste, d'après ce que le ministre de France à Copenhague, M. Dotézac, a écrit
à son gouvernement, on sait fort bien en Danemark
tout ce que vous avez fait à Berlin et à Paris, et l'on
n'ignore pas le bon concours que vous avez prêté à
la députation slesvigeoise, durant votre séjour à Paris.
M. Drouyn de Lhuys a vu le rapport que vous avez
fait de l'audience qu'il avait accordée à la députation,
et il en est fort content. Après votre départ, j'ai appris
que la Russie ne s'opposerait pas à votre combinaison,
qui aura sans doute, dans les circonstances actuelles,
l'approbation de votre gouvernement.«

Le 24 décembre 1864, j'arrivai à Copenhague, où,
après m'être concerté avec plusieurs de mes amis, je
rédigeai un rapport complet sur tout ce que j'avais fait à
l'étranger, et le présentai le lendemain à M. Bluhme,
alors président du conseil et ministre des affaires étrangères. Mon congé étant expiré, je ne pouvais repartir
sans l'autorisation de mon gouvernement, dont je dépen-
dais en qualité de fonctionnaire. Je demandai donc un
nouveau congé pour retourner à Paris, où je pensai
pouvoir être encore utile à mon pays, en continuant,
spécialement dans la presse, l'œuvre que j'y avais com-
mencée. Ma demande rencontra cependant beaucoup

d'opposition, les ministres appréciant diversement mes services.

Le ministre de la justice, M. Heltzen, caressait encore, avec un certain nombre de mes compatriotes, l'espoir qu'une combinaison européenne quelconque pourrait faire recouvrer les trois duchés, en les rattachant à la monarchie danoise par le lien de l'union simplement personnelle; il ne trouvait donc pas utile que je continuasse à l'étranger mes efforts pour regagner seulement la partie danoise du Slesvig.

Peut-être s'imaginait-il aussi que j'avais pris part, hors de mon pays, à je ne sais quel complot scandinave, idée absurde, tout aussi chimérique que l'espoir de recouvrer jamais pour le Danemark les duchés perdus.

La lenteur du ministère à m'accorder le congé que je sollicitais, me jetait dans un état d'incertitude d'autant plus pénible, que je recevais continuellement des lettres de Paris, qui m'engageaient à revenir au plus vite continuer mes travaux, et dans lesquelles on s'étonnait des difficultés soulevées par le gouvernement danois.

Le 31 décembre, M. Drouyn de Lhuys adressa aux agents diplomatiques de la France à l'étranger une circulaire qui leur prescrivait de se prononcer, vis-à-vis des gouvernements auprès desquels ils étaient accrédités, en faveur d'une solution consistant dans la séparation des éléments danois et allemand du Slesvig, conformément au principe des nationalités. Ce document venait donc confirmer mes rapports, et l'on aurait pu croire qu'il me servirait de point d'appui auprès du gouvernement danois. Et pourtant le mauvais vouloir de M. Heltzen fit traîner l'affaire en longueur. Ce n'est qu'au milieu de février 1865 que je réussis à venir à bout de cette résistance. Après de longs et pénibles débats, on finit par m'accorder le congé que je demandais, à la condition pourtant que Paris serait le but de mon voyage et le centre de mon activité.

La conduite du ministère à mon égard provoqua du reste, quelques semaines plus tard, au Rigsdag, une interpellation qui mit directement en cause le ministre de la justice, M. Heltzen. Une crise ministérielle éclata, à la suite de laquelle ce ministre donna sa démission, tous ses collègues ayant fait de son départ une question de cabinet.

A mon retour à Paris, le comte de Chaudordy me fit un accueil des plus aimables. Il m'interrogea avec le plus vif intérêt sur l'état des choses dans les duchés. Il me conseilla de ne pas entrer en relations avec l'ambassadeur de Prusse, M. de Goltz, celui-ci étant toujours disposé pour le prince d'Augustenbourg, et étant l'inspirateur présumé des articles publiés dans la presse, spécialement dans le *Constitutionnel*, en faveur de ce prétendant. Il me dit que M. Drouyn de Lhuys désirait me voir. J'eus en effet, le 26 février, une audience du ministre des affaires étrangères.

— Il est évident, me dit M. Drouyn de Lhuys, que si le prince d'Augustenbourg obtient les duchés, le Danemark perd tout espoir de recouvrer une partie du Slesvig. Si, au contraire, la Prusse se les annexe, vous auriez quelque chance que, pour faire plaisir à la France, on vous rendît la partie du Slesvig qui veut à toute force rester danoise. Je ne pense pas que M. de Bismarck soit contraire à cette idée-là, et, en somme, une telle combinaison serait peut-être dans l'intérêt même de l'Allemagne. Pourquoi l'Allemagne augmenterait-elle le nombre de ses petites principautés? Le prince d'Augustenbourg ne serait que le vassal de la Prusse. Dans les duchés mêmes, deux influences divergentes seraient en lutte perpétuelle, au grand détriment du pays, sans parler de la dette publique considérable dont il serait grevé.

Le ministre, prenant alors une carte du Slesvig, continua ainsi :

»Combien de peines le Danemark se serait épargnées et aurait épargnées aux autres, en acceptant ce qu'on lui avait offert à la conférence de Londres! Une solution qui eût donné au Danemark la ligne de démarcation de Flensborg-Tœnder, devait, vu les circonstances, être regardée comme favorable.«

Dans les mois qui suivirent, la situation dans les duchés de l'Elbe alla en se compliquant : les affaires se brouillaient entre la Prusse et l'Autriche. Les autorités prussiennes s'installaient dans le Slesvig, comme pour une possession définitive, et M. de Bismarck combattait ouvertement les prétentions du prince d'Augustenbourg.

En même temps, les légistes de la couronne, à Berlin, formulèrent une décision absolument contraire aux droits du prince d'Augustenbourg sur les duchés. Cet épisode ne fut pas l'incident le moins bizarre et le moins inattendu de la singulière histoire de cette époque.

Dans ces circonstances, je résolus de faire un nouveau voyage à Berlin, afin de sonder le terrain et de m'assurer si M. de Bismarck ne jugeait pas le moment opportun pour rompre avec l'Autriche, rendre le Slesvig du Nord au Danemark et incorporer purement et simplement à la Prusse le reste des duchés.

J'adressai, à mon arrivée à Berlin, ma demande

d'audience au premier ministre prussien; mais il me fut répondu que M. de Bismarck était empêché par ses occupations de me recevoir, et qu'il avait chargé M. le conseiller de légation de Keudell de le faire à sa place.

Je vis M. de Keudell, le 4 avril 1865. Il me fit comprendre que le cabinet de Berlin ne trouvait pas le moment favorable pour la solution de la question du Slesvig du Nord. Il me dit que la Prusse pouvait très-bien attendre et n'avait aucun motif de brusquer les événements. Il savait bien que la France et l'Angleterre désiraient la rétrocession du Slesvig danois, mais des notes russes lui faisaient douter que la Russie fût dans les mêmes dispositions. A Vienne, on ne voulait nullement entrer dans cette combinaison. C'était, enfin, aux autres puissances à décider du moment opportun pour l'ouverture des négociations diplomatiques à ce sujet. La Prusse ne pouvait, ni ne voulait en prendre l'initiative.

Le lendemain de cette entrevue, je repartis pour Paris. Je m'aperçus bientôt que le gouvernement français était mécontent de la tournure qu'avaient prise les affaires en Europe, et qu'il craignait surtout le rapprochement qui avait eu lieu — depuis quelque temps déjà, sans doute — entre la Russie, la Prusse et l'Autriche. Ce renouvellement de la Sainte-Alliance tendait à isoler la France, qui ne pouvait plus compter sur l'Angleterre. Il était donc de l'intérêt de la France de refroidir les relations amicales de ces trois puissances : la question des duchés de l'Elbe et la situation intérieure de l'Allemagne lui en offraient une bonne occasion. Aussi les hommes d'Etat français attendaient-ils avec une certaine impatience qu'une grande crise se déclarât en Allemagne. .

La situation était, en somme, devenue assez difficile pour l'empereur Napoléon. D'un côté il lui fallait avoir égard à l'opinion publique en France, où son prestige personnel avait beaucoup souffert de l'abandon du Danemark; d'un autre côté, une guerre entre les grandes puissances allemandes pouvait amener des complications dangereuses pour la France elle-même.

Enfin, une autre question allait surgir, qui devait, pour le gouvernement impérial, prendre la plus grande importance et jouer le rôle principal dans les grands événements qui allaient se dérouler. Je veux parler de la question vénitienne, sur laquelle je reviendrai plus tard. Bref, les hommes politiques dirigeants en France ne pouvaient s'empêcher de trahir leurs inquiétudes sur les difficultés de la situation.

Je crus que cet état des choses m'offrait une occasion d'agir, et j'écrivis, sous la date du 6 mai, la lettre suivante à M. de Bismarck :

Excellence,

Hier un homme politique français m'a dit ceci : La Prusse est sur le point de perdre les avantages de sa position, pour n'avoir pas su se prononcer nettement dans un sens ou dans l'autre. M. de Bismarck n'a pas voulu se déclarer disposé à rendre le Slesvig du Nord, ce qui est la condition *sine quâ non* du consentement de la France et de l'Angleterre à l'annexion des duchés à la Prusse. La situation est devenue difficile pour la Prusse, dans la Diète de Francfort. La Bavière incline à se prononcer pour des mesures énergiques de la part de la Diète. L'Autriche commence à se montrer très-hostile à la Prusse. Les Chambres de Berlin refusent au gouvernement tous les subsides qu'il demande. Par suite de ces difficultés, il ne reste à la Prusse qu'une seule voie, c'est d'arborer une politique nette et résolue. Si la situation incertaine d'aujourd'hui se prolongeait, la politique d'annexion serait abandonnée par ceux qui en ce moment lui sont favorables. En tout cas, la France se déclarerait alors pour le prince d'Augustenbourg.

J'ajouterai que mon interlocuteur est bien placé pour connaître à fond les vues qui ont cours dans les cercles dirigeants de l'Empire français.

J'ai l'honneur, etc.

J. Hansen.

Six jours après je recevais cette réponse:

Berlin, le 11 mai 1865.

Monsieur,

Son Excellence, à qui j'ai remis votre lettre, m'a dit que votre présence à Berlin ne servirait à rien en ce moment. Les choses ne sont pas encore suffisamment mûres. Des événements peuvent se produire, susceptibles d'amener le résultat que vous souhaitez. Mais tout cela repose encore dans le sein de l'avenir, et il n'est pas possible, pour le moment, d'en faire l'objet de négociations.

Agréez, etc.

Keudell.

A peu près à la même époque, j'appris que le duc Charles de Glücksbourg avait eu une audience de l'empereur Napoléon, et lui avait demandé son appui en faveur du duc d'Augustenbourg. L'Empereur lui avait répondu que, dans ces questions c'est la volonté des populations qu'il fallait suivre, et qu'ayant toujours défendu le principe des nationalités, il devait regarder la rétrocession du Slesvig du Nord au Danemark comme la meilleure des solutions. Il n'avait pourtant pas l'intention de s'engager dans une guerre pour maintenir ce principe.

Le 12 juin, j'écrivis de nouveau au ministre des affaires étrangères de Prusse, dans les termes suivants:

Excellence,

Hier j'ai eu un entretien avec un homme politique français, qui m'a dit:

„La question des duchés n'est plus une question purement allemande, mais bien une question européenne ou, si l'on veut, internationale. Personne ne saurait nier qu'il y ait, dans le Slesvig du Nord, une population danoise de race et de sympathies. Celui qui le premier se déclarera franchement et positivement prêt à rendre le Slesvig du Nord au Danemark, et à modifier dans ce sens le traité de Vienne, sera le maître des duchés. La Prusse pourra l'être, si elle veut se prononcer en faveur de cette solution avec autant de fermeté que le roi et M. de Bismarck en mettent à maintenir les prétentions prussiennes sur les duchés. M. de Bismarck s'est déclaré, il est vrai, „disposé“ dans ce sens, mais, en diverses occasions, devant les Chambres par exemple, il s'est prononcé dans un sens contraire. Si le prince d'Augustenbourg se déclarait prêt à rendre le Slesvig du Nord, on ne pourrait lui refuser les duchés; il aurait pour lui toute l'Europe, sauf la Prusse. Des États tels que la Bavière accepteraient même la condition de la rétrocession du Slesvig, pour le seul plaisir d'infliger une défaite à la Prusse. L'Autriche encore, si elle se prononçait pour une solution de la question selon le principe des nationalités, serait maîtresse de la situation, et alors la Prusse se trouverait réduite à l'isolement.“

La même personne a ajouté encore ce qui suit:

„Si vous voulez communiquer cet entretien à quelqu'un, vous pouvez ajouter, pour le corroborer, que la presse officieuse française se prononcera probablement bientôt dans ce sens.“

Toujours persuadé que la meilleure solution, pour mon pays, consiste dans la rétrocession par la Prusse de la partie des duchés, qui est et restera danoise à toujours, et dans l'incorporation de tout le reste à la Prusse, je considère

comme mon devoir de faire part à Votre Excellence de
ce que je viens d'écrire — d'autant plus que j'attache la
plus grande importance aux paroles de la personne avec
qui j'ai eu cet entretien.

Je suis, etc.

J. Hansen.

En attendant, le prince d'Augustenbourg et ses amis
continuaient leur propagande avec beaucoup de zèle,
et ne se faisaient pas faute d'attaquer ma personnalité. Dans la séance du 2 juin 1865 de la Chambre
des députés de Berlin, le docteur Bunsen interpella le
ministre des affaires étrangères prussien au sujet de
l'entretien que j'avais eu avec lui à Biarritz, en 1864,
et à propos d'un article d'un journal de Copenhague
qui avait commis la regrettable indiscrétion de parler
de mes efforts en faveur du Slesvig du Nord, et qui
avait même publié mon rapport à M. Bluhme, sans y
avoir été le moins du monde autorisé.

Dans sa réponse, M. de Bismarck déclara que la
plus grande partie de ce que l'on avait raconté sur
cette affaire était faux; qu'il m'avait bien, en effet, reçu
à Biarritz; mais qu'il ne m'avait fait aucune promesse,
et qu'il n'avait pris aucun engagement définitif concernant le sort du Slesvig du Nord.

Le dissentiment entre les deux grandes puissances
allemandes à propos des duchés conquis ne tarda pas
à s'envenimer à un tel point qu'il devint urgent de
faire quelque chose pour prévenir une rupture ouverte
entre elles. Ni l'Autriche, ni la Prusse n'étaient prêtes
pour la guerre. Leurs craintes mutuelles les décidèrent
à signer la célèbre convention de Gastein, qui fut conclue au commencement du mois d'août 1865, et par

laquelle l'Autriche vendit le Lauenbourg à la Prusse. La convention ne terminait rien, et elle n'était, pour toute personne au courant de la question, qu'une trêve, qui ne devait durer que jusqu'à ce qu'une des parties· fût assez forte pour se jeter sur l'autre. La suite montra que c'est la Prusse qui sut le mieux mettre à profit ce temps de répit.

La convention de Gastein fut hautement désapprouvée dans les cercles officiels de Paris; on s'y montra fort mécontent du peu de cas que l'on avait fait des désirs exprimés si ouvertement par la France. A ce moment-là, j'eus occasion de me rendre dans le cabinet de M. Drouyn de Lhuys, et je ne me souviens pas avoir jamais entendu, dans un milieu diplomatique, un langage plus vif que celui qui l'on y tenait alors contre la Prusse. Le ministre des affaires étrangères français se fit l'interprète de ces sentiments, par sa circulaire du 29 août aux représentants de la France à l'étranger. On me donna une copie de cette circulaire, pour la faire publier dans le *Journal de Bruxelles*, d'où elle fit ensuite le tour de la presse européenne, malgré tous les efforts des organes de M. de Bismarck pour jeter des doutes sur son authenticité.

Cette dépêche est écrite sur un ton énergique. En voici la teneur *in extenso:*

Paris, le 29 août 1865.

Monsieur,

Les journaux nous ont apporté le texte de la convention de Gastein. Je n'ai pas la pensée d'en examiner les stipulations en détail, mais il n'est pas sans intérêt de rechercher quels sont les mobiles qui ont guidé dans ces négociations les deux puissances allemandes.

Ont-elles entendu consacrer le droit des anciens traités? Assurément non. Les traités de Vienne avaient réglé les conditions d'existence de la monarchie danoise. Ces conditions sont renversées. Le traité de Londres était un nouveau témoignage de la sollicitude de l'Europe pour la durée de l'intégrité de cette monarchie : il est déchiré par deux puissances qui l'avaient signé. Est-ce pour la défense d'un droit de succession méconnu que l'Autriche et la Prusse se sont concertées? Au lieu de restituer au prétendant le plus autorisé l'héritage en litige, elles se le partagent entre elles.

Consultent-elles l'intérêt de l'Allemagne? Mais leurs confédérés n'ont appris que par les feuilles publiques les arrangements de Gastein. L'Allemagne voulait un État indivisible de Slesvig-Holstein, séparé du Danemark et gouverné par un prince dont elle avait épousé les prétentions. Le candidat populaire est mis de côté aujourd'hui, et les duchés, séparés au lieu d'être unis, passent sous deux dominations différentes.

Est-ce l'intérêt des duchés eux-mêmes qu'ont voulu garantir les deux puissances? Mais l'union indissoluble des territoires était, disait-on, la condition essentielle de leur prospérité.

Le partage a-t-il au moins pour but de désagréger deux nationalités rivales et de faire cesser leurs dissensions intérieures, en assurant à chacune d'elles une existence indépendante? Il n'en est pas ainsi, car nous voyons que la ligne de séparation, ne tenant aucun compte de la distinction des races, laisse confondus les Danois avec les Allemands.

S'est-on préoccupé du vœu des populations? Elles n'ont été consultées sous aucune forme, et il n'est pas même question de réunir les Diètes slesvigo-holsteinoises..

Sur quel principe repose donc la combinaison austro-prussienne? Nous regrettons de n'y trouver d'autre fondement que la force, d'autre justification que la convenance réciproque des deux copartageants. C'est là une pratique dont l'Europe actuelle était déshabituée, et il faut en chercher les précédents aux âges les plus funestes de l'histoire.

La violence et la conquête pervertissent la notion du

droit et la conscience des peuples. Substituées aux principes qui règlent la vie des sociétés modernes, elles sont un élément de trouble et de dissolution, et ne peuvent que bouleverser l'ordre ancien sans édifier solidement aucun ordre nouveau.

Telles sont, Monsieur, les considérations qu'inspirent au gouvernement de l'empereur les événements dont l'Allemagne est en ce moment le théâtre. En vous faisant part de ces impressions, mon intention n'est pas de vous inviter à adresser des observations à ce sujet à la cour auprès de laquelle vous êtes accrédité, mais de vous indiquer seulement le langage que vous devez tenir lorsque l'occasion se présentera pour vous de faire connaître votre opinion.

Recevez, etc.

Drouyn de Lhuys.

Comme je viens de le dire, M. de Bismarck fit tout ce qu'il put pour effacer l'impression que ce document avait faite dans toute l'Europe. Il fit donner des explications par l'ambassadeur de Prusse auprès du gouvernement français; il annonça sa prochaine arrivée à Paris; enfin, il sut tranquilliser la France et endormir les défiances qu'avait éveillées chez elle la convention de Gastein.

Le 2 octobre 1865, M. de Bismarck arriva à Biarritz, où se trouvait alors l'empereur Napoléon; il eut avec lui plusieurs entrevues; ce qui s'y est dit est resté, jusqu'ici, matière à conjectures pour l'histoire. Selon toute probabilité, il y fut beaucoup parlé de l'Italie, un peu des duchés, et il y fut sans doute question de la Belgique comme objet de compensation. Mais ce ne sont là que des hypothèses; ce qui est sûr, c'est que l'empereur Napoléon, sur qui du reste la »franchise« et les manières du ministre prussien avaient fait une bonne impression, ne se laissa arracher aucune promesse concernant la politique que la France entendait observer à l'avenir vis-à-vis de la Prusse.

Au commencement de novembre, M. de Bismarck repassait par Paris. Je demandai et j'obtins de lui un entretien, qui eut lieu le 5, à l'hôtel du Rhin, place Vendôme.

Il était facile de voir que le ministre prussien était mal disposé et de mauvaise humeur, à la suite des entretiens qu'il venait d'avoir avec M. Drouyn de Lhuys. Il n'ignorait pas, sans doute, les efforts de l'Autriche pour se concilier le bon vouloir de la France, surtout par la conclusion d'un traité de commerce avantageux pour cette dernière. Il n'ignorait pas non plus qu'à ce moment on était en négociations pour le placement, en France, d'un emprunt autrichien, qui aurait intéressé les capitaux français au sort de l'Autriche. En outre, la politique de M. de Bismarck avait été contrecarrée par son propre ambassadeur à Paris, M. de Goltz. Tout cela, on peut bien le penser, n'était pas de nature à encourager le premier ministre prussien.

Au reste, il me dit que sa manière de voir, dans l'affaire du Slesvig du Nord, n'avait pas changé; mais qu'à présent plus que jamais, il exigerait que certains points stratégiques restassent entre les mains de la Prusse. Il ajouta qu'il désirait toujours la solution de cette question, mais que, pour le moment, il ne pourrait rien faire sans provoquer une rupture avec l'Autriche; que cette rupture, du reste, deviendrait tôt ou tard inévitable, les intérêts de la Prusse et ceux de l'Autriche étant contraires. Il savait que la politique de la Prusse était constamment combattue par l'Autriche, surtout à

Paris, où le prince de Metternich faisait tout pour gagner la presse française.

M. de Bismarck se plaignit, en termes généraux, de l'attitude de la presse et de certains journalistes : »Que l'on donne un jour, s'écria-t-il, 2,000 francs à un journaliste, il écrira absolument comme l'on voudra; mais qu'un autre vienne le jour suivant lui offrir 3,000 francs, il fera volte-face, sera de l'avis du dernier qui l'a payé, et trahira son premier ami.«

J'eus peine à m'empêcher de sourire de cette boutade contre la presse, car c'était déjà chose connue, qu'aucun homme d'État de l'Europe ne s'en servait plus largement que M. de Bismarck pour ses intérêts et ne savait mieux que lui manœuvrer avec les journalistes, selon les circonstances.

Le ministre des affaires étrangères de Prusse retourna à Berlin peu de jours après, et il fut bientôt évident que l'Autriche l'avait emporté cette fois dans la lutte diplomatique dont Paris était le théâtre et l'objectif. Le gouvernement autrichien refusait catégoriquement de céder, à quelque prix que ce fût, ses droits sur le Holstein: cette attitude montrait suffisamment qu'il se croyait sûr de l'amitié de la France.

La fin de l'année, pour la France, fut entièrement absorbée par des préoccupations d'ordre pacifique : on commençait les préparatifs de l'Exposition universelle de 1867. L'empereur avait en vue de grandes économies, nonseulement dans l'administration intérieure, mais aussi dans l'armée, où il songeait à réaliser une réduction des cadres et à abaisser le contingent de la conscription. Il était évident que l'empereur désirait alors la paix.

CHAPITRE IV.

Négociations préliminaires entre les cabinets de Berlin et de Florence, en vue d'une alliance offensive et défensive. — L'Empereur Napoléon hésite entre l'Autriche et la Prusse. — Discussion de l'adresse, le 2 mars, au Corps législatif français. — M. Thiers m'adresse une lettre à la date du 30 mars 1866. — Arrivée du prince royal de Danemark à Paris. — Alliance de la Prusse et de l'Italie, conclue le 8 avril 1866. — Confidences au sujet d'un entretien de l'Empereur Napoléon et de M. de Goltz.

Les bonnes dispositions dont on était animé à l'égard de l'Autriche, dans les cercles officiels français, ne furent pas de longue durée. Au commencement de l'année 1866, il était évident que la France s'était rapprochée de la Prusse, qui ne lui ménagea pas les promesses de reconnaître le principe des nationalités dans le Slesvig, et surtout, ce qui était le point capital, d'aider l'Italie à acquérir la Vénétie.

Dès les premiers jours d'août 1865, M. de Bismarck avait entamé des négociations avec le cabinet de Florence, en vue d'une alliance offensive et défensive de l'Italie et de la Prusse. Le président du conseil des ministres italiens, l'énergique et loyal général La Marmora, ne repoussa pas positivement ces avances; mais il désirait auparavant savoir ce que l'empereur Napoléon pensait d'une telle alliance, et en même temps avoir la certitude que la Prusse, quoi qu'il arrivât, ferait réellement et fidèlement cause commune avec l'Italie, dans le cas d'une guerre avec l'Autriche, et ne se servirait pas de l'alliance italienne uniquement pour exercer dans ses propres intérêts une pression sur le cabinet de Vienne.

Quant à la première de ces considérations, celle de savoir jusqu'à quel point l'Empereur Napoléon se montrerait satisfait d'une alliance italo-prussienne, il était dès lors avéré que ce souverain désirait ardemment la cession de la Vénétie à l'Italie. Mais il pensait et espérait toujours que l'Autriche, par la voie des négociations diplomatiques, ou en cédant à la pression des autres puissances, serait amenée à renoncer à la Vénétie, sans y être forcée par une guerre. L'Empereur désirait donc une solution à l'amiable; mais si l'Autriche ne voulait pas céder de bonne grâce, il était probable, — et les événements ont prouvé la justesse de ces prévisions, — que l'Empereur ne s'opposerait pas à une alliance de la Prusse et de l'Italie.

La convention de Gastein inspira bien pendant quelque temps de sérieuses méfiances à l'Italie; mais M. de Bismarck réussit à les calmer, et, au commencement de l'année 1866, les négociations entre la Prusse et l'Italie se poursuivaient activement, pour un traité de commerce et une alliance offensive et défensive.

A cet effet, le gouvernement italien envoya, au mois

de mars 1866, le général Govone à Berlin, pour préciser les conditions de l'alliance, et quelque temps après à Paris le comte Arese, qui avait été autrefois très lié avec l'empereur Napoléon, pour se concilier la bienveillance de la France et obtenir son adhésion aux plans de l'Italie.

Le bruit de ces négociations, qui menaçaient la paix universelle, se répandit dans le public au mois de mars et provoqua une panique à la Bourse. En même temps, le dissentiment entre les deux grandes puissances allemandes s'accentuait de plus en plus à la Diète de Francfort, et il devenait évident que leurs différends touchaient à un dénouement sanglant.

L'empereur Napoléon aurait pu, même à ce moment, prévenir une guerre, en se déclarant nettement pour l'une ou l'autre de ces puissances; mais il hésitait à se prononcer catégoriquement; il manœuvrait pour conserver sa neutralité de façon à pouvoir agir ensuite comme arbitre, lorsque la guerre aurait éclaté, et recueillir le prix de cet arbitrage.

Au milieu de ces intrigues, le 2 mars, au Corps législatif français, le vote de l'adresse donna lieu à une intéressante discussion, à laquelle M. Morin de Malsabrier prit part, en prononçant à cette occasion un discours où il plaida chaudement la cause du Danemark. Cet homme politique, dont j'avais fait la connaissance quelques mois auparavant, s'était déjà particulièrement intéressé à la question danoise, qu'il avait étudiée à fond et dans toutes ses phases. Le lecteur danois sera sans doute heureux de connaître les services importants que cet excellent homme a rendus au Danemark.

Au lendemain de cette séance, le 3 mars, M. Morin

proposa, de concert avec quatre autres députés, **MM.**
Piccioni, Gœrg, Haentjens et de Tillancourt, un amendement à l'adresse, par lequel la Chambre approuvait
le désir du gouvernement de voir les populations des
duchés de l'Elbe consultées sur leur sort définitif. Cet
amendement ne réunit, il est vrai, que trente voix, entre
autres celle de M. Thiers; mais, dans le cours de la
discussion, bien des paroles sympathiques au Danemark
furent prononcées, et il était évident que le gouvernement impérial aurait l'appui du Corps législatif et de
l'opinion publique s'il tentait quelque chose pour cet
ancien allié de la France.

Le discours de M. Morin de Malsabrier rencontra
pourtant un contradicteur : M. de Parieu, vice-président
de la Chambre, s'exprima plus tard sur la question du
Slesvig-Holstein dans un discours dont le fond avait
été emprunté à un article sur les duchés de l'Elbe,
qui avait paru quelques jours auparavant dans la *Revue
Contemporaine*, et dont l'auteur était, à n'en pas douter,
le consul de Prusse à Paris, M. Félix Bamberg. Dans
un article inséré par *la France* du 12 mars, je réfutai
point par point le discours de M. de Parieu.

Pour rédiger cet article, j'avais dû étudier le compte-
rendu officiel de la discussion de l'adresse, et j'y vis
que M. Thiers avait à plusieurs reprises applaudi au
discours de M. de Parieu, dans lequel, pourtant, il était
évident que l'orateur avait traité la question à un point
de vue tout allemand. Je pris en conséquence la liberté
d'écrire à l'illustre homme d'État pour lui en exprimer mon étonnement, et je lui envoyai en même temps
quelques brochures traitant de la question du Slesvig.
Je reçus la réponse suivante:

Paris, le 30 mars 1866.

Monsieur,

Ne croyez pas que je partage l'opinion de M. de Parieu, parce que j'ai rendu hommage à son talent. Je regarde la conduite de la France envers le Danemark comme fort peu avisée, celle de la Prusse comme inique, et la guerre qui menace l'Europe comme un châtiment de l'injustice commise. J'ai voulu m'expliquer sur ce sujet, et si je ne l'ai pas fait, c'est que l'occasion m'a manqué. Je vous remercie de l'envoi des trois documents que je possédais déjà, et vous serai obligé de m'envoyer ceux que l'occasion fera paraître encore.

Agréez mes compliments affectueux.

A. Thiers,
Député de la Seine.

Sur ces entrefaites, vers le milieu de mars, le prince royal de Danemark était arrivé à Paris, pour rendre visite à la cour impériale, où il ne tarda pas à se concilier toutes les sympathies par l'affabilité de ses manières. Il alla voir successivement M. Drouyn de Lhuys, lord Cowley et M. Thiers. L'Impératrice organisa une fête aux Tuileries, et le ministre des affaires étrangères donna un banquet en son honneur.

Le 20 mars, il y eut une grande panique à la Bourse, en raison des nouvelles alarmantes reçues d'Allemagne, et la rente française subit tout-à-coup une baisse sérieuse. Le public, qui pendant longtemps n'avait pas voulu croire à la guerre, commença alors à s'aperce-

voir que la situation était réellement critique, et que
les négociations entre la Prusse et l'Italie étaient sérieusement avancées. On sait que l'alliance de ces deux
puissances fut conclue le 8 avril 1866.

Les grands événements arrivaient alors, peu à peu,
à maturité, et l'imminence de la guerre entre la Prusse
et l'Autriche apparaissait enfin clairement. L'empereur
Napoléon avait longtemps hésité entre ces deux puissances, ne sachant de quel côté incliner. Un Allemand
qui, par le poste officiel qu'il occupait, se trouvait bien
placé pour avoir des renseignements positifs, me fit,
vers la fin de mars, la confidence suivante, au sujet
de l'indécision de l'empereur et de la situation en
général:

»Pendant les premiers temps qui suivirent le départ
de M. de Bismarck, M. de Goltz ne pouvait amener
l'Empereur à s'occuper de la question des duchés, ni
même à en parler. Ce n'est que peu de temps avant
le départ de M. de Goltz pour Berlin, que la question
fut remise sur le tapis à la cour, et, dans les derniers
entretiens que l'ambassadeur prussien eut avec l'Empereur, avant son départ, celui-ci l'engagea fortement à
insister pour arriver à un dénouement. L'Empereur
aborda franchement la question, et, en exposant sa
manière de voir, il répéta à plusieurs reprises : »Dites
au roi, &c.«. Lorsque M. de Goltz arriva à Berlin, il
trouva les esprits très-belliqueux. Des gens qui étaient
autrefois bien disposés pour l'Autriche, avaient totalement viré de bord, et le général de Manteuffel lui-même
se déclarait pour la guerre. M. de Bismarck irritait
sans cesse le roi en lui soumettant des articles inju-

rieux publiés par les feuilles autrichiennes. Le premier ministre pousse à la guerre, parce qu'il n'a pas d'autre alternative que de succomber, s'il ne réussit pas à exécuter le plan de réorganisation de l'armée, et parce qu'en présence de l'opposition de la Chambre, il n'a pour ainsi dire aucun autre moyen de le faire adopter. Les résolutions prises à la séance du Conseil du 28 février ont été tenues très-secrètes, et tout ce qu'on en a publié ne repose que sur des conjectures des journaux. Le comte de Goltz est revenu à Paris avec des instructions basées sur l'éventualité d'une guerre, et, à l'heure qu'il est, il négocie sur les conditions d'une neutralité bienveillante de la part de la France. Il est plein de confiance et en belle humeur. Si quelqu'un — quel qu'il soit — vous dépeint la situation sous un autre jour, vous pourrez être certain que cette personne vous en impose ou qu'elle ne sait rien. Lord Cowley a reçu hier un télégramme de Londres, par lequel lord Loftus lui mandait qu'une dépêche venait d'être expédiée de Berlin à Vienne, réclamant l'expulsion des agents du prince d'Augustenbourg. Le prince de Metternich a demandé à M. de Goltz s'il croyait à l'authenticité de cette nouvelle; celui-ci a répondu qu'il pensait que la chose était impossible : »à moins, a-t-il ajouté, que M. de Bismarck n'ait changé d'opinion depuis mon départ de Berlin; car il était alors décidé à des mesures beaucoup plus énergiques.«

Au commencement d'avril, le même Allemand me dit : »La Prusse, à l'heure actuelle, a bien besoin de l'appui de la France, et il sera très difficile à Bismarck de refuser quelque chose à l'empereur Napoléon. Vous autres Danois, qui travaillez constamment à recouvrer le Slesvig du Nord, devriez maintenant insister auprès de la France pour qu'elle fasse quelque chose en votre faveur. Mais hâtez-vous, car la situation peut bientôt changer. «

CHAPITRE V.

Le Journal de mon voyage en Allemagne en avril, mai, juin et juillet 1866. — Visite à Francfort, à Mayence et à Munich. — Entretien avec M. de Bismarck le 23 mai. Il se déclare opposé à une cession de territoire allemand à la France. — Retour à Paris. — Mon premier entretien avec M. Thiers, le 28 mai. Il se prononce catégoriquement pour le maintien de la paix et se montre très bienveillant envers le Danemark. — Nouvel entretien avec M. Thiers, le 3 juin. Ses remarques sur la possibilité d'une cession de la Vénétie à l'Italie. — Retour à Berlin. Entretien important, le 8 juin, avec M. de Bismarck, qui se déclare prêt à négocier au sujet du Slesvig du Nord. Il considère la guerre entre l'Autriche et la Prusse comme imminente. — Journal de mon séjour à Berlin, jusqu'au 21 juillet. — Le comte de Chaudordy me fait savoir, le 23 juillet, que le traité de paix contiendra une clause au sujet de la cession d'une partie du Slesvig du Nord, conformément au vote librement émis des populations. — Confidences au sujet d'un désaccord survenu entre l'Empereur et M. Drouyn de Lhuys. — L'Empereur entreprend une médiation entre les puissances belligérantes. — Mission du général de Raaslöff au sujet de l'évacuation du Mexique par les troupes françaises.

En présence des événements qui se préparaient en Allemagne, et qui étaient évidemment de nature à exercer une influence décisive sur le sort du Slesvig du Nord, je ne pouvais rester à Paris et me contenter du rôle de paisible spectateur. Je sollicitai donc des directeurs de *La France* et du *Pays* des lettres de créance, qui me permissent d'agir comme correspondant de ces journaux en Allemagne; ils acquiescèrent à ma demande, et je partis pour l'Allemagne le 12 avril 1866.

Pendant les quatre mois qui suivirent, je fus, pour ainsi dire, sans cesse en voyage, tantôt en Allemagne, tantôt en France, et pendant cette période j'assistai à des faits et j'entendis des choses du plus haut intérêt que j'ai consignées exactement dans mon journal de voyage. Je donne ci-dessous mes notes *in extenso* telles que je les rédigeai jour par jour; car je pense que sous cette forme elles conserveront mieux la physionomie des événements, en retraçant les diverses impressions que j'en ai recueillies.

Francfort-sur-le-Mein, le 15 avril 1866.

Il règne dans tous les pays rhénans une frayeur extrême de la guerre; on y désire la paix.

A Saarbruck, on s'attend à une invasion des Français, dès que l'Allemagne se trouvera engagée dans une guerre. Les mêmes appréhensions plus ou moins vives régnent dans les provinces rhénanes, et la *Kölnische Zeitung* dont les sympathies sont aujourd'hui autrichiennes, contribue beaucoup à aviver les craintes, en prêchant la paix et le renvoi de M. de Bismarck.

Les débats du Corps législatif français ont, du reste, contribué en partie à entretenir cet état des esprits et à éveiller en Allemagne des craintes qu'on ne pourra pas calmer.

Ici, à Francfort, toutes les sympathies sont pour l'Autriche, et l'on est très monté contre la Prusse. Un »meeting« public anti-prussien a lieu ce soir.

Francfort sur-le-Mein, le 18 avril 1866.

J'ai passé quelques jours à Mayence et à Castel. Les dispositions y sont décidément hostiles à la Prusse. J'ai entendu des bourgeois, à Mayence, lancer des injures aux soldats prussiens. Depuis quelque temps, les soldats prussiens et autrichiens se battent régulièrement tous les soirs.

Je me suis entretenu aussi à Mayence avec un officier prussien qui s'est exprimé en ces termes : »Si la guerre éclate, ce qui est bien probable, je puis vous assurer que Prussiens et Autrichiens évacueront la forteresse d'un commun accord.« Le même officier ajouta : »Je regarde une alliance entre la Prusse et l'Italie comme possible ; mais, au fond, ce ne sera qu'une infamie.«

J'ai fait, dans un restaurant, la connaissance de plusieurs bourgeois de Mayence. J'ai été frappé de la conviction avec laquelle ils s'exprimaient presque tous au sujet d'une intervention de la France. Un marchand de charbons, vieux bourgeois plein de bon sens, m'a dit :

»Il faut, après tout, que la Prusse s'entende avec la France, si celle-ci veut reculer ses frontières. Elle en viendra à s'étendre aux dépens de cette foule de petits princes, et ce sera une issue des plus heureuses pour nous. Nous payons de trop lourdes taxes; si les Français viennent ici, elles seront sans doute considérablement diminuées. Ce sera un soulagement pour la classe ouvrière et industrielle. A l'heure actuelle, celle-ci paye

5*

pour les riches. Les gros capitalistes, les riches rentiers
ne paient pas, en comparaison, autant que les bourgeois.
Ce qui nous manque, c'est cette égalité dont jouissent les
Français. Ici, il y a deux ans qu'on négocie pour la construction d'un pont sur le Rhin, à l'usage des habitants de Mayence et de Cassel; mais toute la Confédération allemande ne parviendra pas à nous faire avoir
ce pont«.

Francfort-sur-le-Mein, le 19 avril 1866.

Un diplomate accrédité ici près la Diète, avec lequel
j'ai eu aujourd'hui un entretien, a apprécié ainsi la
situation : »Je ne crois pas qu'on puisse prétendre que
les dernières dépêches échangées soient favorables à la
Prusse. Qu'a obtenu M. de Bismarck, somme toute?
Rien, si ce n'est d'être obligé de finir par des paroles
de paix; et même, si l'Autriche, à l'heure actuelle,
fait la plus légère concession (ce qui lui est très facile,
car elle a toujours dit qu'elle n'armait pas), M. de
Bismarck n'y aura rien gagné. La question principale,
celle des duchés, n'a pas avancé d'un pas. M. de Bismarck peut remporter ce que l'on est convenu d'appeler
une victoire diplomatique, mais cela est très indifférent
à l'Autriche, car la question en est toujours au même
point : la Prusse veut avoir les duchés, elle ne peut
les avoir qu'au moyen d'une guerre, et cette guerre,
elle ne peut la faire. Toute la difficulté est là. Comment
M. de Bismarck pourra-t-il provoquer une guerre? L'Autriche ne la veut pas, tout le monde le sait; les petits
États font à l'heure actuelle tous leurs efforts pour la
prévenir; l'Autriche peut donc se tenir tranquille et,
au besoin, se retrancher derrière l'article 11 de la constitution fédérale; car elle aura toute l'Allemagne pour

elle, et la Prusse se trouvera alors acculée dans ses derniers retranchements. En outre, presque tout le monde en Prusse, aussi bien que dans le reste de l'Allemagne, veut la paix. Bismarck ne peut plus dire à l'Autriche que la Prusse veut à tout prix l'annexion des duchés. Un fait qu'on n'aurait pu prédire il y a trois mois, c'est qu'il n'y a pas une province en Prusse, sans même excepter Berlin, cette ville fanfaronne (*grossmäulige*), qui n'adopte des résolutions contre une annexion par la force. Les trois quarts du parti de la *Gazette de la Croix* ne veulent pas d'une alliance avec l'Italie contre l'Autriche. Ajoutez à cela, que l'on soupçonne toujours la France d'être pour quelque chose dans toute l'affaire, et que l'on pense que c'est elle qui, en définitive, dicterait les conditions de la paix. Comme vous le voyez, nous sommes en présence d'une crise dont nul ne peut prévoir l'issue. Il est probable qu'à Berlin, on opte pour une ligne politique plus libérale. La position de Bismarck lui-même, surtout auprès du roi, a été plutôt affermie qu'ébranlée par les violentes attaques qui ont été dernièrement dirigées contre lui. Samedi, les préliminaires (*die Vorfrage*) du projet de réforme seront référés à un comité *ad hoc*. On ne saurait prédire quand le projet lui-même sera présenté, et encore moins le sort qui lui est réservé. En somme, ni dans la Prusse proprement dite, ni en Allemagne on n'est disposé pour la réforme, comme en 1850. Peut-être que les explications qui seront données samedi, jetteront un peu de jour sur la question.«

Berlin, le 24 avril 1866.

Voici quelle est la situation : Il n'y a que quelques mois, chacun en Prusse se déclarait partisan des annexions;

mais on croyait pouvoir y parvenir par la ruse, de la même façon que l'on avait, par surprise, obtenu l'alliance de l'Autriche dans la guerre de 1864. On s'aperçoit maintenant qu'on s'est trompé, et l'on commence à éprouver des craintes, en voyant que l'Autriche n'entend pas se prêter de bonne grâce à l'annexion des duchés. Telle est, en général, la disposition des esprits ici. Il n'y a que M. de Bismarck qui s'entête dans son programme, et le roi le soutient, surtout parce qu'il sait que, si M. de Bismarck se retirait, il ne lui trouverait pas un successeur capable comme lui de dominer la situation intérieure.

M. de Bismarck sait vouloir ce qu'il veut, mais il ne peut pourtant pas se dispenser de compter avec l'opinion publique; il faut qu'il ait pour lui ses collègues du ministère et l'entourage du roi, ce qui lui est très difficile à l'heure actuelle, en présence de l'attitude des petits États, et du vœu général en faveur du maintien de la paix. On ne saurait dire avec précision jusqu'à quel point une allure décidée de l'Italie pourrait opérer un revirement à cet égard; mais ce revirement est possible.

La proposition de la Prusse ne sera pas acceptée à Francfort; c'est donc un nouveau sujet de rupture.

Quant à la question slesvigeoise, la conviction qu'il faut rétrocéder le Slesvig du Nord gagne de plus en plus du terrain non-seulement ici dans les cercles gouvernementaux, mais partout, dans toute l'Allemagne. La presse a puissamment contribué à ce résultat. On est bien près de croire que le Slesvig du Nord est réellement danois. Ce n'est que pour Düppel et Alsen que le gouvernement prussien fera probablement des difficultés.

Berlin, le 27 avril 1866.

Les esprits sont toujours très montés contre Bismarck
dans presque toutes les classes de la société, et l'on croit
généralement qu'il lui sera impossible de tenir longtemps.
Je crois pourtant qu'en cela on se trompe. Je me suis
entretenu avec des gens de Bourse, qui m'ont dit : »Tant
que cet homme sera là, nous n'aurons aucune tranquil-
lité; il règne ici un sentiment de profond décourage-
ment; les grandes affaires ne vont pas, et naturellement les petites non plus.« — Ailleurs on entend des
propos comme ceux-ci : »Ce gaillard vendra le Rhin à
notre barbe, si sa politique l'y oblige; tout lui est
permis; il est probablement de connivence avec *l'homme
silencieux.*«

J'étais avant-hier dans un salon de lecture, où une
violente altercation s'éleva entre deux individus au sujet
de Bismarck. L'un d'eux, professeur à l'Université de
Berlin, prétendait que Bismarck était en train de perdre
son pays, qu'il l'avait déjà mené au bord de l'abîme, et
qu'il le mènerait à la guerre civile, ou peut-être à un
nouvel Ollmütz. Son adversaire prétendait que Bismarck
était un grand patriote. La discussion devint si vive que
je m'attendais à voir les deux interlocuteurs se prendre
aux cheveux. Un Américain, qui venait d'entrer, se
mêla à la discussion. La rixe cessa immédiatement entre
les deux Allemands, et ils se tournèrent contre l'étranger. C'est un singulier trait de caractère, qui est général
chez les Allemands.

Il me semble, du reste, avoir remarqué qu'on ne croit
pas à Berlin, autant que dans l'Allemagne du Sud-Ouest,
à ce qu'ils appellent une immixtion de la France. En

somme, à Berlin, on s'occupe beaucoup moins de la France.

Francfort-sur-le-Mein, le 6 mai 1866.

J'ai été faire un tour à Munich, où j'ai eu un entretien avec le ministre de Prusse, le prince de Reuss, qui s'est exprimé à peu près en ces termes :

« En Bavière, il règne une frayeur mortelle de la guerre. On craint qu'une guerre entre l'Autriche et la Prusse n'amène la perte d'un coin de territoire allemand, spécialement dans la Bavière rhénane, et le gouvernement bavarois partage cette crainte. Les sympathies du parti clérical en Bavière sont naturellement toutes acquises à l'Autriche; le parti progressiste n'aime pas M. de Bismarck, bien qu'il approuve le projet de réforme. La proclamation d'une alliance de la Prusse et de l'Italie produirait un grand effet ici, surtout dans les cercles officiels; et, dans ce cas, la Bavière n'hésiterait pas à se déclarer contre la Prusse. Les armements en Bavière semblent n'avancer que lentement. »

Ici à Francfort, l'émotion est à son comble. La position de la Prusse dans la Confédération devient, de jour en jour, plus insoutenable. Le Hanovre lui-même, sur lequel la Prusse comptait dans une certaine mesure, se déclare ouvertement contre elle; la tentative de M. de Bismarck pour gagner le parti libéral (Roggenbach) a échoué. Il n'y a qu'une seule issue pour la Prusse : la guerre.

J'ai résolu d'aller faire un tour dans les pays rhénans, où il règne, à ce qu'on me dit, une grande agitation parmi les populations.

Les journaux français m'apprennent que M. Thiers

a prononcé un grand discours, où il s'est déclaré ouvertement pour l'Autriche, et s'est élevé contre les velléités belliqueuses de la Prusse. Il a aussi, comme je m'y attendais, plaidé la cause du Danemark, et blâmé en termes sévères la politique de la France pendant la guerre des duchés.

Cologne, le 16 mai 1866.

Ces bons habitants de Cologne semblent avoir complètement perdu la tête; il règne ici une terreur presque comique. De fait, on ne veut plus accepter les billets de la Banque de Prusse, et les juifs font de bonnes affaires en achetant au rabais les billets de banque prussiens et les livrets de caisses d'épargne.

La landwehr, que la Prusse a rappelée, est en général très mécontente. A Cologne, les hommes de la landwehr ont maltraité leurs officiers, et même, dans une localité, ils ont presque assommé un major à coups de bâton. Ils veulent à toute force savoir pourquoi ils vont se battre et où on les envoie. Des rumeurs étranges circulent dans le peuple; ainsi, mon guide m'a raconté que le roi Guillaume avait vendu les pays rhénans à l'empereur Napoléon, pour une somme de 90 millions de thalers.

Du reste, on entend des personnes intelligentes s'exprimer ainsi sur la situation:

Nous ne voulons la guerre à aucun prix, parce qu'il est probable qu'en cas de guerre, M. de Bismarck s'entendra avec la France au sujet des pays rhénans; il aimera mieux le faire dès maintenant, que de s'aliéner la France et de courir le risque qu'en fin de compte elle ne lui enlève ces provinces par la force.

Voilà le langage que l'on tient ici dans le monde. A Bonn on pense de même.

Un fabricant de Crefeld, que j'ai rencontré par hasard, m'a témoigné ses sympathies pour la France. »Une fois les Français ici, me dit-il, il y en a beaucoup parmi nous dont les intérêts matériels prospéreront et qui se déclareront pour la France; il y aura pour nous un avantage immense à avoir un grand débouché pour les produits de nos manufactures.«

Mayence, le 19 mai 1866.

Ici l'agitation est grande. Les populations riveraines du Rhin, race fière et ardente, aspirent à faire partie intégrante d'un grand pays; elles préféreraient naturellement appartenir à une Allemagne unie et puissante. Elles haïssent les petits princes. C'est surtout dans la Hesse-Darmstadt que perce ce sentiment; car le gouvernement n'a rien fait pour se concilier les populations; il traite les provinces du Rhin comme une vache à lait. Il les trouve, au reste, trop imbues de l'esprit libéral. Un fait très significatif vient de se produire : le conseil municipal de Mayence a rejeté, à une grande majorité, il y a quelques semaines, la proposition de célébrer le cinquantième anniversaire de la réunion de cette ville au grand-duché de Hesse-Darmstadt. Les habitants de Mayence sont très contents du code Napoléon. Aux environs de Worms et de Bingen, beaucoup de vieillards, qui se souviennent du temps où ils étaient unis à la France, expriment hautement leurs sympathies pour ce pays.

L'état des esprits est bien différent dans les pays rhénans appartenant à la Prusse. Dans le district de la

Sarre, le gouvernement prussien n'est pas aimé, il est vrai; mais le peuple dit : »Nous faisons partie d'une nation forte et respectée, la nation prussienne, et nous voulons rester prussiens.«

Francfort-sur-le-Mein, le 20 mai 1866.

Je suis venu ici hier, pour assister à un »meeting« de députés des différents pays de l'Allemagne, qui a eu lieu à la Saalbau. Il y avait, à peu près, deux cents députés à cette séance, où le Holstein (et le Slesvig) comptaient trente députés, mais où, par contre, la Prusse n'était que faiblement représentée. A midi, un public élégant avait envahi toute la salle; on voyait beaucoup de dames dans les loges, et il y avait bien deux mille personnes présentes. Un député bavarois, le docteur Vœlck, commença par motiver la proposition du comité en se plaçant à un point de vue général, favorable aux petits États.

Il parla ensuite des aspirations de l'étranger, et s'écria : »Si les pays rhénans sont perdus, ils deviendront une Vénétie allemande, une plaie toujours saignante. Nous léguerons à nos enfants et à nos petits-enfants le soin de laver cette tache imprimée à l'honneur de la nation.«

Il avait à peine prononcé ces paroles, qu'un incident vraiment étrange vint interrompre le cours de la séance : on entendit tout à coup, dans la galerie supérieure, six détonations successives; la salle se remplit de fumée, les dames poussaient des cris de terreur, quelques-unes s'évanouirent; les députés s'agitaient comme des possédés en criant à la trahison. Les loges et les galeries furent évacuées en un clin d'œil. J'occupais une modeste place dans une loge, loin de la tribune; mais, voyant toute la salle vide, je m'avançai alors jusqu'à la loge réservée au »Très-Haut Sénat«; les Très-Hauts Sénateurs avaient aussi disparu. Je m'installai donc hardiment dans un fauteuil, curieux de voir si l'on me ferait déguerpir de ce siège usurpé; mais on me laissa en paisible possession.

On entendit encore deux ou trois détonations; puis le calme finit par se rétablir, et le président annonça que la police était à la recherche des coupables. On découvrit plus tard que c'étaient de gros pétards, qu'on avait semés sous les chaises, et qui avaient fait explosion. C'était peut-être parmi les habitants de Francfort, eux-mêmes, qu'il eût fallu chercher les auteurs de cette mauvaise plaisanterie; car les Francfortois étaient mécontents des résolutions qu'on avait adoptées, particulièrement de celle qui avait trait à la neutralité des États du Sud. Ils la regardaient comme une victoire pour la cause prussienne.

La discussion ne fit plus que languir; presque tout le public avait disparu. Le tumulte recommença encore une fois, lorsque le député prussien Schulze-Delizsch menaça du poing les Autrichiens en leur criant : »Nous n'avons pas peur de vos coups de canon.« Deux Autrichiens s'élancèrent alors vers l'orateur, et le menacèrent en lui mettant le poing sous le nez. Le président réussit enfin à rétablir l'ordre.

A quatre heures, il y a eu une autre réunion au Cirque. Elle fut très hostile à la Prusse et sympathique à l'Autriche. Les petits États y furent très malmenés, à cause de leur désir de rester neutres.

Je repars demain pour Berlin.

Berlin, le 23 mai 1866.

Dès mon arrivée ici, je sollicitai une audience du premier ministre. Il me donna rendez-vous pour huit heures et demie, le même soir.

Après quelques paroles banales, M. de Bismarck me dit qu'il lui importait beaucoup d'avoir de bonnes relations avec la France, mais qu'il ne pouvait être question de céder une portion de territoire allemand. »Les populations des pays du Rhin, — ce sont ses paroles textuelles, — »sont allemandes et veulent rester allemandes; tout au plus, quelques garçons cordonniers et tailleurs, qui ont travaillé à Paris et qui ont la tête farcie d'idées françaises, se figurent être devenus Français.«

Je lui dis que j'avais reçu une lettre de Paris, qui m'apprenait que, dans les sphères compétentes, on avait imaginé une solution qui donnerait la Vénétie à l'Italie, la Silésie à l'Autriche, et la partie allemande des duchés, tout le Hanovre et peut-être un petit coin de territoire faisant enclave au sud de ce royaume, à la Prusse.

Le ministre ne répondit pas, mais il devint tout soucieux.

Il me dit ensuite, sans que je l'eusse interpellé à ce sujet, et en soulignant chaque mot, qu'il n'avait pas changé d'opinion à l'égard du Slesvig du Nord, depuis la première fois qu'il s'était entretenu avec moi, et qu'il désirait être sur un pied d'amitié avec le Danemark et son gouvernement. Lui ayant rappelé que je suivais attentivement les événements qui s'accomplissaient en Allemagne, et qui pourraient avoir une portée très significative pour le Danemark, il me dit :

»Oui, vous avez raison. Il se prépare de grands événements; chacun y jouera son rôle, vous aussi.«

— »Votre Excellence, lui répliquai-je, ne doit pas perdre de vue que mon rôle est très-modeste.«

— »Eh bien, vous pourrez l'agrandir.«

— »Oui, repris-je, le jour où je serai préfet de Sœnderborg.«

M. de Bismarck ne releva pas cette dernière observation, et je pris congé de lui.

Berlin, le 24 mai 1866.

Je suis allé aujourd'hui rendre visite à un diplomate, dont j'avais autrefois fait la connaissance à Paris. Il me dit que M. de Bismarck était bien ancré dans sa position, qu'il était bien fort, mais seulement tant qu'il était auprès du roi, et qu'il s'était fait, depuis quelque temps, une foule d'ennemis très puissants. Ceux qui ont à se servir de lui, doivent le faire tout de suite, pendant qu'il en est encore temps, et ne pas se montrer trop exigeants. Qu'il soit question, par exemple, de céder quelque chose des provinces du Rhin à la France, et que M. de Bismarck fasse mine de s'y prêter, sa chute est inévitable. Une fraction du parti national libéral approuve et soutient sa politique extérieure; ce groupe est représenté par la *Nationalzeitung,* dont le rédacteur, M. Zabel, a frisé la prison pour des articles publiés autrefois. Le reste du parti national libéral, représenté par la *Volkszeitung,* attaque au contraire avec beaucoup de violence la politique extérieure du premier ministre, et désire un accommodement avec l'Autriche sans l'annexion des duchés, qui doivent pourtant, d'après ces grands politiques, avec le temps, passer sous la domination de la Prusse. Quant aux questions intérieures, tout le parti libéral est contre le ministre, sans accommodement possible. Si M. de Bismarck succombe, un ministère qui rétablirait l'alliance avec l'Autriche, pourrait arriver au pouvoir.

Mon interlocuteur me dit ensuite qu'il s'était aperçu que, non seulement l'Autriche, mais aussi les petits États se montraient disposés à souscrire à une rétrocession du Slesvig du Nord au Danemark. Il me dit que le baron Scheel-Plessen, qui d'ailleurs avait été très partisan de l'annexion des duchés, inclinait maintenant pour une rétrocession du Slesvig du Nord, sans laquelle il croyait l'annexion impossible.

Paris, le 26 mai 1866.

A mon arrivée ici, je trouvai chez moi les deux billets suivants du secrétaire de M. Thiers:

„Paris, samedi le 21 avril.

»M. Thiers désirerait s'entretenir quelques instants avec M. Hansen. Demain dimanche serait le seul jour prochain où il pourrait le faire, si M. Hansen voulait bien venir le trouver dans la matinée, de préférence entre huit et neuf heures. En demandant pardon à M. Hansen de lui assigner un rendez-vous fixe et à si proche délai, M. Thiers lui présente d'avance ses remerciments pour son obligeance et le prie d'agréer la nouvelle assurance de ses sentiments les plus distingués.«

„Paris, le 19 mai 1866.

»M. Thiers, après avoir écrit à M. Hansen, a eu connaissance de son absence de Paris. Il a re-

. gretté d'être privé du plaisir de s'entretenir avec lui au moment où allait s'ouvrir une discussion dans laquelle il se proposait de prendre la parole, et qu'il aurait désiré faire précéder d'une conversation avec M. Hansen. Il sera toujours agréable à M. Thiers de le voir. En attendant, il le remercie des termes flatteurs employés dans sa lettre et lui renouvelle l'assurance de ses sentiments les plus distingués.«

J'irai un de ces jours rendre visite à M. Thiers, dont j'ai lu avec plaisir le grand discours dans *le Moniteur*.

Paris, le 28 mai 1866.

J'ai eu, aujourd'hui, mon premier entretien avec M. Thiers, qui m'a reçu à huit heures du matin, dans son cabinet de travail bien connu de la place St. Georges. Je trouvai le petit homme debout devant la cheminée, où flambait un bon feu, bien qu'il fît très-chaud au dehors. M. Thiers, qui n'avait guère reçu de Danois avant moi, commença par examiner ma modeste personne de la tête aux pieds, et me dit ensuite:

»Ce que je reproche au Gouvernement français, c'est de ne pas avoir suffisamment soutenu l'Angleterre à la conférence de Londres. S'il l'avait fait, le Danemark n'aurait jamais perdu le Slesvig. Mes amis et moi nous désirons une réparation complète pour le Danemark; mais ce que nous voulons avant tout, c'est la paix; et une guerre, dans les circonstances actuelles, jetterait la France dans des hasards incalculables. Souvenez-vous que je suis Français avant tout, comme vous êtes

Danois. Je considère comme une folie ce principe des nationalités qui est à la mode aujourd'hui. Assurément la nation française, en général, déteste les Italiens, parce qu'ils nous créent de grands embarras; je fais néanmoins des vœux pour le bonheur du Danemark, et je désire de tout cœur la rétrocession du Slesvig, si cela peut se faire à l'amiable. Il faut reconnaître que l'on a été injuste à votre égard, et je vous prie de me faire tenir, un de ces jours, un exposé du caractère véritable des négociations de 1851-52. C'est un point délicat, que je désire traiter avec connaissance de cause, si l'occasion s'en présente à la Chambre. Je n'assurerais pas que cette occasion se présentera, mais enfin cela peut arriver. Il est pénible de voir la presse française officieuse, rivalisant avec lord Russell, adresser au Danemark le reproche d'avoir violé les conventions, et je désirerais être bien renseigné à se sujet.«

Je lui remis immédiatement quelques brochures et des documents que j'avais sur moi, et lui promis de lui porter l'exposé qu'il m'avait demandé.

Nous parlâmes ensuite longuement des affaires d'Allemagne. M. Thiers était très aigri contre M. de Bismarck, et voulait que la position de l'Autriche en Allemagne fût maintenue. Il se déclarait l'adversaire absolu de l'unité de l'Allemagne, et se prononçait nettement pour l'autonomie des petits États : »Que M. de Bismarck prenne bien garde à lui, s'il vient ici pour assister à un Congrès; il pourrait bien se faire que le peuple se livrât à des démonstrations qui seraient loin de lui être agréables.«

Il croyait à une espèce d'accord entre M. de Bismarck et l'Empereur, mais ne pensait pas que celui-ci se fût formellement engagé. Il me dit que les embarras de la France dans la question du Mexique étaient insignifiants. »La France est très puissante, mais de la bonne manière.«

On parle beaucoup d'un congrès européen qui aurait lieu sur l'invitation de l'Angleterre. La France l'a accepté, et l'empereur Napoléon, qui désire une solution amiable basée sur la cession de la Vénétie à l'Italie, se réjouit à l'idée de réunir les puissances de l'Europe dans un congrès qui se tiendrait à Paris. M. de Bismarck a promis au ministre des affaires étrangères de venir lui-même à Paris, et de se ranger, dans le congrès, du côté de la France.

Paris, le 3 juin 1866.

J'ai eu, dans la matinée, un nouvel entretien avec M. Thiers. »Je suis toujours d'opinion, me dit-il, qu'il faut que vous ayez la ligne du Dannevirke; c'est la seule qui puisse vous satisfaire. Alsen et Düppel sont bien quelque chose, mais pas assez. C'est une honte pour la France et l'Angleterre d'avoir déserté votre cause à Londres; car sans cela, vous auriez conservé la ligne du Dannevirke. Je suis, pour ainsi dire, seul de mon opinion en France; mais mes paroles pourront peut-être avoir une certaine influence en Allemagne. Je ne doute pas que l'Empereur ne fasse de belles promesses au Danemark; mais prenez garde qu'il ne vous dupe comme tant d'autres. Voyez comme il se joue du pape en ce moment. L'Empereur n'a sans doute jamais promis quoi que ce soit, d'une manière positive, à votre gouvernement. Votre malheur à vous, c'est qu'il y ait une Italie et une Vénétie; la France y est bien autrement engagée qu'en Slesvig. C'est la Vénétie qui est le pivot autour duquel tourne toute la situation aujourd'hui. Je sais bien qu'à l'heure actuelle, vous défendez le gouvernement, et je ne vous en fais aucun reproche. Votre rôle est tout tracé, et quant à vous personnellement, vous n'avez pas autre chose à faire que de vous cramponner à M. Drouyn de Lhuys et de ne pas le lâcher, lui et son entourage, avant qu'il se soit exécuté. Je ne veux pas vous décourager; il est possible que vous obteniez quelque chose; mais vous autres Danois, vous avez beaucoup plus à espérer de M. de Bismarck, qui sera peut-être assez politique pour s'arranger avec vous, que de la France. Nous verrons.«

Paris, le 4 juin 1866.

J'ai eu aujourd'hui un entretien avec M. Drouyn de Lhuys, qui trouvait tout naturel que le Danemark, en fin de compte, recouvrât le Slesvig. Il n'a parlé qu'avec beaucoup de circonspection de la situation en Allemagne et des relations des deux grandes puissances allemandes; en revanche, il s'est exprimé très catégoriquement sur la question du Slesvig du Nord, et m'a dit que je pouvais être tranquille. »Vos efforts, a-t-il ajouté, ne seront pas stériles.« Le ministre m'annonça ensuite que l'empereur avait échoué dans son projet de congrès, en présence de l'opposition de l'Autriche.

Je retourne en Allemagne dans quelques jours.

Berlin, le 8 juin 1866.

A mon arrivée ici ce matin, j'écrivis quelques mots au premier ministre pour lui demander une audience, et, en réponse, je reçus la carte de visite de M. de

6*

Bismarck, sur laquelle il m'assignait, par quelques mots de sa main, un rendez-vous à son bureau le même soir à huit heures.

Je le trouvai très-occupé et donnant des ordres extrêmement importants, ce qui était parfaitement dans la situation.

Il s'exprima à peu près en ces termes:

»La Prusse va maintenant agir avec énergie; nous touchons à un dénouement qui ne peut plus être ajourné; la guerre avec l'Autriche est inévitable.

»Pour ce qui est de l'organisation future de l'Allemagne, ceux-là se trompent, qui croient que nous voulons nous incorporer l'Allemagne du Nord. Notre désir se borne à obtenir le commmandement suprême de tous les corps d'armée de la confédération jusqu'au Mein; nos ambitions ne s'étendent pas au delà de ce fleuve. Je suppose que la France n'aura pas grande objection à faire à un tel état de choses. Mais quelles sont, du reste, les prétentions de la France? Quelles sont ses intentions? Personne ne peut le savoir. Tandis que tout le monde sait ce que veut la Prusse, nul ne peut dire encore ce que veut l'empereur Napoléon.

»Si la France croit pouvoir obtenir une partie des pays du Rhin, avec le consentement des populations, elle se trompe. Il n'y a que quelques artisans et quelques garçons de café de la Bavière rhénane, qui ont été à Paris, où ils ont appris le français, qui aient des sympathies pour la France. Lorsque les Français voyagent dans ce pays, et entendent ces gens parler français, ils s'imaginent immédiatement que tout le pays est sympathique à la France. C'est là une grande erreur.

»Quant à la question du Slesvig du Nord, rien n'empêche de négocier avec la France à ce sujet. Je suis prêt (*Ich bin bereit*) à commencer les négociations, et je m'en tiens à ce que je vous ai déjà dit. L'affaire peut s'arranger.«

Berlin, le 12 juin 1866.

M. le conseiller de légation de Keudell m'a dit aujourd'hui:

»Je considère la guerre comme certaine; nous ne voulons à aucun prix qu'on nous dicte des lois à Francfort. Je ne suis pourtant pas tranquille sur l'issue de la lutte; les chances de la guerre sont incertaines, et il faut, à tout prix, que nous gagnions la première bataille.«

Berlin, le 18 juin 1866.

Ce même personnage m'a dit aujourd'hui: »Les troupes de Cassel sont bien disposées pour la Prusse; par contre, les troupes hanovriennes nous sont très-hostiles. En Prusse, on a bien peur de perdre une partie du territoire rhénan; Bismarck serait renversé à l'instant, s'il se prêtait à une transaction pour une cession de territoire allemand, et nous aurions ensuite une guerre nationale de toute l'Allemagne contre la France. Il peut, au contraire, bien facilement négocier pour la partie danoise du Slesvig, et je crois que vous verrez s'accomplir votre plus ardent désir.«

»Il reste à savoir si les Allemands du Sud consentiront à un partage sur le Mein; mais ils seront bien forcés d'accepter les faits accomplis. Vous verrez qu'une grande bataille sera livrée avant quinze jours.«

Berlin, le 20 juin 1866.

Aujourd'hui, nouvel entretien avec M. de Keudell, qui s'est montré assez rassuré, et très-peu inquiet de l'attitude de la Bavière. »La Bavière, avec son armée, m'a-t-il dit, ne compte pour rien.« Il avait bon espoir que la Prusse sortirait victorieuse de la lutte contre l'Autriche, quelque terrible qu'elle fût. Il me dit ensuite que l'attitude de la Bavière était bien maladroite et était due à l'influence du parti clérical à Munich, qui faisait cause commune avec le parti clérical en Italie.

Je lui demandai s'il ne pensait pas que la France, puisque l'Italie était en guerre avec la Bavière, pût occuper et garder la Bavière rhénane et la province rhénane du grand-duché de Hesse-Darmstadt, sans que cette démonstration produisît un grand effet en Allemagne.

»Non, me répondit-il, je ne le crois pas; une démonstration de la France contre une partie quelconque des pays rhénans, aurait en Allemagne un effet immense et incalculable. La question du parlement allemand serait aussitôt remise sur le tapis.«

Il fit ensuite les remarques suivantes sur l'attitude de la Russie:

»J'avoue que la Russie est mécontente en ce moment, et cela est dû aux démarches que fait actuellement la reine Olga de Wurtemberg, et aussi, en partie, aux liens de parenté qu'a la cour de Russie avec les petites cours allemandes. Mais, au fond, il n'y a rien de bien menaçant dans l'attitude de la Russie; je suis sûr qu'elle ne prendrait dans aucun cas parti contre la Prusse, et qu'en fin de compte, elle se rangerait plutôt de son côté.«

Il parla, en terminant, de l'éventualité d'un accommodement avec la France: »Il ne peut être question, dit-il, d'une cession quelconque de territoire allemand.

Ne perdez pas de vue que nous avons l'intention de
nous occuper sérieusement de la création d'un parlement allemand, si nous sommes vainqueurs; et dans de
telles circonstances, il nous est impossible de négocier
au sujet d'une compensation territoriale pour la France.
Je prendrais plutôt moi-même le fusil que de consentir
à une cession de la ville de Mayence.«

Berlin, le 30 juin 1866.

Il circulait hier des rumeurs sinistres à Berlin; on
ne rencontrait dans les rues que des mines assombries;
on ne parlait qu'à voix basse, et l'on racontait que les
Prussiens avaient été battus à Langensalza, et que
beaucoup »d'enfants de Berlin« étaient tombés dans
cette bataille.

Aujourd'hui, changement complet : toute la ville est
dans l'enivrement de la victoire. Dans l'après-midi, je
vis dans Unter den Linden une foule enthousiaste, battant
des mains, poussant des cris de joie, en escortant
une voiture sur laquelle se tenaient deux hommes, qui
portaient les couleurs prussiennes à leurs chapeaux, et
qui criaient : »Victoire! Victoire!« La voiture et la
foule qui suivait parcoururent Unter den Linden, puis
la Wilhelmstrasse, jusque devant la résidence officielle
de M. de Bismarck. Appelé par les hourras populaires,
le président du conseil des ministres prussiens parut
à une fenêtre. Un homme du peuple lui adressa quelques questions, auxquelles il répondit par les paroles
suivantes :

»Oui, nous avons remporté une grande victoire. Toute
l'armée hanovrienne a été cernée par nos troupes et
forcée de se rendre. Je me crois autorisé à dire que

cette victoire est de bon augure pour l'issue finale de la grande lutte que nous avons entamée, et pour la reconstitution nationale de l'Allemagne. «

Berlin, le 1er juillet 1866.

Avant son départ avec le roi pour l'armée, en Bohême, M. de Bismarck a donné le mot d'ordre suivant à la presse officieuse :

1º. Il ne peut être question de cession de territoire à la France; le roi ne veut pas en entendre parler.

2º. Nous ne voulons pas nous annexer le Hanovre ni la Hesse-Électorale; nous voulons seulement exécuter notre plan de réforme de la constitution fédérale.

La presse tient le langage que voici :

La Prusse ne veut pas s'annexer le Hanovre, ni même la Hesse-Électorale, contre la volonté des populations. Ce que la Prusse veut avant tout, c'est la convocation d'un parlement allemand et l'acceptation de ses propositions de réforme. Si le parlement se prononçait pour l'annexion, le cas serait bien différent. Il est évident que M. de Bismarck n'ose pas encore arborer le drapeau de la conquête à cause de l'opinion étrangère.

Berlin, le 3 juillet 1866.

La situation actuelle semble se caractériser ainsi :

Les Prussiens sont jusqu'ici victorieux sur tous les points. En Bohême, l'armée autrichienne est presque démoralisée, à la suite des nombreuses défaites qu'elle a essuyées. Il a fallu aujourd'hui qu'elle se repliât sur Königgrätz et Josephstadt, et il est douteux qu'elle tente de couvrir Prague. Il peut se faire qu'elle livre une grande bataille devant Königgrätz; mais comme elle peut à peine mettre en ligne 200,000 hommes contre 250,000, je pense qu'elle sera encore défaite, et la route de Vienne sera alors ouverte aux Prussiens.

Les États allemands du Sud sont dans un état déplorable. Le gouvernement bavarois a interrompu les communications en détruisant les lignes de chemin de fer, afin de défendre son propre territoire. Ce qu'on appelle l'armée confédérée n'est qu'une dérision, et le peuple, dans une grande partie de l'Allemagne du Nord et même dans l'Allemagne centrale, commence à se montrer favorablement disposé pour la Prusse.

Le gouvernement prussien prend très au sérieux l'idée d'un parlement allemand. Après une victoire décisive remportée sur les Autrichiens, ce parlement sera convoqué, et l'on se flatte déjà de l'espoir que même l'Allemagne du Sud, à commencer par le grand-duché de Bade, répondra à l'appel de la Prusse victorieuse. La Prusse ne veut pas encore s'incorporer les pays qu'elle a occupés (Hesse-Cassel, le Hanovre et la Saxe); »ce serait impolitique à l'égard de l'étranger«. Mais on posera de nouveau les »conditions de février«, et on laissera ensuite les petits princes gouverner comme des préfets ou des baillis.

Un parlement serait un bon atout dans le jeu de la Prusse : 1º. Le chiffre de sa population lui assurera la majorité dans cette assemblée; 2º. Si l'on convoque un parlement allemand, il ne pourra y être question de céder un pouce de territoire à la France; 3º. Un parlement se prononcera contre tout partage de l'Allemagne, et appellera l'Unité à grands cris. Au profit de qui, sinon du roi de Prusse victorieux, qui de Berlin dirigera toutes les affaires réunies de l'Allemagne, et se verra ainsi à la tête d'une puissance capable, au moins, de tenir tête à la France. L'Autriche sera rejetée hors de l'Allemagne. Enfin, un parlement allemand ne voudra pas entendre parler d'un congrès pour régler les affaires de l'Allemagne. L'étranger sera tenu à l'écart.

J'ai bien étudié le terrain ici, et je suis convaincu que les hommes d'État prussiens travailleront à l'exécution de ce plan. Si M. de Bismarck atteint ce but, il pourra à juste titre se vanter d'avoir bien mené sa barque.

Un employé de la police, M. Goldheim, part demain pour Kiel, comme adjoint au baron Scheel-Plessen. Il va organiser le département de la police et s'enquérir des dispositions des esprits et de l'état des partis dans les duchés. M. Goldheim croit que le Slesvig du Nord sera rétrocédé au Danemark; tous les hommes politiques avec lesquels je me suis entretenu, pensent de même; mais on n'est pas d'accord sur la portion qui sera rétrocédée. Tous tiennent à garder Düppel, quelques-uns tiennent aussi à Alsen et à Flensborg.

Berlin, le 4 juillet 1866.

La nouvelle parvenue ici d'une grande victoire à Königgrätz a porté l'enthousiasme à son comble. Le commandant de la ville a, sur l'ordre du roi Guillaume, fait tirer une salve de 101 coups de canon, pour célébrer la victoire. Des jeunes filles de bonne famille vendent, dans les rues, au profit des blessés, des suppléments extraordinaires de journaux.

Berlin, le 5 juillet 1866.

Un fonctionnaire prussien haut placé m'a dit aujourd'hui :

»Si la France veut s'annexer la Belgique, elle peut compter sur notre ferme appui.«

C'est la seconde fois que cette même personne me tient ce langage.

Berlin, le 6 juillet 1866.

L'émotion qu'a produite ici la note du *Moniteur*, sur la cession de la Vénétie et la médiation de l'empereur Napoléon pour arriver à un armistice, est indescriptible. Tout le monde — bourgeois, officiers et simples soldats — est exaspéré; on ne veut pas entendre parler de »paix française« (*französischen Frieden*), de »paix pourrie« (*faulen Frieden*), ni être arrêté à mi-chemin, et autres propos semblables. Un homme politique sensé et prudent m'a dit aujourd'hui être convaincu qu'il éclaterait une révolution à Berlin, si le roi et Bismarck consentaient à un armistice qui permît à l'armée autrichienne du Sud d'opérer sa jonction avec celle du Nord. Et pourtant, lorsque je pèse bien toutes les circonstances présentes, je pense que, par l'entremise de la France, une paix sera bientôt signée et sera probablement ratifiée plus tard par un Congrès. On nous menace bien d'un soulèvement de toute l'Allemagne, d'un gouvernement libéral-démocratique à Berlin, et autres semblables billevesées; mais, comme je vous l'ai dit, je ne puis m'empêcher de croire que la France, après bien des pourparlers, réussira à faire accepter un armistice et, plus tard, la paix.

Berlin, le 9 juillet 1866.

Il s'opère de fréquentes fluctuations dans le sentiment public ici. Un jour, on est disposé à un accommodement, et l'on vante »la sagesse et la modération de l'empereur Napoléon«; le lendemain, on parle trèshaut, et l'on déclare qu'en présence du sentiment national, il est impossible de faire des concessions.

Aujourd'hui, on dit »qu'il faut que la Hongrie ait aussi dès maintenant ses droits reconnus et définis; car autrement l'Autriche s'assurera, au bout de quelque temps, la coopération des Hongrois dans une nouvelle guerre contre la Prusse, en leur faisant de grandes concessions; par conséquent, il faut que cette question hongroise soit réglée immédiatement.«

On ne veut pas d'armistice, sans certaines garanties; on organise rapidement le second ban de la landwehr; le premier sera bientôt envoyé à l'armée active.

Un des chefs du parti démocratique m'a dit aujourd'hui que l'empereur Napoléon s'aliénerait pour toujours la démocratie allemande, s'il réclamait une portion de territoire allemand. »Notre gouvernement ne peut nullement consentir à un armistice, si l'Autriche ne se prête pas à d'importantes concessions; nous aurions une révolution si, avec une armée victorieuse et un trésor qui regorge, nous nous laissions faire la loi. M. de Bismarck s'appuie maintenant sur le parti démocratique, dont le principal organe est la *Nationalzeitung*. Remarquez le ton de cette feuille, et vous verrez que toute condescendance envers l'étranger est, à l'heure actuelle, impossible.«

Berlin, le 10 juillet 1866.

On croit aujourd'hui, dans le public, que la France réclamera une rectification de frontières.

Un haut fonctionnaire prussien, m'a dit à cette 'occasion : »On ne tient plus ici au Slesvig du Nord, qui sera rétrocédé au Danemark; mais je ne vous cache pas que votre pays souffrira probablement des réclamations de la France pour une extension de son propre territoire.«

Je lui fis observer que la question du Slesvig du Nord était une question à part, et n'avait rien à faire avec une cession éventuelle de territoire à la France; mais mon interlocuteur ne voulait pas admettre cela. »Il y avait longtemps, dit-il, que je craignais que la situation ne prît une tournure préjudiciable à la question du Slesvig du Nord, par suite du désir de l'empereur de reculer les frontières de la France jusqu'au Rhin.«

Berlin, le 11 juillet 1866.

La situation est très-critique aujourd'hui.

La Prusse pose, comme condition *sine quâ non* d'un armistice, l'exclusion de l'Autriche de la Confédération; il est douteux que la France y consente. On parle ouvertement, même dans les cercles officiels, d'une guerre contre la France, comme d'une éventualité probable ou tout au moins possible.

J'ai lu aujourd'hui une lettre de Roggenbach à M. de Bismarck; elle sera sans doute insérée dans le *Staatsanzeiger*. Cette lettre ne contient que des menaces à l'adresse de la France, et conclut à une alliance de tout le parti national allemand avec Bismarck, s'il veut exclure à tout jamais l'Autriche de la confédération pour ne pas faire les choses à demi, et fonder un État allemand uni. La lettre porte la date du 1er juillet; elle a donc été écrite avant la bataille du 3 de ce mois.

Berlin, le 16 juillet 1866.

Aujourd'hui, les esprits sont plus calmes. Il a dû arriver des nouvelles rassurantes sur les intentions de l'empereur Napoléon; car on ne parle plus de guerre contre la France.

Un haut fonctionnaire m'a dit : »Nous ne pouvons croire que l'empereur Napoléon adopte une politique hostile à la Prusse qui a reconnu l'Italie.

»La démocratie prussienne est nationale et se prononce en faveur du suffrage universel; la landwehr surtout caresse ces idées. Comment l'empereur, qui s'en déclare ouvertement le champion, pourrait-il envoyer ses troupes contre une armée animée de pareils sentiments?

»Je crois bien que le clergé fait tout ce qu'il peut pour irriter l'empereur contre la Prusse; j'espère néanmoins qu'on arrivera à une entente avec lui.

»Quant au Slesvig, je crois à un partage basé sur les nationalités, qui consisterait, comme je vous l'ai souvent dit, à séparer l'élément allemand de l'élément danois. Et puis, il ne faut pas perdre de vue que la guerre est maintenant très populaire dans toute la Prusse; nous n'avons jusqu'ici enrégistré que des victoires, et nous n'avons perdu que 25,000 hommes en tout. En présence de l'état des esprits, il est impossible de conclure un armistice sans arrêter les bases d'un traité de paix avec des préliminaires convenables.

»Pensez surtout à la landwehr; elle est composée de gens de toutes les conditions, de personnes qui ont reçu de l'éducation et qui sont capables de se former une opinion. Elle ne peut rester trois ou quatre mois sous les drapeaux, pendant qu'on négociera. D'un autre côté, si on la renvoyait dans ses foyers pendant un armistice sans préliminaires, ce serait un scandale qui pourrait avoir les conséquences les plus funestes.

»Ce que nous voulons, c'est la certitude qu'une semblable guerre ne se renouvellera pas dans cinq ou dix ans, ce qui pourrait bien arriver, si l'Autriche et nous faisions partie de la même confédération. Il faut donc que l'Autriche en soit exclue. Il sera plus facile, ensuite, de négocier pour les autres conditions.«

Berlin, le 18 juillet 1866.

On est aujourd'hui très mécontent de l'Italie, surtout de ce que sa flotte reste inactive et ne fait aucune démonstration.

Il est arrivé, à l'hôtel où je loge, cinq officiers hongrois. Leurs passe-ports, valables pour l'Allemagne et l'Autriche, sont datés de Berlin le 2 juillet, et sont signés du sous-secrétaire d'État, M. de Thile. Ces Hongrois se rendent à la forteresse de Neisse, pour y organiser un corps de volontaires. On dit que le ministre de la guerre a mis une grande quantité de fusils à leur disposition. Huit autres Hongrois sont arrivés à Berlin, il y a huit jours; ils viennent de Florence et sont tous partis pour les forteresses prussiennes de Silésie.

Berlin, le 19 juillet 1866.

On parle beaucoup d'annexions aujourd'hui. Il est question de tailler dans le Hanovre; on parle de Cassel, de Darmstadt, même de Leipzig. On est toujours très mécontent de l'Italie; en revanche on est, en général, assez satisfait de la France.

Voici quel est le mot d'ordre de la presse officieuse:

La Prusse et la France démocratiques doivent marcher de concert. Quant à l'Angleterre, personne ne peut compter sur elle. La Russie a tenu la Prusse dans le vasselage depuis 1815. Une alliance avec la France est donc pour la Prusse une chose clairement indiquée.

On m'assure encore que le roi Guillaume se conformera au désir de l'empereur Napoléon, dans la question du Slesvig du Nord.

Berlin, le 20 juillet 1866.

Un des chefs du parti démocratique m'a dit aujourd'hui :

»Toute la démocratie est ici fermement convaincue que, dans les circonstances actuelles, la France aura intérêt à faire cause commune avec la Prusse. La Bavière continue à exciter l'Autriche à ne pas faire la paix; cette conduite pourrait bien être funeste à la Bavière et même à sa dynastie. Elle préfère s'en tenir au vieux »système de bascule«, d'après lequel elle pourrait à son gré osciller entre l'Autriche et la Prusse. Je crois du reste décidément, que M. de Bismarck s'arrêtera au Mein, et n'essaiera pas de prendre toute l'Allemagne. Il n'est pas facile d'englober la Bavière dans l'Allemagne du Nord; elle est trop grande, compte trop de catholiques et a trop de sympathies pour l'Autriche; l'Allemagne du Sud nous serait du reste une charge. Je crois que la France peut être tranquille à cet égard.«

Paris, le 23 juillet 1866.

Comme, pendant les derniers jours de mon séjour à Berlin, il devenait évident que la paix allait être bientôt conclue en Allemagne, mais qu'il se préparait un épilogue à Paris, je retournai à mon ancien quartier-général. J'allai, aussitôt après mon arrivée, rendre visite à M. le comte de Chaudordy. Il eut la bonté de m'apprendre que les préliminaires de paix, tels qu'ils avaient été provisoirement adoptés le 15 juillet, contenaient une clause sur la rétrocession du Slesvig au Danemark, après un vote des populations. Le comte ajouta ensuite (je cite textuellement ses paroles):

»Le ministre des affaires étrangères m'a chargé de vous féliciter à ce propos; il reconnaît avec plaisir que vous vous êtes bien acquitté de votre mission en France, et que vos efforts patriotiques ont été très utiles à la cause de votre pays.«

Paris, le 25 juillet 1866.

J'ai eu aujourd'hui une longue conversation avec un de mes amis politiques, qui m'a fait un exposé très intéressant de l'évolution qui s'était opérée en mon absence :

M. Drouyn de Lhuys, le ministre des affaires étrangères, est, me dit-il, en désaccord avec l'Empereur sur la politique à suivre à l'égard de l'Allemagne. Ce dissentiment date déjà de longtemps et s'accentue de plus en plus. Le ministre a été, depuis le commencement, opposé aux encouragements donnés officieusement, sinon officiellement, à l'alliance de l'Italie avec la Prusse.

Il prévoyait combien cette alliance serait funeste à la position de l'Autriche en Allemagne, qu'il considérait comme nécessaire au maintien de l'équilibre européen. Mais ses conseils n'ayant pas prévalu, il a du moins fait tout son possible pour atténuer les effets, si préjudiciables à la France, des victoires imprévues de

7

la Prusse. Le lendemain de la bataille de Sadowa, le 4 juillet, M. Drouyn de Lhuys se rendit chez l'Empereur et lui exposa la gravité de la situation:

»Sire, lui dit-il, nous nous trouvons en face d'événements qui peuvent être aussi funestes pour la France que les défaites du premier Empire. Dans les circonstances actuelles, je suis d'avis que Votre Majesté convoque le Corps législatif et donne l'ordre de réunir immédiatement sur la frontière de l'Est une armée d'observation de 80,000 hommes. En même temps, il serait prescrit à M. Benedetti, notre ambassadeur auprès du roi de Prusse, de déclarer à celui-ci que vous vous verrez obligé d'occuper la rive gauche du Rhin, si la Prusse ne se montre pas modérée dans ses exigences vis-à-vis du vaincu, et si elle réalise des acquisitions de territoire de nature à rompre l'équilibre européen. Le Rhin est totalement dégarni de troupes, et tout indique qu'une intervention telle que je la propose, atteindrait le but désiré, d'autant mieux que le maréchal Randon vient de m'assurer qu'au vu de ses états, il est prêt à envoyer très rapidement un corps d'armée de 80,000 hommes.

L'empereur accéda tout d'abord aux vues de son ministre des affaires étrangères; il fut entendu qu'une note conçue dans le sens indiqué serait publiée le lendemain au *Moniteur*.

Dans la soirée M. Drouyn de Lhuys fit appeler M. Dalloz, directeur du *Moniteur*, et l'avertit qu'il pouvait s'attendre d'un moment à l'autre à recevoir un communiqué important, qu'il fallait insérer dans la feuille du lendemain matin. Le directeur du *Moniteur* attendit en vain, toute la nuit, la note qui devait lui être adressée du cabinet de l'empereur, et le lendemain matin le journal officiel était muet. En effet, dans l'intervalle, M. Rouher, ministre d'État, et M. de la Valette, ministre de l'intérieur, avaient appris la démarche de M. Drouyn de Lhuys; ils étaient allés trouver l'Empereur et avaient réussi à ébranler sa résolution. Quelque temps après, l'empereur dit à M. Drouyn de Lhuys qu'il avait changé d'avis, et qu'il était résolu à ne pas sortir du rôle de médiateur pacifique entre les deux belligérants.

M. Drouyn de Lhuys, qui voyait dans ce revirement l'influence des deux ministres nommés plus haut, en éprouva un extrême désappointement, sans pouvoir toutefois se refuser à servir l'Empereur en un pareil moment et à faire tant bien que mal l'essai de la médiation. Il envoya donc, à cet effet, des instructions à M. Benedetti.

Quelques jours plus tard, le ministre des affaires étrangères reçut la visite de M. de Goltz, qui lui annonça que la Prusse demandait, dans l'Allemagne du Nord, l'annexion d'un territoire d'environ 300,000 habitants pour assurer la contiguïté entre les deux grandes parties de son propre sol. A cette ouverture, M. Drouyn de Lhuys répondit que le transfert d'une population d'un gouvernement à un autre était chose très-sérieuse, qu'il s'agît de 300,000 individus ou seulement de 300; qu'il fallait des négociations, et que la question ne pourrait être tranchée sans l'intervention de l'Europe.

Après avoir reçu cette réponse, M. de Goltz demanda immédiatement une audience à l'Empereur, auquel il répéta sa demande d'une annexion de territoire pour la Prusse.

L'Empereur, comme on le sait, était alors souffrant et affaibli par la maladie. L'idée d'être entraîné par une attitude trop énergique, à l'obligation de faire la guerre, lui répugnait foncièrement. Mais plus encore que cette raison, pour ainsi dire personnelle, deux autres causes jetaient le trouble dans ses résolutions.

En premier lieu, il avait sinon approuvé officiellement, du moins toléré et même encouragé, jusqu'à un certain point, l'alliance de l'Italie et de la Prusse. Pendant que M. Drouyn de Lhuys, gardant une réserve prudente, conservait ainsi au gouvernement impérial toute sa liberté d'action, d'autres personnages, agissant en dehors du ministère des affaires étrangères, avaient en quelque sorte engagé l'Empereur. Le prince Napoléon, le marquis de la Valette, M. Benedetti avaient joué un rôle actif en faveur de l'alliance. L'Empereur ne les avait pas désavoués, et il s'était établi dans la politique impériale deux courants bien distincts : l'un officiel, qui répondait aux préoccupations de M. Drouyn de Lhuys; l'autre officieux, mais plus compromettant, qui s'inspirait avant tout des intérêts italiens.

» Vous ne pouvez, disait-on à l'Empereur, vous prononcer contre la Prusse, après avoir jeté l'Italie dans ses bras. Ce serait trahir le roi Victor-Emmanuel. Il fallait refuser votre consentement au traité avec la Prusse, si vous vouliez prendre la résolution que vous conseille M. Drouyn de Lhuys. Tout au plus vous est-il permis de rester neutre.«

L'autre motif que l'on faisait valoir en faveur de la neutralité était l'insuffisance des forces militaires de la France, dont l'armée se ressentait des conséquences de l'expédition du Mexique. Cet argument, à l'aide duquel, dit-on, M. Rouher fut gagné à la cause de la neutralité, reposait sur une erreur, et sur une ignorance étrange de la situation. Et cependant cette situation avait été fidèlement exposée par M. Drouyn de Lhuys, que renseignait très-exactement le duc de Gramont, ambassadeur à Vienne.

»La Prusse est victorieuse, écrivait l'ambassadeur, mais elle est épuisée. Du Rhin à Berlin, il n'y a pas 15,000 hommes à rencontrer. Vous pouvez dominer la situation par une simple démonstration militaire, et vous le pourrez en toute sécurité, car la Prusse est incapable en ce moment d'accepter une guerre avec la France. Ne lui offrez pas plus qu'elle ne demande. Que l'Empereur fasse une simple démonstration militaire, et il sera étonné de la facilité avec laquelle il deviendra, sans coup férir, l'arbitre et le maître de la situation.«

C'était donc une grande erreur que de croire après Sadowa la France trop faible pour appuyer sa médiation par une démonstration militaire. C'était ignorer totalement l'état de la Prusse, et juger la situation sans tenir compte de tous les éléments dont elle était la résultante.

Malheureusement l'avis de MM. de la Valette et Rouher prévalut sur celui de M. Drouyn de Lhuys et sur les informations du duc de Gramont.

Le fait fut d'autant plus regrettable que, même en admettant que l'Empereur eût par ses encouragements antérieurs engagé sa politique à l'égard de l'Italie, il se trouvait en ce moment-là dégagé vis-à-vis de cette puissance.

Mais, comme il est dit plus haut, l'Empereur avait donné sa confiance au marquis de la Valette, homme

habile à résoudre les difficultés de la politique intérieure, mais tout à fait étranger aux choses d'Allemagne
et uniquement préoccupé en cette circonstance des intérêts italiens, dont il s'était fait le défenseur et le cu-
rateur. Il avait facilement persuadé à M. Rouher, *ministre de l'intérieur* comme lui, que les 80,000 hommes
promis par le maréchal Randon étaient tout au plus
bons à compromettre la France, et pesant sur l'esprit
de l'Empereur, l'effrayant par la perspective d'une
grande guerre continentale qui s'imposerait à la France
au moment où son armée se refaisait à peine, tous
deux avaient réussi à lui faire écarter les propositions de M. Drouyn de Lhuys, auxquelles le souverain
avait d'abord adhéré.

C'est dans cette disposition d'esprit que M. de Goltz
trouva l'Empereur presque au sortir de son entretien
avec M. Drouyn de Lhuys.

M. de Goltz comprit tout de suite qu'aux Tuileries on
ne tenait pas des embarras de la Prusse le même compte
qu'aux affaires étrangères; il vit qu'on craignait la guerre
et qu'on l'éviterait à tout prix. Il profita de sa découverte, et finalement, quand il sortit de l'audience impériale, il avait obtenu non-seulement ce que lui avait
refusé M. Drouyn de Lhuys, mais plus encore, et même
plus que ce qu'on attendait à Berlin.

Le lendemain, M. de Goltz annonçait au ministre
le résultat de sa démarche, et laissait ce dernier atterré
par la surprise et la douleur.

C'en était fait : les intérêts éternels et traditionnels
de la France avaient été sacrifiés aux convenances
momentanées de l'Italie. Les assises de la grande Prusse

ou de l'Allemagne prussienne étaient jetées, et la France
en scellait la première pierre.

Paris, le 26 juillet 1866.

J'apprends aujourd'hui que le général de Raaslöff,
ministre de Danemark à Washington, a eu une entrevue avec le ministre des affaires étrangères de France,
quelques jours après la bataille de Sadowa. Avant son
départ des États-Unis, M. de Montholon, ministre de
France à Washington, et M. Seward, secrétaire d'État
pour les affaires étrangères, avaient prié le général de
Raaslöff de se charger d'une mission confidentielle,
ayant trait à l'éventualité d'une évacuation du Mexique
par les troupes françaises. Le général aurait été invité
à bien faire comprendre au ministre des affaires étrangères
de France, la nécessité absolue de retirer les troupes
françaises du Mexique, faute de quoi les États-Unis se
verraient forcés d'intervenir.

M. Drouyn de Lhuys accueillit le général avec une
exquise courtoisie et le remercia d'avoir bien voulu se
charger de cette mission. Il lui assura que le gouvernement
français avait compris, depuis longtemps, la nécessité
d'évacuer le Mexique, et qu'en présence de la tournure
qu'avaient prise les affaires en Europe, il était maintenant plus que jamais décidé à retirer ses troupes;
»mais,« ajouta le ministre, »il faut me donner le temps
de trouver un moyen de sortir honorablement de l'im-
passe où nous sommes engagés, sans que notre dignité
en souffre, et ne pas se montrer aussi pressant que les
États-Unis le sont depuis quelque temps.«

En terminant, il pria le général de faire part à M.
le secrétaire d'État Seward de l'intention bien arrêtée

du gouvernement d'évacuer le Mexique le plus tôt possible; mais il espérait que le gouvernement des État-Unis aurait égard à la situation difficile que les événements créaient au gouvernement français.

CHAPITRE VI.

*Convention secrète du 12 juin 1866 entre la France et l'Autriche.
Ses différentes stipulations. — Les demandes de compensation
de la France sont rejetées par M. de Bismarck, le 7 août. —
Je suis envoyé à Berlin avec un Mémorandum français suggérant
la fondation d'un royaume neutre, composé de tous les pays situés
sur la rive gauche du Rhin. — Entretien avec M. de Keudell. —
Ma mission échoue complétement. — M. Drouyn de Lhuys donne
sa démission. — Dépêche de M. Benedetti au sujet du Slesvig
du Nord. — Le cinquième paragraphe du traité de Prague.*

Dans les derniers jours de juillet, et au commencement d'août, la situation était devenue très pénible
pour la France. L'empereur Napoléon se voyait déçu
dans ses espérances, à mesure que s'accomplissaient les
événements; il avait compté que la guerre traînerait en
longueur, et que les deux grandes puissances allemandes
se tiendraient tête assez longtemps pour qu'il pût agir
comme arbitre en dernier ressort; mais la Prusse avait,
au contraire, remporté sur l'Autriche des victoires tellement rapides et décisives, que la maison de Habsbourg
se trouvait maintenant au bord de l'abîme, et réduite
à demander la paix à tout prix.

Il était devenu très difficile à l'empereur Napoléon d'obtenir de la Prusse victorieuse qu'elle usât de modération envers l'Autriche vaincue, et encore plus difficile d'amener le cabinet de Berlin à consentir à une compensation territoriale en faveur de la France. L'Empereur dut alors s'apercevoir combien il s'était trompé dans ses calculs, et à quel point il avait, en poursuivant le but principal de sa politique, la cession de la Vénétie à l'Italie, affaibli les moyens d'action de la France et écarté même la possibilité d'obtenir un agrandissement quelconque pour elle. L'empereur, à ce que j'appris, était même allé jusqu'à conclure un traité, ou plutôt une convention secrète, avec l'Autriche, par laquelle il s'était ôté toute possibilité de faire à temps avec la Prusse, un arrangement avantageux pour la France. Cette convention, qui fut arrêtée et signée le 12 juin 1866 à Vienne, par le duc de Gramont pour la France, et le comte Mensdorff, ministre des affaires étrangères, pour l'Autriche, est un document réellement singulier.

Elle ne contenait que trois articles :

Le premier stipulait qu'en cas de guerre entre l'Autriche et la Prusse, la France s'obligeait à une neutralité absolue vis-à-vis de l'Autriche, et, de plus, à faire tous ses efforts pour obtenir de l'Italie qu'elle prît la même attitude.

Dans le second article, l'Autriche s'engageait à céder la Vénétie à la France à la conclusion de la paix, si elle sortait victorieuse de la lutte contre la Prusse, et à ne rien changer au *statu quo ante bellum*, sans s'être préalablement entendue avec la France, si elle était victorieuse en Italie.

Enfin, le troisième article contenait une stipulation aux

termes de laquelle, si la guerre venait à changer la
position réciproque des puissances allemandes, l'Autriche
s'engageait à obtenir la sanction de la France, avant
d'accepter aucune modification de territoire de nature
à affecter l'équilibre européen.

Plusieurs des articles de cette convention n'étant
pas assez explicites, on y avait ajouté un supplément
contenant diverses explications et déclarations. Ainsi, la
France stipulait que lors de la rétrocession de la Vénétie
à l'Italie, la souveraineté temporelle du pape et l'in-
violabilité du territoire qui était alors soumis à son
autorité, seraient respectées. De plus, la France s'obligeait à garantir les nouvelles frontières éventuelles
de l'Autriche du côté de l'Italie. Elle adhérait au principe d'une indemnité à l'Autriche, pour les forteresses
de la Vénétie et pour les frais que nécessiteraient les
mesures à prendre pour la sûreté des nouvelles frontières autrichiennes du côté de l'Italie. et consentait à
ce que l'Italie se chargeât au prorata de la partie de
la dette autrichienne qui incombait à la Vénétie.

Il s'y trouvait, en outre, divers autres accords ayant
trait au port de Venise, et ayant pour but d'empêcher que ses fortifications ne fussent dans l'avenir
une menace constante pour la flotte et les ports de
l'Autriche. En cas de dissolution de l'unité italienne,
la France promettait de ne pas intervenir pour la rétablir, si cette dissolution n'était pas due à une pression
étrangère. Enfin, en ce qui concernait l'Allemagne, la
France s'engageait, dans le cas où l'Autriche serait
victorieuse, à ne pas s'opposer à un agrandissement de
son territoire en Allemagne, pourvu qu'il ne fût pas
de nature à détruire l'équilibre de l'Europe, en créant

une hégémonie autrichienne réunissant toute l'Allemagne sous un même sceptre.

De plus, les droits des princes italiens dépossédés étaient réservés, de manière qu'en cas de remaniements territoriaux, on pût leur accorder des compensations, mais cependant ailleurs qu'en Italie.

Il est facile de voir jusqu'à quel point cette convention enlevait à l'empereur Napoléon toute liberté d'action et l'empêchait, surtout, de négocier avec la Prusse avant la conclusion de la paix, au sujet d'une compensation de territoire pour la France.

Le 7 août, l'ambassadeur de France à Berlin donna lecture à M. de Bismarck d'une note de M. Drouyn de Lhuys, par laquelle l'Empereur, en raison de l'accroissement considérable de territoire qu'allait recevoir la Prusse, réclamait une compensation pour la France. M. de Bismarck répondit par un refus catégorique, et M. Benedetti partit immédiatement pour Paris, où l'on se trouvait fort embarrassé, aux Tuileries comme au ministère des affaires étrangères, et très indécis sur les mesures à prendre pour sortir de cette situation fausse.

C'est dans ces conjonctures que j'entrepris ma dernière mission à Berlin :

Le 11 août, le comte de Chaudordy me fit appeler au ministère des affaires étrangères et me pria de me rendre à Berlin, de solliciter une audience de M. de Bismarck, et de lui demander son opinion sur un document que je devais lui remettre. »Quel qu'en soit le résultat,« ajouta le comte, »cette mission sera pour vous des plus honorables, parce qu'elle a certainement pour but de créer une paix durable en Europe.«

Je lui dis que j'étais prêt à me charger immédiate-

ment de cette mission, tout en exprimant mes doutes sur
la possibilité d'un succès, et je quittai Paris le 12 août
au soir, emportant le Mémorandum dont voici la teneur :

»La politique de la France est guidée par un désir
manifeste de maintenir avec la Prusse des relations
amicales. Pour que la continuation de cette politique
soit possible, pour que le gouvernement puisse la faire
accepter par l'opinion publique, il faut que l'alliance
des deux nations repose sur une situation réciproque,
n'impliquant pour aucune d'elles ni préjudice ni menace.
Or, il serait inutile de dissimuler que les transformations
qui s'accomplissent en Allemagne modifient sensiblement l'équilibre des forces, dans lequel la France a
trouvé depuis 1815 sa seule sécurité. C'est donc un
devoir pour l'empereur Napoléon de rechercher d'autres
garanties, et ce n'est qu'à la condition de se mettre
d'accord sur ce point avec la cour de Berlin qu'il
pourra donner à ses bons rapports avec elle un caractère vraiment durable. Le cabinet des Tuileries n'est
point poussé par l'ambition d'englober sous ses lois
des territoires situés en dehors de ses limites, et encore
moins des populations de nationalité étrangère : ses déclarations réitérées, son attitude invariable dans les
complications européennes, le mettent à l'abri de tout
soupçon de ce genre. Si donc il demande aujourd'hui
une extension de frontières pour la France, on doit
convenir qu'il y a été poussé par l'impérieuse nécessité
de veiller à la défense nationale. En effet, devant les
agrandissements que va recevoir la Prusse et qui résultent pour elle non-seulement d'annexions territoriales
considérables, mais encore d'une organisation politique

qui la rendra l'arbitre toute-puissante de l'Allemagne, on reconnaîtra que les positions réclamées par la France ne sont que strictement suffisantes pour établir sa sécurité.

»Cependant une combinaison différente se présente à l'esprit, qui, sans soulever les mêmes objections, atteindrait le même but. Ce qu'il faut à la France, c'est une protection sur ses frontières; car il lui sera d'autant plus aisé d'entretenir avec ses voisins les relations cordiales qu'elle s'attache à conserver, lorsqu'elle n'aura rien à craindre de leur prépondérance. Le meilleur moyen d'assurer ce résultat ne consisterait-il pas dans l'interposition d'un État neutre, qui, comprenant les pays allemands situés sur la rive gauche du Rhin, supprimerait à la fois tout contact et toute cause de rivalité entre la France et la Prusse? La formation d'un tel État, en reculant un voisinage facilement redoutable, permettrait à la France de renoncer aux revendications territoriales et de rester dans une ligne de conduite plus conforme aux principes comme aux inclinations de son gouvernement. L'Europe verrait avec satisfaction les occasions d'un conflit entre deux grands peuples définitivement éloignées, grâce à un établissement conçu dans l'esprit même qui a présidé à l'organisation de la Suisse moderne et de la Belgique. Le nouvel État trouverait dans l'homogénéité des populations, dans l'unité du territoire, dans le nombre et la richesse des habitants, d'excellentes conditions de vitalité, tandis que sa neutralité perpétuelle, garantie par les puissances limitrophes, le mettrait à l'abri de tout danger extérieur. La Prusse, qui échapperait dès lors à la nécessité de morceler des territoires et de diviser, pour les remettre à la France, des populations allemandes, pourrait, sans démentir les principes qui font sa force, admettre l'existence autonome d'un État purement germanique, séparé politiquement de l'Allemagne nouvelle qu'elle veut créer, mais restant en communion intellectuelle avec ce grand pays. Les acquisitions qu'elle se prépare à faire dans les pays occupés par ses armes lui offrent des compensations matérielles qui couvriraient amplement le sacrifice territorial auquel elle se prêterait, et l'accroissement de sa puissance compacte lui permettrait de souscrire sans détriment à un pareil échange.

»Il serait possible même de ne pas détacher de la maison de Prusse ses possessions sur le Rhin, si l'on faisait choix pour le nouveau trône d'un prince qui lui appartiendrait, par exemple le prince héréditaire de Hohenzollern-Sigmaringen. L'empereur Napoléon, confiant dans la loyauté du roi Guillaume, trouverait dans la parole de son auguste allié un gage suffisant de l'indépendance et de la neutralité du pays sur lequel serait appelé à régner un prince de la maison de Hohenzollern, et il ne ferait pas difficulté d'accorder son assentiment à cette désignation. Sa Majesté prussienne, élevée par la victoire à un si haut degré de gloire et de puissance, donnerait, en conférant cet apanage à une branche de sa famille qui a noblement payé sa dette sur les champs de bataille, un grand témoignage de sa bienveillance royale, et Elle aurait ajouté ainsi à tous les titres d'honneur de l'illustre race dont elle est le chef, deux couronnes nouvelles acquises sous son règne par son seul prestige.

»En résumé, la combinaison dont il s'agit, honorable pour toutes les parties, compatible avec les principes des deux cours alliées, basée sur des précédents que la prudence des cabinets de l'Europe a établis et qui ont reçu la sanction du temps, présente la sauvegarde la plus efficace des intérêts matériels de la France et de l'Allemagne. Si le cabinet de Berlin tient sincèrement à l'amitié de l'Empereur, il doit éviter d'asseoir dans des positions offensives la formidable puissance militaire dont il va disposer, et dont l'extension sur les frontières mêmes de la France, telles que les traités de 1815 les ont faites, serait une menace permanente : la nation française, provoquée par le sentiment de sa propre conservation, réagirait bientôt avec une force irrésistible contre ce danger, et la sagesse des gouvernements serait impuissante à modérer les passions rivales, qui pousseraient l'une contre l'autre deux grandes nations. Que la Prusse au contraire assure à la France les satisfactions qu'elle a droit de réclamer, et elle s'en fera une alliée intéressée à soutenir devant l'Europe le nouvel ordre de choses créé par l'accord des deux puissances. Ce que veut le gouvernement de l'Empereur, c'est uniquement garantir la sécurité nationale, et, amené à proposer à la Prusse un partage de territoires, il ne s'y est déterminé, on le sait, que dans des vues exclusivement défensives. La constitution d'un État neutre intermédiaire lui donnerait des sûretés égales, et en procurerait de pareilles à l'Allemagne contre toute agression. Ce système répond donc aux nécessités des deux pays: il exclut les accroissements de force offensive, compromettants pour l'un ou pour l'autre, et il élève entre eux un rempart qui écarte à jamais toute menace pour l'un d'eux, tout péril pour leur alliance. »

A mon arrivée à Berlin, le 13 août, je sollicitai immédiatement une audience du président du conseil des ministres. J'attendis trois jours, sans avoir de réponse à ma demande; enfin le quatrième jour, le 16 août, je reçus une lettre de M. de Keudell, conseiller de légation, qui était chargé par le président du conseil des ministres de recevoir mes communications, et le même soir j'eus une entrevue avec ce fonctionnaire auquel je fis part de l'objet de ma mission.

M. de Keudell ne voulut pas entendre parler de compensations pour la France. Il s'exprima à peu près en ces termes :

La Prusse n'a pas demandé l'intervention de la France; elle n'a donc pas à lui en payer le salaire. L'intervention de la France a déjà créé beaucoup d'inconvénients à la Prusse, à laquelle elle a imposé dans les préliminaires de paix les stipulations relatives au Slesvig du Nord, à la ligne du Mein, à l'intégrité des territoires autrichien et saxon, etc. L'alliance avec l'Italie a été une bonne chose, il est vrai; mais elle n'était nullement nécessaire à la Prusse. La Prusse tient à une bonne entente avec la France, mais elle aime mieux, cependant, chercher son principal point d'appui en Allemagne même. Enfin, la Prusse préférerait entreprendre une nouvelle guerre, plutôt que de faire, de bon gré, des concessions à la France, sous quelque forme que ce fût, qu'il s'agît de cessions de territoires ou de neutralisation de pays allemands.

Le lendemain, le 17 août, M. de Keudell m'écrivit qu'il avait fait part de ma communication à M. de Bismarck, et que celui-ci l'avait chargé de me dire qu'il ne pouvait pas me recevoir, à moins que je n'apportasse des pleins pouvoirs du gouvernement français. M. de Keudell ajoutait que la Prusse aurait pu garder la Bohême et la Moravie, si elle l'avait voulu, le sentiment des populations lui étant une garantie suffisante de leur désir d'annexion, comme pouvait s'en convaincre toute personne voyageant dans ces contrées.

Après avoir reçu cette lettre, j'allai faire visite à ce fonctionnaire haut placé dont j'ai déjà plusieurs fois fait mention. Il me dit qu'il avait entendu parler de l'objet de ma mission, et qu'il la considérait comme parfaitement impraticable. »Cependant,« dit-il, »on pourrait peut-être trouver un moyen d'appliquer l'idée principale de votre proposition. Ce serait d'incorporer le royaume de Saxe à la Prusse, et de donner au roi de Saxe, comme équivalent, les pays de la rive gauche du Rhin avec Aix-la-Chapelle pour capitale. Je sais que, dans nos plus hautes sphères, certaines personnes ont regretté que l'annexion de la Saxe n'ait pas eu lieu, et l'on ferait peut-être des concessions pour l'obtenir. Mais la possibilité de voir aboutir une pareille combinaison est tellement faible, que je n'ose vous donner aucun espoir. En tout cas, si vous voulez faire une tentative, il ne faut pas perdre une minute; car les plénipotentiaires des États de l'Allemagne du Sud viennent d'arriver à Berlin pour négocier les conditions de la paix, et s'ils arrivent à une entente avec la Prusse, toute combinaison ultérieure se trouvera naturellement exclue.«

J'hésitai beaucoup à tenir compte de cette suggestion que je considérais plutôt comme un ballon d'essai, lancé pour savoir jusqu'à quel point l'on tenait, à Paris, à la conservation du royaume de Saxe. Cependant je me décidai à envoyer à la personne de qui je tenais ma mission, un télégramme ainsi conçu :

»La maison de Berlin parle vaguement de prendre la porcelaine de Saxe en échange du vin du Rhin.«

A Paris on avait parfaitement compris, et, quelques heures après, je reçus la réponse suivante :

»Ne dites plus rien à personne, revenez quand vous voudrez.«

Ainsi finit cette mission par un échec complet, on peut le dire.

La question d'une compensation pour la France se trouvait définitivement écartée; elle ne fut pourtant pas abandonnée du côté de la France, et M. Benedetti continua encore quelque temps les négociations avec M. de Bismarck, mais en pure perte, comme on devait s'y attendre.

L'empereur Napoléon, par suite de sa politique vacillante et de sa répugnance à prendre une résolution à temps, n'avait pas su saisir le moment favorable pour tirer parti de la guerre. La Prusse était déjà trop forte; elle faisait mine de montrer les dents et de tenir tête à la France. Le roi Guillaume avait envoyé le général Manteuffel à St. Pétersbourg pour calmer les inquiétudes du gouvernement russe, qui depuis long temps se montrait fort mécontent des annexions de la Prusse. Cette mission réussit assez bien, et l'empereur Napoléon se trouva isolé avec toutes ses combinaisons déjouées.

Il s'était opéré chez les Berlinois un profond changement de ton et d'allures à l'égard de la France. Dans les cercles officiels, dans la presse, dans le public, on se servait des expressions les plus blessantes pour la France. On remarquait aux devantures des boutiques des caricatures très peu flatteuses pour l'Empereur.

En cet état de choses, il ne restait plus au gouvernement français qu'à assurer l'insertion des stipulations préliminaires dans l'instrument final de la paix. C'est ce qui, en effet, eut lieu. Cependant, dans l'intervalle qui précéda la signature définitive du traité de paix à Prague, le 23 août 1866, quelques difficultés avaient surgi relativement à la clause sur le Slesvig du Nord. J'appris, en effet, à mon retour à Paris, que M. de Bismarck avait eu la velléité de supprimer l'article III des préliminaires qui avait trait à cette question. M. Drouyn de Lhuys, l'ayant appris, avait immédiatement donné ordre à M. Benedetti d'interpeller le ministre prussien sur ses intentions, et M. de Bismarck s'était alors déclaré prêt à respecter les stipulations de Nikolsbourg. C'est ce qui résulte de la dépêche suivante de M. Benedetti à M. Drouyn de Lhuys :

Berlin, le 21 août 1866.

„J'ai reçu, outre votre message télégraphique du 17, la dépêche que vous m'avez fait l'honneur de m'adresser le 18 pour m'inviter à vous faire savoir si, comme des informations particulières vous portaient à le supposer, il était exact que le gouvernement prussien eût l'intention d'omettre, dans le traité de paix qu'il négocie à Prague avec l'Autriche, la clause des préliminaires en vertu de laquelle les populations des districts septentrionaux du Slesvig devront être consultées sur leur retour au Danemark.

„J'ai interrogé à ce sujet le président du conseil. M. de Bismarck n'a pas contesté l'exactitude de ce bruit, et il a même avoué que les négociateurs des deux grandes puissances allemandes avaient été conduits à examiner l'opportunité de l'insertion de cette clause dans l'acte dont la rédaction est confiée à leurs soins. L'initiative en aurait été prise par celui de l'Autriche, qui aurait offert de passer ce point sous silence, si la Prusse, de son côté, consentait à modifier les termes de la disposition concernant la cession de la Vénétie. Il m'a paru superflu d'insister pour obtenir à cet égard des éclaircissements plus complets, et je me suis borné à solliciter l'assurance que M. de Bismarck n'a pas hésité à me donner, comme je viens de vous le mander par le télégraphe, que le traité de paix contiendrait textuellement l'article 3 des préliminaires de Nikolsbourg."

La stipulation suivante fut donc insérée dans le paragraphe V du traité de paix définitif entre l'Autriche et la Prusse, qui fut conclu à Prague le 23 août 1866:

»S. M. l'empereur d'Autriche transfère à S. M. le roi de Prusse tous les droits que la paix de Vienne du 30 octobre 1864 lui avait reconnus sur les duchés de Slesvig et de Holstein, avec cette réserve que les populations des districts du Nord du Slesvig seront de nouveau réunies au Danemark, si elles en expriment le désir par un vote librement émis.«

Il était permis de croire alors que la question du Slesvig du Nord touchait à une solution, et que ceux qui, pendant plusieurs années, avaient lutté péniblement et avec persévérance, pour faire triompher le bon droit des populations danoises du Slesvig, allaient voir enfin leurs efforts couronnés de succès; mais le président du conseil des ministres de la Prusse, alors victorieuse et puissante, en pensait autrement, et l'on verra par la suite, comment cette question slesvigeoise dut traîner encore bien des années, pour aboutir enfin à un acte arbitraire, à la lacération du traité.

CHAPITRE VII.

Le marquis de la Valette, ministre des affaires étrangères par intérim, redige la circulaire du 16 septembre. — Examen critique de ce document. — Ma visite à Vienne et mon entrevue avec le comte Belcredi. — Séjour à Biarritz. — Entretien avec un ancien diplomate sur la situation. — Remarques de la commission de la Chambre des députés prussienne sur l'article V. — M. de Bismarck fait connaître son opinion sur ce sujet, dans un discours du 20 decembre 1866. — Mention élogieuse du baron de Scheel-Plessen. — Entrevue avec M. Thiers.

La conclusion du traité de Prague fut le dernier acte du ministère de M. Drouyn de Lhuys, dont la retraite était inévitable depuis longtemps. Son successeur, le marquis de Moustier, ambassadeur à Constantinople et nommé au ministère le 1er septembre 1866, devant être retenu quelques semaines à son ancien poste, le marquis de la Valette, ministre de l'interieur, fut chargé pendant ce temps du portefeuille des affaires étrangères. Il était réservé à ce ministre d'apposer sa signature à la fameuse circulaire du 16 septembre.

Les annales de la diplomatie n'ont jamais enregistré

un document plus singulier. J'en citerai les passages les plus saillants :

Monsieur, le Gouvernement de l'Empereur ne saurait ajourner plus longtemps l'expression de son sentiment sur les événements qui s'accomplissent en Allemagne. M. de Moustier devant rester absent quelque temps encore, Sa Majesté m'a donné l'ordre d'exposer à ses agents diplomatiques les mobiles qui dirigent sa politique.

La guerre qui a éclaté au centre et au sud de l'Europe a détruit la Confédération germanique et constitué définitivement la nationalité italienne. La Prusse, dont les limites ont été agrandies par la victoire, domine sur la rive droite du Mein. L'Autriche a perdu la Vénétie; elle est séparée de l'Allemagne.

En face de ces changements considérables, tous les États se recueillent dans le sentiment de leur responsabilité; ils se demandent quelle est la portée de la paix récemment intervenue, quelle sera son influence sur l'ordre européen et sur la situation internationale de chaque puissance.

L'opinion publique, en France, est émue. Elle flotte, incertaine, entre la joie de voir les traités de 1815 détruits et la crainte que la puissance de la Prusse ne prenne des proportions excessives, entre le désir du maintien de la paix et l'espérance d'obtenir, par la guerre, un agrandissement territorial. Elle applaudit à l'affranchissement complet de l'Italie, mais veut être rassuré contre les dangers qui pourraient menacer le Saint-Père.

Les perplexités, qui agitent les esprits et qui ont leur retentissement à l'étranger, imposent au Gouvernement l'obligation de dire nettement sa manière de voir.

La France ne saurait avoir une politique équivoque. Si elle est atteinte dans ses intérêts et dans sa force par les changements importants qui se font en Allemagne, elle doit l'avouer franchement et prendre les mesures nécessaires pour garantir sa sécurité. Si elle ne perd rien aux transformations qui s'opèrent, elle doit le déclarer avec sincérité et résister aux appréhensions exagérées, aux appréciations ardentes qui, en excitant les jalousies internationales, voudraient l'entraîner hors de la route qu'elle doit suivre.

Pour dissiper les incertitudes et fixer les convictions, il faut envisager dans leur ensemble le passé tel qu'il était, l'avenir tel qu'il se présente.

Dans le passé, que voyons-nous? Après 1815, la Sainte-Alliance réunissait contre la France tous les peuples, depuis l'Oural jusqu'au Rhin. La Confédération germanique comprenait, avec la Prusse et l'Autriche, 80 millions d'habitants; elle s'étendait depuis le Luxembourg jusqu'à Trieste, depuis la Baltique jusqu'à Trente, et nous entourait d'une ceinture de fer, soutenue par cinq places fortes fédérales; notre position stratégique était enchaînée par les plus habiles combinaisons territoriales. La moindre difficulté que nous pouvions avoir avec la Hollande ou avec la Prusse sur la Moselle, avec l'Allemagne sur le Rhin, avec l'Autriche dans le Tyrol ou le Frioul, faisait se dresser contre nous toutes les forces réunies de la Confédération. L'Allemagne autrichienne, inexpugnable sur l'Adige, pouvait s'avancer, le moment venu, jusqu'aux Alpes. L'Allemagne prussienne avait pour avant-garde sur le Rhin tous ces États secondaires, sans cesse agités par des désirs de transformation politique et disposés à considérer la France comme l'ennemie de leur existence et de leurs aspirations.

Si on en excepte l'Espagne, nous n'avions aucune possibilité de contracter une alliance sur le continent. L'Italie était morcelée et impuissante, elle ne comptait pas comme nation. La Prusse n'était ni assez compacte ni assez indépendante pour se détacher de ses traditions. L'Autriche était trop préoccupée de conserver ses possessions en Italie pour pouvoir s'entendre intimement avec nous.

Sans doute, la paix longtemps maintenue a pu faire oublier les dangers de ces organisations territoriales et de ces alliances, car ils n'apparaissent formidables que lorsque la guerre vient à éclater. Mais cette sécurité précaire, la France l'a parfois obtenue au prix de l'effacement de son rôle dans le monde. Il n'est pas contestable que, pendant près de quarante années, elle a rencontré debout et contre elle la coalition des trois Cours du Nord unies par le souvenir de défaites et de victoires communes, par des traités solennels et des sentiments de défiance envers notre action libérale et civilisatrice.

Si, maintenant, nous examinons l'avenir de l'Europe transformée, quelles garanties présente-t-il à la France et à la paix du monde? La coalition des trois Cours du Nord est brisée. Le principe nouveau qui régit l'Europe est la liberté des alliances. Toutes les grandes puissances sont rendues les unes et les autres à la plénitude de leur indépendance, au développement régulier de leurs destinées.

La Prusse agrandie, libre désormais de toute solidarité, assure l'indépendance de l'Allemagne. La France n'en doit prendre aucun ombrage. Fière de son admirable unité, de sa nationalité indestructible, elle ne saurait combattre ou regretter l'œuvre d'assimilation qui vient de s'accomplir et subordonner à des sentiments jaloux les principes de nationalité qu'elle représente et professe à l'égard des peuples. Le sentiment national de l'Allemagne satisfait, ses inquiétudes se dissipent, ses inimitiés s'éteignent. En imitant la France, elle fait un pas qui la rapproche et non qui l'éloigne de nous.

Au midi, l'Italie, dont la longue servitude n'avait pu éteindre le patriotisme, est mise en posession de tous ses éléments de grandeur nationale. Son existence modifie profondément les conditions politiques de l'Europe; mais, malgré des susceptibilités irréfléchies ou des injustices passagères, ses idées, ses principes, ses intérêts la rapprochent de la nation qui a versé son sang pour l'aider à conquérir son indépendance.

Les intérêts du trône pontifical sont assurés par la convention du 15 septembre. Cette convention sera loyalement exécutée. En retirant ses troupes de Rome, l'Empereur y laisse, comme garantie de sécurité pour le Saint-Père, la protection de la France.

Dans la Baltique comme dans la Méditerranée surgissent

des marines secondaires qui sont favorables à la liberté des mers.

L'Autriche, dégagée de ses préoccupations italiennes et germaniques, n'usant plus ses forces dans des rivalités stériles, mais les concentrant à l'est de l'Europe, représente encore une puissance de trente-cinq millions d'âmes qu'aucune hostilité, aucun intérêt ne sépare de la France.

Par quelle singulière réaction du passé sur l'avenir, l'opinion publique verrait-elle, non des alliés, mais des ennemis de la France dans ces nations affranchies d'un passé qui nous fut hostile, appelées à une vie nouvelle, dirigées par des principes qui sont les nôtres, animées de ces sentiments de progrès qui forment le lien pacifique des sociétés modernes?

Une Europe plus fortement constituée, rendue plus homogène par des divisions territoriales plus précises, est une garantie pour la paix du continent et n'est ni un péril ni un dommage pour notre nation. Celle-ci, avec l'Algérie, comptera bientôt plus de 40 millions d'habitants; l'Allemagne 37 millions, dont 29 dans la Confédération du Nord, et 8 dans la Confédération du Sud; l'Autriche, 35; l'Italie, 26; l'Espagne, 18. Qu'y a-t-il dans cette distribution des forces européennes qui puisse nous inquiéter?

Une puissance irrésistible, faut-il le regretter, pousse les peuples à se réunir en grandes agglomérations en faisant disparaître les États secondaires. Cette tendance naît du désir d'assurer aux intérêts généraux des garanties plus efficaces. Peut-être est-elle inspirée par une sorte de prévision providentielle des destinées du monde. Tandis que les anciennes populations du continent, dans leurs territoires restreints, ne s'accroissent qu'avec une certaine lenteur, la Russie et la république des États-Unis d'Amerique peuvent, avant un siècle, compter chacune cent millions d'hommes. Quoique les progrès de ces deux grands empires ne soient pas pour nous un sujet d'inquiétude, et qu'au contraire nous applaudissions à leurs généreux efforts en faveur de races opprimées, il est de l'intérêt prévoyant

des nations du centre européen de ne point rester morcelées
en tant d'États divers sans force et sans esprit public.

La politique doit s'élever au-dessus des préjugés étroits
et mesquins d'un autre âge. L'Empereur ne croit pas que
la grandeur d'un pays dépende de l'affaiblissement des
peuples qui l'entourent, et ne voit de véritable équilibre
que dans les vœux satisfaits des nations de l'Europe. En
cela, il obéit à des convictions anciennes et aux traditions
de sa race. Napoléon Ier avait prévu les changements qui
s'opèrent aujourd'hui sur le continent européen. Il avait
déposé les germes de nationalités nouvelles, dans la péninsule en créant le royaume d'Italie, en Allemagne en faisant
disparaître deux cent cinquante-trois États indépendants.

C'était une assertion hardie, que d'oser prétendre que
tous les événements qui venaient de s'accomplir, étaient
au mieux des interêts de la France et ne lui avaient
porté aucun préjudice. Le nouveau principe des alliances libres, affirmé dans cette circulaire, était un non-
sens d'un bout à l'autre, et la théorie des grandes agglomérations formées aux dépens des petits États, condamnés à disparaître de la carte de l'Europe, était ce
qu'on pouvait imaginer de plus funeste pour la France;
sans parler de l'injustice criante commise au préjudice
de ces États, qui n'avaient fait de tort à personne, et
qui n'avaient d'espoir que dans l'équité et dans la bonne
foi gardiennes des rapports internationaux.

Si la teneur de cette pièce est étrange, la manière
dont elle vit le jour n'est pas moins curieuse. Elle fut
rédigée vers la fin d'août chez M. Rouher, et approuvée
par l'Empereur, qui la soumit à M. Drouyn de Lhuys,
en lui demandant s'il voulait la signer. Ce dernier s'y
refusa naturellement, en disant qu'elle était, au fond,
en contradiction flagrante avec l'opinion qu'il s'était faite

de la politique de l'Europe. Il envoya ensuite sa démission, et le marquis de la Valette, s'étant emparé de la circulaire, la fit partir comme sienne du ministère de l'intérieur dont il était le chef. Les bureaux mêmes du ministère des affaires étrangères n'en eurent connaissance que par les journaux, et furent obligés d'en demander copie au ministère de l'intérieur.

Comme je n'avais, à cette époque, rien à faire à Paris, j'acceptai l'invitation que me fit un Français de mes amis de l'accompagner dans un voyage qu'il allait faire à Vienne d'abord, où il avait beaucoup de relations, puis dans le Midi de la France.

A Vienne, le comte Belcredi, ministre d'État et alors ministre dirigeant en Autriche, nous fit l'honneur de nous recevoir le 2 octobre. Dans le cours de la conversation, il laissa tomber ces mots, que j'ai notés :

»Ne pensez-vous pas que tous ceux qui ont eu à se plaindre des empiétements de la Prusse devraient s'unir et faire cause commune? L'Autriche et le Danemark sont les deux puissances qui en ont le plus souffert; mais les intérêts de la France elle-même n'ont pas été tout-à-fait respectés. L'Autriche devrait insister pour que le Danemark obtînt une réparation complète; vous autres Danois, vous avez le droit de l'exiger, et nous n'avons à cet égard aucun motif de nous ranger du côté de la Prusse, qui jusqu'au dernier moment nous a cherché des querelles d'allemand, lors de la conclusion de la paix, surtout à l'égard de l'Italie. Il serait pourtant de bonne politique de ne pas précipiter en ce moment la solution de la question slesvigeoise: elle pourrait avoir plus tard une portée plus significative.«

Après un séjour d'une semaine à Vienne, où les

aimables Autrichiens, d'humeur si cordiale, nous firent
partout le meilleur accueil, nous nous rendîmes par
Genève à Montpellier, et de là à Biarritz, où se trouvait l'empereur Napoléon, qu'on disait très souffrant.
Aussitôt après mon arrivée, je vis l'Empereur plusieurs
fois à la promonade; il avait l'air fort abattu et ne
marchait qu'avec peine, mais j'appris que son état n'inspirait en réalité aucune inquiétude sérieuse.

La nouvelle de l'arrivée du comte de Bismarck à
Biarritz, cette année, avait été formellement démentie;
mais l'ambassadeur prussien, le comte de Goltz, s'y était
rendu, accompagné de M. de Radowitz; il se tint comme
toujours autant que possible dans le voisinage de la
cour, auprès de laquelle la diplomatie autrichienne était
représentée par les comtes d'Apponyi et de Karolyi,
dont l'attitude était assez effacée.

Je renouai connaissance, à Biarritz, avec un ancien
diplomate, que j'avais rencontré autrefois à Francfort.
Nous nous entretînmes longuement de la situation politique, en général, et du nouvel état de choses en Allemagne. J'exprimai l'espoir de voir bientôt realisée la
promesse faite par la Prusse, de rendre au Danemark
les populations du Nord du Slesvig; mais mon interlocuteur n'était pas de cet avis :

— Je connais M. de Bismarck, me dit-il, et j'ai suivi
pas à pas sa conduite depuis qu'il est devenu président
du ministère prussien. Ne croyez pas qu'il se laisse
arrêter par un traité. Il a consenti à insérer l'article V
dans le traité de Prague, parce qu'il jugeait à propos
de ne pas contrarier la France à ce moment-là. Aujour-
d'hui, il prévoit qu'il aura tôt ou tard la guerre avec
la France, et il sait que la question slesvigeoise est

trop secondaire pour que l'exécution même la plus complète de l'article V suffise à assurer la paix. Je doute
donc fort qu'il s'empresse de remplir cet engagement,
d'autant plus que ce qu'il vient de faire en Allemagne
même donne la mesure de l'énergie et de l'absence de
modération qui caractérisent sa politique. La façon dont
il a agi en Hanovre en est l'exemple le plus éclatant.
Et, croyez-le bien, le roi Guillaume continuera à suivre
le conseil de son ministre. Vous comprenez que quand
ce souverain s'est montré si dur envers son propre cousin germain, il n'y a guère lieu d'espérer qu'il se montre
modéré et conciliant envers des Danois. Son ministre
cherchera certainement tous les prétextes possibles pour
se dérober à l'engagement formulé dans l'article V du
traité de Prague.

— Mais, repris-je, rappelez-vous cependant que ce
traité a été conclu »au nom de la Très-Sainte et Indivisible Trinité,« et quil y a encore un droit international en Europe. Si ce traité n'est pas executé, ce
sera le premier exemple, dans l'histoire, de la violation
d'un engagement aussi solennel, pris envers une honnête
et vaillante population.

— Tout cela ne veut rien dire, repartit mon interlocuteur. M. de Bismarck a tiré parti des sympathies
qu'il avait constatées en France, et chez M. Drouyn de
Lhuys en particulier, pour le Danemark. Il a promis
une concession aux Danois pour apaiser les répugnances
du ministre des affaires étrangères français, tout comme
il s'est servi de la question de la Vénétie pour gagner.
l'empereur Napoléon. Aujourd'hui que son but est atteint,
il ne se soucie plus de ses engagements.

Comme je ne me tenais pas encore pour battu, il ajouta:

— Prenez garde de vous laisser fasciner par M. de Bismarck. C'est ce qui est arrivé à un diplomate autrichien que je pourrais nommer, et qui est resté l'admirateur de M. Bismarck, bien que celui-ci n'ait pas précisément été le bienfaiteur de son pays.

Nous nous séparâmes là-dessus, et je repartis pour Paris, où j'appris à mon arrivée qu'il y avait eu encore des pourparlers au sujet d'une compensation pour la France; il aurait été question, cette fois, de la Belgique et du Luxembourg. J'eus, à ce propos, un entretien intéressant avec un homme politique français, qui s'exprima ainsi:

»La situation actuelle deviendra insoutenable à la longue. Je ne voudrais pas garantir que nous ne recevrons pas un nouveau camouflet à Washington. Quel est, d'un autre côté, l'état de nos affaires en Orient? La Russie et la Grèce se remuent plus activement que jamais. Qui peut nous assurer que nous ne chercherons pas à nous entendre avec la Prusse pour éviter une solution défavorable de la question d'Orient? Il reste à savoir quelles conditions nous offrira la Prusse. Toute la question est là. Le comte de Bismarck nous a donné dernièrement une délégation sur la Belgique, mais quelle en est l'importance? Il est inutile de nous offrir un lopin de terre qui ne peut nous être d'aucune utilité; il faut que nous ayons la Belgique entière ou, tout au moins, les points stratégiques les plus importants de ce pays. Il nous faudrait, en outre, la forteresse de Maëstricht avec une rectification de frontières; il faut que nous puissions bientôt offrir à la nation française une compensation convenable, en retour du sacrifice qu'on réclame d'elle en ce moment pour la réorganisation de l'armée que l'on réussira bien à effectuer, mais qui n'aura pas les sympathies de la nation. L'opposition attaquera vivement le gouvernement et sera victorieuse, car on lui en aura donné sujet«.

Quant à la question du Slesvig du Nord, rien n'indiquait que la Prusse eût l'intention de procéder à l'exécution de l'article V du traité de Prague. Le ministre de Danemark, M. le chambellan Quaade, étant allé rendre visite à M. de Bismarck, après l'adoption des préliminaires de Nikolsbourg, pour le remercier de la stipulation qui avait trait au Slesvig du Nord, reçut un accueil qui n'était rien moins qu'encourageant. Quelques semaines plus tard, le 7 septembre, un projet de loi sur l'incorporation du Holstein et du Slesvig à la monarchie prussienne fut déposé sur le bureau de la Chambre; à cette occasion, la commission chargée de l'examiner s'était fait l'interprète de ses dispositions hostiles à l'exécution du traité:

»Nous espérons, disait-elle, que le cabinet du roi réussira à écarter l'article V du traité de Prague, ou tout au moins à restreindre le vote des habitants à la partie la plus septentrionale du Slesvig. Nous ne pouvons donner notre assentiment à la malheureuse application du principe des nationalités dans le Nord du Slesvig, et nous exposer ainsi à ratifier peut-être l'abandon de districts qui s'étendent jusqu'à Flensborg.«

Le même sentiment se fit jour tout aussi clairement dans le discours que M. de Bismarck, de retour de sa villégiature, prononça à la séance de la Chambre prussienne du 20 décembre 1866, et où il fit pour ainsi dire, à la face de la nation allemande, des excuses pour avoir consenti à insérer dans le traité de Prague le malencontreux article V. Il reconnaissait dans son discours, que l'engagement pris en faveur des Danois du Slesvig était dû à l'intervention du gouvernement français et aux prédilections de l'empereur Napoléon pour le principe des nationalités. Il fit allusion aux »pourparlers confidentiels« qui avaient eu lieu, dans les deux dernières années, sur cette question du Slesvig du Nord; il rappela également ce qu'était la situation au mois de juillet précédent, comment elle avait permis à la France d'accentuer de telle sorte l'expression de ses désirs, qu'on n'eût pas pu éviter d'y accéder, et qu'il n'eût pas osé lui-même conseiller au roi de Prusse de compromettre, à ce moment, ses relations avec une grande puissance telle que la France.

»Comme les propositions de médiation nous étaient présentées sous forme d'*ultimatum*, disait M. de Bismarck, je n'ai pas voulu remettre en question tous les avantages acquis, et j'ai conseillé au roi d'accepter.«

»C'est de cette façon,« dit M. de Bismarck en terminant, »que la clause a été introduite dans le traité de paix. Mais le vague de sa rédaction nous laisse une certaine latitude pour son exécution.«

Au courant de ce discours, M. de Bismarck avait aussi trouvé moyen de placer une apologie de son »ami absent«, le baron de Scheel-Plessen, mis par lui à la tête du gouvernement des duchés.

»Ne croyez pas, disait le premier ministre prussien, que M. de Scheel-Plessen ait conservé des sympathies danoises. Le premier de tous les habitants des duchés, il m'a exprimé, en 1864, à Schœnbrunn, sa ferme résolution de travailler à l'incorporation du »Slesvig-Holstein« à la Prusse. Il n'est aucun autre serviteur du roi de Prusse en la fidélité de qui j'aie plus de confiance.«

Or, ce même baron de Scheel-Plessen, qui est propriétaire de grands biens territoriaux dans l'île danoise de Séland, avait été naguère un serviteur fidèle des rois de Danemark.

En somme, la situation ne s'était pas améliorée, en ce qui concernait la question slesvigeoise. Il était évident que M. de Bismarck hésitait à rompre ouvertement avec la parole donnée, mais que, d'autre part, il n'avait nulle envie d'y faire honneur.

Vers la fin de l'année 1866, les relations de la France et de la Prusse devenaient de jour en jour plus tendues; il était évident que, même reduite aux proportions les plus mesquines, l'entente entre ces deux puissances n'avait abouti à rien. M. de Bismarck qui venait d'arriver de Varzin à Berlin, fit répandre les récriminations les plus violentes contre la paix de Prague due à l'intervention de la France. Il reprochait à la France le caractère exorbitant de quelques-unes des conditions imposées à la Prusse, telles que celles qui concernaient la ligne du Mein, la Saxe, le Slesvig du Nord, et faisait publier partout que la situation était insupportable. Quant à M. Benedetti, il en était réduit à des entrevues avec M. de Keudell; car déjà, à cette époque, le président du conseil des ministres ne recevait que rarement les diplomates étrangers.

Je fus confirmé dans cette appréciation par une conversation que j'eus avec M. Thiers.

»La position de la France,« me dit-il, »est très difficile,

et nous allons nous trouver isolés en Europe. Il ne faut
pourtant pas exagérer les choses. L'Amérique nous laissera tranquilles, si nous évacuons le Mexique, et personne n'attaquera la France; mais les autres puissances
feront tout ce qui leur plaira, sans s'occuper de nous.
La Prusse, en particulier, s'étendra graduellement en
Allemagne. Peut-être même le roi Guillaume se fera-t-il
proclamer Empereur par un parlement allemand, et il
est douteux que la France puisse supporter cela tranquillement. Tous ces pourparlers au sujet de la Belgique,
comme compensation pour la France, ne sont que pur
»enfantillage«, ou en tous cas un nouveau piége de M.
de Bismarck. La difficulté pour la France, c'est de trouver
des alliés. L'Italie veut conserver ses bonnes relations
avec la Prusse; l'Autriche est aigrie contre nous, parce
que nous ne sommes pas allés à son secours après la
cession de la Vénétie; elle se vengera de nous, peut-
être, en restant neutre, mais cela lui coûterait cher plus
tard. Du reste, le malheur n'a apporté aucun enseigne-
ment à l'Autriche; c'est ainsi qu'elle vient encore d'irriter
la Russie par la nomination de Goluchowsky en Galicie.«

»Je ne me laisse par ébranler, continua M. Thiers,
»dans l'opposition que je fais à l'Empire, parce que je
crois que c'est un devoir que je remplis envers mon
pays. Ce qui est arrivé, est pour la France un malheur
tel qu'elle n'en a pas éprouvé de plus grand en quatre
cents ans. Or, quelle en est la cause, si ce n'est le système du gouvernement personnel, dont je ne puis m'ac-
commoder? Je ne peux pas souffrir que »des commis«
soient à la tête du gouvernement; je veux des ministres.
qui soient responsables envers le pays et non vis-à-vis
d'un seul homme.«

»On est très-mécontent, en France, des derniers événement qui se sont passés à l'étranger, mais l'opposition ne veut prendre aucune initiative; elle laissera la responsabilité au gouvernement. Quant à moi, je crois nécessaire d'arrêter les progrès de la Prusse; mais je ne désire pas une guerre avec elle à présent. Dans deux ans seulement, quand l'Autriche sera prête, le moment sera venu pour la France de s'opposer à l'ambition de la Prusse, les armes à la main. Mais, pour cela, il ne faut pas faire des folies, telles que le gouvernement est en train d'en commettre avec son grand emprunt, pour le percement de nouvelles rues et pour des expériences soi-disant économiques. Je considère tout cela comme insensé, dans un moment où la France a plus que jamais besoin de son argent. C'est aussi pour cette raison que M. Fould se retire.«

En terminant, M. Thiers exprima son regret que M. Walewski, »cet honnête homme de cœur,« n'eût pas été mis à la tête du ministère des affaires étrangères; en revanche, il parla, en termes très sympathiques. des ministres de la guerre et de la marine.

CHAPITRE VIII.

Armements en France et en Prusse. — La question du Luxembourg prend un caractère menaçant. — Mon entretien avec M. Conti, secrétaire privé de l'empereur Napoléon. — Solution amiable de la question du Luxembourg. — La Prusse notifie, à Copenhague, l'article V du traité de Prague et entame des négociations pour l'exécuter. — L'Empereur de Russie et le prince Gortchakoff arrivent à Paris le 1er juin. — Quatre jours plus tard arrivent le roi Guillaume et le comte de Bismarck. — Les Prussiens empêchent les Russes de se trouver seuls avec les Français. — Visite de condoléance de l'Empereur et de l'Impératrice des Français à Salzbourg. — Situation de la France à la fin de 1867. — Entretien avec le comte de Chaudordy.

Au commencement de l'année 1867, la situation politique de l'Europe devenait de plus en plus critique. Outre les troubles en Orient, c'etaient surtout les relations de la France et de la Prusse qui causaient de l'anxieté. Dans l'Allemagne du Sud, le traité de Prague était totalement éludé. Le Wurtemberg négociait pour l'occupation d'Ulm par des troupes prussiennes, et la Prusse faisait des armements considérables. Le sentiment public en France prenait de jour en jour un caractère plus hostile envers la Prusse ; la France armait aussi, et la fabrication des Chassepots était poussée sur une grande échelle. On commençait déjà à parler de guerre, et l'on se flattait de conclure une alliance avec l'Espagne, en vertu de laquelle Narvaez aurait promis à l'Empereur 50,000 hommes de troupes auxiliaires. En outre, la princesse de Hohenzollern avait refusé le main du prince Humbert, le protégé de la France, et, conseillée par la reine Victoria, elle avait épousé le comte de Flandre, circonstance qui ne devait guère contribuer à bien disposer l'empereur Napoléon envers la Prusse. Enfin, j'appris de source certaine, que le roi Guillaume et le comte de Bismarck préféraient une guerre immédiate avec la France, dans la conviction où ils étaient que cette guerre était inévitable tôt ou tard, et que la Prusse y était mieux préparée que la France.

Cependant, pour qu'une rupture eût réellement lieu, il fallait que l'empereur Napoléon eût un désir bien prononcé de faire la guerre, et beaucoup de personnes clairvoyantes doutaient qu'il y fût disposé. D'abord la réorganisation de l'armée ne faisait que commencer, et les chances d'une campagne heureuse n'étaient pas grandes ; puis, la France était absorbée par les préparatifs de l'exposition universelle qui devait avoir lieu à Paris, et dont l'Empereur attendait des résultats immenses. Or, une grande puissance qui se prépare à une exposition universelle, doit évidemment être paralysée, pendant ce temps, dans sa liberté d'action, comme aussi pendant tout le temps que dure une telle solennité, lorsque d'importantes questions internationales sont à l'ordre du jour. Les autres puissances savent très bien qu'un gouvernement, qui a convié toutes les nations à ce grand rendez-vous pacifique, est singulièrement entravé dans ses résolutions, surtout dans celles qui seraient de nature à provoquer une guerre; il est obligé, au contraire, de se montrer très accommodant sur le chapître des concessions d'où peut dépendre le maintien de la paix. C'est dans ce sens que toute sa politique doit être dirigée.

Une question internationale évoquée, pour ainsi dire à l'improviste, et qui fut résolue pacifiquement grâce à la condescendance de la France, devait bientôt mettre à l'épreuve cette règle de politique.

Le 24 mars, je fus surpris d'apprendre d'un diplomate français que la France négociait à ce moment avec le roi de Hollande l'achat du grand-duché de Luxembourg, et que ces négociations pourraient bien amener un conflit avec la Prusse. La chose fut encore tenue secrète pendant quelques jours; mais dès le 2 avril, le bruit s'en répandit dans le public, et l'on ajoutait que la Prusse ferait une opposition sérieuse à cet arrangement. La situation semblait critique, et la crainte d'une guerre créa une panique sur les principales bourses d'Europe. Les autres puissances n'avaient pas d'objection à ce que la France s'incorporât le Luxembourg; mais le roi Guillaume et le comte de Bismarck firent clairement comprendre qu'ils s'opposeraient de toutes leurs forces à ce que la France s'emparât d'une forteresse, dont l'occupation par cette puissance serait une menace constante à l'adresse de la Prusse. En France aussi on envisagea la question sous son jour le plus grave, et l'on prit des mesures en vue d'une guerre; on disait même déjà qu'une attaque principale serait dirigée de la Baltique contre la Prusse et que les pays voisins serviraient de base d'opérations aux Français. La presse de Berlin prit un ton menaçant à l'égard de la France. La réponse du comte de Bismarck à l'interpellation de M. Bennigsen, le 1ᵉʳ avril, donna à entendre que l'opinion publique en Allemagne était trop forte pour qu'il pût se dispenser de compter avec elle, et que l'annexion du Luxembourg à la France serait positivement considérée par la Prusse comme un *casus belli*.

Au milieu de l'agitation de ces journées émouvantes, je reçus, le 12 avril, un billet de M. Conti, secrétaire privé de l'empereur Napoléon, qui me priait de me rendre le plus tôt possible aux Tuileries, l'Empereur l'ayant chargé de me faire une communication. A mon arrivée, le lendemain, je trouvai M. Conti, qui me dit que l'Empereur était sorti en voiture et l'avait prié de me recevoir en son absence. Sa Majesté désirait être renseignée sur l'état des esprits dans les pays scandinaves et dans les duchés. Elle avait pensé qu'en ma qualité de Danois, et m'étant tout particulièrement intéressé à la question slesvigeoise, je pourrais lui donner des renseignements sûrs à ce sujet. M. Conti me questionna sur différentes choses et alla jusqu'à me demander sans ambages si le Danemark ferait alliance avec la France, en cas de guerre entre elle et l'Allemagne. Je répondis qu'il était certain qu'en Danemark on avait conservé de vives sympathies pour la France; qu'on n'y avait pas oublié que c'était elle qui avait provoqué les stipulations du traité de Prague favorables au Slesvig du Nord; et qu'une déclaration de guerre produirait un effet immense dans le Nord. Mais naturellement, je ne me croyais pas autorisé à me prononcer sur la décision que prendrait le gouvernement danois en cas de guerre.

Pendant ce temps on agitait la question du Luxembourg dans le monde diplomatique, où tous les efforts étaient faits pour arriver à une solution amiable. L'empereur Napoléon, qui avait longtemps hésité, finit par accepter une transaction, en vertu de laquelle le duché devait être neutralisé, la forteresse du Luxembourg évacuée par les Prussiens, et la question définitivement réglée par une conférence à Londres. Il était évident que l'Empereur, qui avait ouvert le 1er avril l'exposition universelle à Paris, ne voulait pas compromettre le succès de sa grande œuvre de paix. Il s'en remit donc à lord Cowley, ambassadeur d'Angleterre à Paris, du soin d'arranger cette affaire. La conférence de Londres s'assembla le 7 mai, et dès le 11, elle avait terminé ses travaux, dont le résultat fut une garantie collective signée de toutes les puissances, stipulant l'évacuation de la forteresse de Luxembourg par les Prussiens et la neutralisation du grand-duché.

La question du Luxembourg avait sans doute rappelé à M. de Bismarck l'existence de l'article V du traité de Prague; car le 7 mai 1867 il fit notifier en quelques mots l'existence de cet article par le ministre de Prusse à Copenhague, et, peu de temps après, il consigna dans une dépêche adressée à ce même fonctionnaire ses premières ouvertures relativement à l'exécution de cet article. Mais le commencement même de ces négociations ne présageait pas un heureux résultat :

»Nous ne nous sommes imposé, était-il dit, dans cette dépêche, ni envers le Danemark, ni envers l'Autriche, l'obligation de renoncer à la suprématie sur les habitants allemands du Slesvig, ni surtout à la suprématie sur ceux qui veulent continuer d'appartenir à l'Allemagne.

La question est donc pour nous pleine de difficultés. Le gouvernement danois peut les lever en nous indiquant la nature des garanties qu'il se propose de donner; c'est alors seulement que nous pourrons nous prononcer sur l'étendue des territoires à rétrocéder.«

Le comte Frijs de Frijsenborg, ministre des affaires étrangères de Danemark, répondit le 1er juin, que les garanties qui résultaient pour les Allemands de la constitution danoise, et celles qui découlaient des traités, lui paraissaient suffisantes, et qu'il s'en référait à l'article V du traité de Prague, qui ne contenait aucune stipulation spéciale de garanties pour les Allemands du Slesvig du Nord.

On s'aperçut bientôt que les négociations n'étaient pas sérieuses du côté de M. de Bismarck. Le marquis de Moustier, alors ministre des affaires étrangères, voulut donner un coup d'épaule à la diplomatie danoise, et il envoya dans ce but au chargé d'affaires de France à Berlin, M. Lefèvre de Béhaine, des instructions pour appuyer les demandes du Danemark. Mais, dès les premières ouvertures que le diplomate français fit à ce sujet à M. de Thile, sous-secrétaire d'État aux affaires étrangères à Berlin, M. de Bismarck donna clairement à entendre qu'il ne consentirait à aucune sorte d'immixtion de l'Empereur dans cette affaire; et, en même temps, la presse officieuse prussienne entama par ordre une campagne bruyante contre ce qu'elle appelait l'injustifiable ingérence de la France. L'empereur Napoléon, qui tenait à ce que le succès de l'exposition universelle ne fût troublé par aucun incident extérieur, laissa tomber la question, et dès lors il fut facile de prévoir le résultat négatif de négociations dans lesquelles

la Prusse jouait avec le Danemark, comme le chat avec
la souris. Dans une dépêche du 22 août, M. de Bismarck disait :

»Le traité de Prague n'a créé aucun titre aux populations du Slesvig du Nord. Il ne peut être invoqué
que par les contractants. Les garanties demandées par
la Prusse tiennent au mode d'exécution de l'article V,
et, si elles ne ressortent pas du texte même, encore
moins ce texte les exclut-il. D'ailleurs, il est légitime
de protéger les minorités, et, en se dessaisissant de ses
sujets allemands, Sa Majesté le roi Guillaume doit leur
assurer une protection efficace.«

Dans la même dépêche, le ministre prussien se déclarait prêt à ouvrir des négociations verbales sur les
points en litige, et proposait de fixer à Berlin le siège
de ces pourparlers.

Si, dans la phase où était entrée la politique de M.
de Bismarck, quelque chose eût encore dû surprendre,
on aurait pu s'étonner à bon droit de cette étrange
théorie, d'après laquelle une population n'a aucun titre
à s'intéresser à l'exécution d'un traité qui la concerne.

La visite des souverains de l'Europe à Paris avait
déjà commencé avant cet intermède slesvigeois. L'empereur de Russie, accompagné du prince Gortchakoff, était
arrivé à Paris le 1er juin. Le roi (de Prusse l'y suivit
quatre jours après avec son premier ministre, le comte
de Bismarck. Je vis ces derniers lorsqu'ils passèrent
en voiture sur le boulevard de Sébastopol, en venant
de la gare du Nord. Une foule compacte encombrait les
trottoirs; mais on n'entendit aucune acclamation sur
leur passage. Le comte de Bismarck avait pris un air
bien caractérisé de supériorité et d'importance. Les per-

sonnes qui le rencontrèrent à ce moment à la cour, remarquèrent aussi chez lui un profond changement de manières et d'allures. Tandis qu'à ses visites précédentes à Paris, en octobre 1864 et en novembre 1866, il avait été plein de prévenance et d'amabilité, et s'était efforcé de gagner tout le monde par des déhors de franchise et de bonhomie, on ne trouvait plus chez lui qu'une réserve hautaine et une politesse glaciale. On relevait une grande différence entre le Bismarck-Schœnhausen d'autrefois et le comte de Bismarck, premier ministre de la puissante Confédération de l'Allemagne du Nord.

Le 6 juin, à la grande revue du bois de Boulogne, un attentat était commis contre la vie de l'empereur de Russie; il échoua heureusement, mais cet incident fit naître un sentiment d'inquiétude, qui ne fut pas moins vif dans l'entourage du roi de Prusse.

Cependant, le temps ne s'écoulait pas seulement en fêtes et en illuminations pendant le séjour des souverains étrangers à Paris; on fit aussi, comme on le verra plus tard, un peu de politique.

Comme je l'ai déjà dit, on était très mécontent en Russie des grands remaniements territoriaux, qui avaient été opérés en Allemagne. Après la signature des préliminaires de paix de Nikolsbourg, l'ambassadeur de Russie à Paris, le baron Budberg, avait même, sur l'ordre de son gouvernement, proposé à l'empereur Napoléon une action combinée, qui aurait été soumise à la sanction des autres puissances, et qui devait avoir pour but de s'opposer à l'établissement de l'ordre de choses que la Prusse s'efforcait de créer. L'empereur Napoléon n'y consentit pourtant pas et donna ainsi à la Prusse le

temps d'agir à St. Petersbourg. Le comte de Bismarck
y envoya le général Manteuffel pour calmer le gouvernement du Czar, et cette mission réussit assez pour que
la Prusse n'eût, à l'avenir, rien à craindre du côté de
la Russie.

Il est vrai que le prince Gortchakoff appartient à
cette école d'hommes d'État russes, dont les sympathies
sont pour la France. Lorsque l'empereur Napoléon, pendant la crise polonaise, prit une attitude hostile à la
Russie, le prince aurait dit à un diplomate français:
»Comme ministre russe, je prétends que la France est
l'alliée naturelle de la Russie; si j'avais l'honneur d'être
ministre français, je dirais que la Russie est l'alliée
naturelle de la France; ce sont des vérités irréfutables,
parce qu'elles reposent sur des intérêts nationaux com-
muns. Si l'empereur Napoléon ne veut pas les admettre,
tant pis pour lui : les gouvernements passent, les nations restent.«

Mais, en 1867, ni l'empereur Alexandre ni le prince
Gortchakoff, ne pensaient à une alliance avec la France,
et les Prussiens pouvaient être bien tranquilles à ce
sujet. A Paris cependant, ils regardaient les Russes
d'un œil jaloux et soupçonneux. Arrivés quelques jours
après les hôtes russes, on les vit pour ainsi dire rôder
continuellement autour d'eux et les épier soigneusement.
On aurait dit qu'ils voulaient, à tout prix, empêcher
les Russes de se trouver seuls avec les Français; et en
réalité c'était bien là leur but.

Le prince Gortchakoff s'aperçut bientôt de ces manœuvres et fut très mécontent de l'importunité indis-
crète des Prussiens; mais il n'y pouvait rien.

L'épisode prusso-russe à Paris eut, du reste, un épi-

logue assez piquant, par suite d'un petit malentendu
qui eut lieu à la distribution ordinaire des décorations.
Il avait été convenu, racontait-on, entre les Russes et
les Prussiens, qu'à cette occasion on ne donnerait pas
aux Français de décorations d'ordres élevés, et c'est ce
qui eut lieu effectivement du côté des Russes; mais
on découvrit plus tard que le gouvernement prussien
n'avait pas distribué moins de cinq Aigles Noirs à Paris.
Cela s'expliqua, comme je l'ai déjà dit, par un simple
malentendu, naturellement; mais ce fait acheva de mettre
en relief l'attitude des Prussiens pendant toute la durée
du séjour des deux souverains à Paris et fit faire de
sérieuses réflexions à plus d'un homme d'État russe.

Pendant que l'empereur Napoléon savourait le succès
de sa grande exposition, une lugubre nouvelle vint
subitement jeter un voile de tristesse sur les fêtes
officielles. L'annonce de la fin tragique de l'empereur
Maximilien au Mexique, le 30 juin, était parvenue en Europe. Elle fut tenue secrète pendant quelques jours pour
permettre à l'Empereur de présider, le 1er juillet, avec
tout le cérémoniel officiel préparé d'avance, à la solennité
de la distribution des prix, mais les fêtes ultérieures
furent supprimées, et le voyage à Paris de l'Empereur et
de l'Impératrice d'Autriche fut contremandé.

L'empereur Napoléon et l'impératrice Eugénie allè-
rent, le 18 août, faire une visite de condoléance à l'empereur et à l'impératrice d'Autriche à Salzbourg. L'empereur des Français n'était accompagné d'aucun ministre;
par contre le chancelier, comte de Beust, le président
du ministère hongrois, comte Andrassy, et le prince Ri-
card Metternich faisaient partie de la suite de l'empereur d'Autriche. La presse européenne s'occupa beaucoup

de cette rencontre; les journaux autrichiens se montraient en somme sympathiques au couple impérial français et à la nation française, tandis que les journaux de Paris se perdaient en conjectures sur la portée politique de cette rencontre. Le but principal du voyage à Salzbourg était naturellement une attention à l'adresse des parents de l'infortuné Maximilien, dans le sort duquel l'empereur Napoléon ne pouvait, quoi qu'il en eût, être exonéré d'une certaine part de responsabilité. Et pourtant, il n'est pas improbable qu'il y eut, à cette occasion, échange d'opinions sur la situation politique, aussi bien entre les deux empereurs qu'entre l'empereur Napoléon et le chancelier autrichien. Il n'y fut pris cependant aucune décision positive, et l'on se borna à exprimer l'opinion, à un point de vue général, que l'intérêt de la France et de l'Autriche exigeait une action combinée des deux puissances dans la politique étrangère.

L'empereur François-Joseph arriva le 23 octobre à Paris, et y séjourna jusqu'au 2 novembre. Sur ces entrefaites, un corps de troupes françaises, commandé par le général de Failly se préparait à une marche victorieuse contre Garibaldi, qui fut battu le 3 novembre à Mentana, où, selon une phrase restée celèbre, les Chassepots français firent merveille.

Les Chambres furent ouvertes à Paris, le 18 novembre, par un discours du trône, qui faisait ressortir la nécessité d'une réorganisation de l'armée et donna lieu à des débats assez animés, la gauche s'opposant de toutes ses forces à des réformes militaires, qui auraient dû pourtant être approuvées et désirées de tout Français raisonnable.

En somme, la situation de la France devenait de plus

en plus précaire : à l'intérieur l'Empereur perdait de jour en jour son prestige, et à l'étranger la force morale de la France s'évanouissait graduellement, à mesure que devenait évident le manque de volonté et d'énergie dans la direction gouvernementale.

Vers la fin d'octobre, j'eus une conversation avec un Prussien qui arrivait de Berlin, où il avait eu avec le comte de Bismarck un entretien sur la situation de la France. Le chancelier de la Confédération de l'Allemagne du Nord s'était exprimé ainsi:

»C'est avec le sentiment du plus profond dédain que je considère la situation actuelle de la France, où la comédie et la pusillanimité sont à l'ordre du jour. Les Français ne savent pas ce qu'ils veulent; aucun d'eux, l'Empereur moins que tout autre, n'a une politique bien arrêtée. Et je consentirais, moi, à ce qu'un tel pays nous dicte des lois? non! Je ne fais aucune concession à la France, et si l'on me pousse à bout, je répondrai si énergiquement qu'on s'en souviendra.«

Le peuple français ne se rendait pas encore bien compte de la gravité de la situation, mais les hommes politiques étaient déjà tourmentés de sombres pressentiments, et je ne saurais mieux dépeindre cet état des esprits qu'en reproduisant une conversation que j'eus avec M. le comte de Chaudordy, à la fin de l'année 1867 :

»La partie,« me dit M. de Chaudordy, »est perdue pour la France, et perdue pour longtemps. Le replâtrage de l'affaire du Luxembourg n'a contenté personne : c'est pour la France ce que la convention de Gastein a été pour l'Allemagne. Toute cette malheureuse situation résulte de fautes commises l'année passée, et de cette manie de l'Empereur de se mêler de la direction des affaires, sans écouter les conseils de ses ministres. C'est ainsi que la lettre malencontreuse au prétendant d'Augustenbourg a été son œuvre personnelle; elle a été insérée au *Moniteur* sans que le ministre des affaires étrangéres, M. Drouyn de Lhuys, se doutât le moins du monde de cette lettre. Elle a eu pour effet la ruine du Danemark, qui aurait pu cependant être sauvé sans difficulté. Les sympathies de l'Empereur ont été surtout pour l'Italie, mais il a toujours été l'adversaire de l'Autriche et n'a, en outre, jamais voulu agir énergiquement vis à vis de la Prusse. Il a même désiré l'alliance avec la Prusse, et cette alliance, conclue à temps, eût pu lui donner des avantages; mais M. Thiers et l'opinion publique l'en ont empêché. Ce que la France a fait pour le Danemark, est dû surtout à M. Drouyn de Lhuys, qui prit sur lui d'expédier à M. Benedetti, par le télégraphe, l'ordre d'insister pour l'insertion de l'article V dans le traité de Prague, lorsqu'il apprit que la Prusse esquivait, à la dernière heure, l'insertion de cette stipulation dans les conditions de la paix. L'empereur Napoléon n'a pas su non plus formuler à temps ses demandes à la Prusse, en 1866; il n'a pas su agir avec assez de fermeté, et lorsque enfin il a voulu obtenir quelque chose de M. de Bismarck, il était trop tard. M. Drouyn de Lhuys, par contre, était pour l'Autriche, qu'il voulait sauver; il était donc absolument conséquent avec lui-même, lorsque après Sadowa il demandait l'intervention armée de la France, et cette intervention aurait probablement tourné à notre avantage. Mais l'Empereur n'en a pas voulu. Ainsi, l'Empereur ayant une opinion, et M. Drouyn de Lhuys une autre, voilà comment nous nous trouvons à présent dans une situation extrêmement précaire vis-à-vis de l'étranger. Aussi je ne prévois que des désastres pour la politique française à l'extérieur. «

CHAPITRE IX.

Expressions de sympathie pour le Danemark. Souscription au profit des familles slesvigeoises émigrées. Des députés et des journalistes français se rendent à Copenhague. — Le baron Blixen-Finecke à Paris. — Négociations verbales à Berlin pour l'exécution de l'article V du traité de Prague. Dépêches du ministre des affaires étrangères danois des 17 décembre 1867 et 9 mars 1868. La Prusse demande des garanties inacceptables. Cessation des négociations. Dépêche du comte Beust du 1er avril 1868. — Le Sénat des États-Unis d'Amérique refuse sa sanction au traité concernant l'achat des îles danoises des Antilles. Mission du général Raaslöff, ministre de la guerre danois, à Washington en novembre 1868. Le gouvernement du président Grant ne donne pas suite au traité.

Au milieu du bruit et des fêtes de l'exposition universelle, les amis du Danemark à Paris poursuivaient la campagne qu'ils avaient entreprise en faveur de la cause slesvigeoise. Le 22 juin, M. Morin de Malsabrier prononça au corps législatif un discours, dans le cours duquel il laissa tomber ces paroles:

»M. le comte de Bismarck est un trop sage politique pour ne pas comprendre que, plus il sera juste envers la nationalité danoise, plus il sera en mesure de faire accepter par l'opinion de l'Europe les actes par lui accomplis en vue de la constitution de la nationalité allemande.

Ce discours provoqua, peu de temps après, une souscription en faveur des Slesvigeois danois, qui émigraient pour éviter de servir dans l'armée prussienne ou de prêter serment d'obéissance au roi de Prusse.

J'allai faire visite à la plupart des rédactions de journaux pour les prier de s'intéresser à cette œuvre, et je trouvai partout beaucoup d'empressement bienveillant; la plupart des journaux insérèrent la lettre suivante, pour faire appel à la générosité du public français :

Paris, le 1er août 1867.

Monsieur le Rédacteur en chef,

Dans la séance du Corps législatif du 22 juin dernier, M. Morin de la Drôme a appelé l'attention de la Chambre sur la question du Slesvig. Peu de jours après, un appel a été fait par le même député et par un de ses collègues, M. Piccioni, en faveur des familles des Danois du Slesvig, réfugiés en très-grand nombre et sans moyens d'existence sur le territoire du Danemark, pour n'être pas contraints de servir dans l'armée prussienne ou de prêter serment à S. M. le Roi de Prusse.

Une souscription à cet effet a été ouverte et recommandée par un grand nombre des journaux de Paris et des départements. Cette souscription ayant été accueillie avec empressement, les soussignés se sont constitués en comité, afin de faire un nouvel appel aux sympathies de nos concitoyens en faveur d'une nation qui s'est montrée depuis des siècles l'alliée de notre bonne comme de notre mauvaise fortune, et surtout de cette dernière.

Nous venons vous prier, Monsieur le Rédacteur en chef, d'accorder à notre appel la publicité de votre estimable journal. Nous vous serions très-obligés si vous vouliez bien ouvrir vous-même une liste de souscription, et envoyer les offrandes qui vous seraient adressées, soit à la caisse du journal *le Mouvement*, 112, rue de Richelieu à Paris, soit à M. le pasteur Kok. président du comité sles-vigeois à Copenhague.

Veuillez bien agréer, Monsieur le Rédacteur en chef, l'assurance de nos sentiments les plus distingués.

Morin,   **Piccioni,**
député de la Drôme.   député de la Haute-Garonne.

Hippolyte Castille.   **Léon Plée.**

Fernand Langlé.   **A. Garcin.**

Alex. Bonneau.

La souscription réussit et produisit plusieurs milliers de francs.

Les sympathies de la France pour le Danemark avaient à cette époque certainement atteint leur point culminant. La presse française s'était peu à peu familiarisée avec la question et tenait l'attention publique en éveil sur l'abandon injustifiable, dont le Danemark avait été victime.

Dans ces conjonctures, il était très naturel que l'idée vînt à quelques Français de visiter Copenhague et le

Danemark. An commencement d'août 1867, deux députés français, M. Morin de Malsabrier et M. Piccioni, se rendirent à Copenhague, en compagnie d'une dizaine de journalistes français; ils y trouvèrent la réception que des Danois devaient à des hôtes français, qui avaient témoigné tant d'intérêt à leur pays et à sa cause. Les Français furent de leur côté on ne peut plus charmés de leur séjour dans la capitale du Danemark, comme l'atteste, du reste, la lettre suivante de M. Morin:

Dieu-le-Fit, 24 août 1867.

Mon cher M. Hansen,

Pendant mon séjour à Copenhague mon temps a été tellement occupé, que je n'ai pu trouver un moment pour vous écrire. Maintenant que je suis de retour dans mes foyers depuis deux jours, sans avoir pu traverser Paris, j'ai hâte de causer quelques instants avec vous. J'ai prié M. Grégoire de vous faire de vive voix mes remercîments pour le voyage que vous m'avez persuadé d'entreprendre. Vous avez, du reste, déjà eu une relation complète de notre séjour à Copenhague. On nous a fait un accueil tel que nous en avons presqu'été dans l'embarras; tant il a été difficile pour nous de reconnaître convenablement les prévenances dont nous étions l'objet. Quant à moi personnellement je ne saurais vous dire à quel point j'ai été touché, reconnaissant et en quelque sorte surpris; car on m'a fait, par la manière dont j'ai été reçu, cent fois plus d'honneur que je n'en méritais. Le Danemark m'a fait l'effet d'être un pays délicieux et très-intéressant; mais ce qui m'a surtout frappé, c'est ce patriotisme et cet enthousiasme unis au bon sens, qui se manifestent dans toutes les classes de la population. C'est un pays qui sait se servir de toutes les libertés et qui les mérite toutes. On y trouve l'expansion communicative et la cordialité de nos peuples méridionaux, et l'on sent en même temps que ces manifestations ont leur source dans des sentiments profonds et durables.

Et maintenant permettez-moi d'ajouter que c'est à vous que j'attribue avec plaisir la distinction dont j'ai été l'objet, ainsi que l'accueil que j'ai reçu en Danemark. Sans les renseignements que vous m'aviez donnés, je n'aurais rien pu ajouter à ce que j'avais dit dans mon premier discours en plaidant la cause de votre patrie. C'est à vous et à M. de Bille que je suis surtout redevable du succès qu'ont obtenu mes paroles en Danemark, succès bien supérieur à la valeur réelle de mes discours, et à celle que ma position à la Chambre des députés pouvait leur donner. Ce que j'apprécie surtout, c'est d'avoir appris à connaître votre pays comme je le connais maintenant, et d'y avoir noué des relations avec des hommes qui se distinguent autant par l'esprit que par le cœur; enfin, c'est d'avoir pu me faire une idée de ce que vaut ce peuple danois qui a droit au respect et à la sympathie, autant que tout autre peuple au monde.

Votre tout dévoué

Th. Morin.

Vers la même époque, je reçus un jour à Paris la visite du baron Blixen-Finecke, avec lequel j'avais été autrefois sur un pied amical, quoique nous ne fussions pas d'accord sur beaucoup de questions politiques. Nous nous entretînmes de la question du Slesvig du Nord, et le baron Blixen me dit en confidence qu'il avait la perspective d'arriver à former un ministère à Copenhague. Il me demanda alors si je voudrais dans ce cas accepter le poste de directeur au ministère des affaires étrangères. La proposition était très-flatteuse pour moi et je me bornai à repondre qu'il serait temps d'y penser, quand l'éventualité sur laquelle elle reposait se serait réalisée.

Vers la fin de l'année, je distribuai à tous les membres du Corps Législatif français des exemplaires de de la brochure publiée en Danemark, sous le titre *Les Nationalités du Slesvig*, accompagnée d'une carte indiquant le résultat du vote du 12 février 1867 pour le parlement allemand. Je distribuai, en outre, une quantité d'exemplaires de ce livre en France et à l'étranger.

Sur ces entrefaites, le gouvernement allemand et le gouvernement danois avaient nommé chacun leur plénipotentiaire, pour s'entendre verbalement sur un arrangement relatif à l'article V du traité de Prague, suivant la proposition déjà faite par le comte de Bismarck. Le Danemark avait fait choix de son ministre à Berlin, M. le chambellan de Quaade; la Prusse d'un fonctionnaire, M. le conseiller de légation Lothar Bucher.

M. Lothar Bucher avait eu une carrière vraiment remarquable. Après s'être distingué, en 1848, comme radical avancé, il se réfugia à Londres lors de la réaction et y vécut comme correspondant de journaux jusqu'en 1863, époque à laquelle il fit sa paix avec le gouvernement prussien. Le ministre des affaires étrangères du roi Guillaume, qui le savait homme de grande capacité, lui donna peu de temps après un poste dans son département, et dès lors Bucher gagna rapidement en faveur et en influence auprès du ministre.

Dans une dépêche du 10 septembre 1867 au ministre plénipotentiaire de Danemark à Berlin, le ministre des affaires étrangères danois s'était exprimé en ces termes, au sujet de la nomination des commissaires:

J'espère que ces pourparlers, auxquels j'attache une grande importance, pourront être menés promptement. Pour le moment et tant que la question sera débattue à un point de vue général, des hommes professionels ne sauraient, à mon avis, intervenir avec avantage; mais dès que vous aurez réussi à asseoir une base pour une entente, et qu'il deviendra nécessaire d'interpréter les principes adoptés et de les préciser dans leurs détails, je pense qu'il sera alors nécessaire de s'assurer le concours de personnes possédant des connaissances spéciales. En ce cas, je mettrai immédiatement à votre disposition des hommes, que leurs connaissances spéciales doivent rendre propres à une telle mission.

Avant de commencer ces pourparlers dont l'issue dépendra à un si haut degré de l'esprit de conciliation dont les deux États se montreront animés, je ne crois pas devoir m'engager dans des explications que pourrait cependant me suggérer la dépêche du 22 août. Il y a pourtant un point, sur lequel je ne puis m'empêcher de faire, dès maintenant, mes réserves. Il m'est impossible d'admettre l'interprétation contenue dans la dépêche du gouvernement prussien, lorsqu'il fait valoir que, bien que les garanties demandées n'aient pas été mentionnées dans l'article V du traité de Prague, comme condition préalable de la rétrocession du Slesvig du Nord, elles ne sont pourtant pas exclues par ledit article. Une pareille théorie ne servirait, à mon avis, qu'à rendre tout accord international illusoire".

Les négociations verbales commencèrent à Berlin dans l'automne de 1867, sans qu'on arrivât à définir clairement ces deux points capitaux : L'étendue de la portion du Slesvig du Nord qui devait être rétrocédée au Danemark, et la nature des garanties sur lesquelles la Prusse insisterait. La dépêche du ministre des affaires étrangères danois du 17 décembre 1867 à M. le chambellan de Quaade fait aussi ressortir le vague de cette situation. Elle est ainsi conçue :

Vous savez à quel degré la négociation actuelle relativement à la rétrocession d'une partie du Slesvig se résume pour le gouvernement du Roi dans la question de savoir quelle étendue le Cabinet prussien entend donner à cette rétrocession. L'intérêt politique qui se rattache pour nous à l'arrangement dont il s'agit, se trouverait complétement compromis, si la nouvelle frontière ne devenait pas telle qu'en satisfaisant les vœux et les besoins de la population du Slesvig du Nord, elle eût pour effet d'écarter le seul sujet de dissentiments qui puisse dans l'avenir empêcher, qu'il ne se forme entre les deux Etats des liens d'amitié capables de résister à toutes les épreuves des circonstances politiques changeantes. Car tant que la même cause existerait, ne fût-ce qu'en partie, les mêmes effets ne cesseraient de se produire au détriment de l'entente sincère sur laquelle le gouvernement du Danemark, dans son intérêt bien entendu, désire pouvoir baser un système politique permanent pour ses relations extérieures, entente qui, je le crois, ne manquerait pas de présenter également des avantages pour la Prusse. Mais à cette considération dont la justesse nous était évidente depuis longtemps, est venue s'en ajouter une autre non moins grave, depuis que le gouvernement prussien a cru devoir formuler une demande de garanties comme condition de la cession. Les difficultés et les dangers inhérents à des engagements de cette nature, resteront les mêmes, quelle que soit l'étendue du territoire pour lequel ces garanties seraient données ; mais. quelque grande que pût être la disposition du gouvernement du Roi à faire certains sacrifices pour réaliser un véritable avantage, cette disposition ne serait pourtant pas la même, s'il savait qu'un prix si considérable ne lui vaudrait qu'un agrandissement insignifiant au point de vue de la force matérielle, et dépourvu de tout intérêt politique.

J'ai donc éprouvé un véritable regret de ce que les indications que vous avez pu me donner, ne sont pas de nature à me rassurer pleinement sur la manière dont le Cabinet prussien envisage dès-à-présent ce point capital. Le gouvernement du Roi est toutefois trop pénétré de la vérité des considérations que je viens de vous expliquer, pour qu'il puisse abandonner l'espoir qu'elles finiront par gagner le Cabinet de Berlin pour une solution conforme aux intérêts réciproques; et dans tous les cas nous tenons à prouver que nous ne voulons épargner aucune peine pour que la négociation actuelle aboutisse à un résultat satisfaisant.

Le gouvernement du Roi vous autorise par conséquent, Monsieur, à entrer en discussion avec le plénipotentiaire prussien sur les garanties dont il vient de vous communiquer un aperçu succinct. Vous connaissez déjà mes vues au sujet des différents points auxquels ces garanties ont trait, et vous savez que sous plusieurs rapports la proposition prussienne a besoin d'éclaircissements ultérieurs et de modifications essentielles. Je me plais à croire que vos efforts pour amener le plénipotentiaire prussien à agréer nos observations à ce sujet ne seront pas inutiles, et cette confiance se corrobore et augmente, quand je me rapporte à l'assurance que M. le comte de Bismarck m'a donnée dans sa dépêche à M. de Heydebrand und der Lasa, que le gouvernement prussien ne demanderait pas de garanties qui seraient de nature à porter atteinte à la souveraineté du Roi ou à donner lieu à des complications futures. Le principe contenu dans ces paroles semble très-propre à faciliter un rapprochement et un accord complet entre les deux gouvernements.

En supposant que notre attente à ce sujet ne soit pas déçue, il est essentiel de bien expliquer dès-à-présent au gouvernement prussien, que toutes les concessions auxquelles nous pourrions nous décider dans la question des garanties, sont nécessairement subordonnées à une délimata-

tion équitable de la ligne géographique à adopter pour
l'interrogation des vœux des populations.

Or, quelles étaient les demandes de garanties formulées par le plénipotentiaire prussien? Le lecteur impartial le croira à peine; et cependant le gouvernement
prussien exigeait réellement que le gouvernement danois
consentît à prendre des engagements obligatoires à l'égard
des douze points suivants :

1. Garantie contre la violation du droit de pétition;
2. Garantie contre la violation du droit de réunion;
3. Garantie contre des actes arbitraires des employés;
4. Garantie contre les restrictions apportées à l'en-
   seignement privé par les stipulations de la constitution du 15 février 1854;
5. Formation de communautés allemandes, subvention-
   nées par l'État, et exemption pour les allemands des
   contributions au profit des communautées danoises;
6. Droit pour les communes de nommer les pasteurs,
   les maîtres d'école, les sacristains et les organistes;
   et certaines stipulations sur l'usage de la langue
   allemande dans les églises et dans les écoles;
7. Usage facultatif de la langue allemande devant les
   tribunaux et dans les actes notariés, à l'instar des
   lois en vigueur qui règlent en Posnanie l'usage
   facultatif des langues polonaise et allemande.
8. Nécessité du consentement des communes intéres-
   sées, pour opérer des changements aux droits mu-
   nicipaux;
9. Garanties pour l'instruction suffisante des fonctionnaires;

10. Démission et pensionnement des fonctionnaires qui
ne désirent pas passer au service du Danemark;
11. Obligation pour les communes de compenser les
dommages causés par les violations de la paix publique;
12. Insertion des points ci-dessus dans un accord formel
entre les deux gouvernements, et admission d'un
tribunal pour juger, en dernier ressort, les différends qui pourraient s'élever au sujet de ses points.

Pense-t-on qu'il soit possible de poser, de sang-froid,
de telles demandes à un gouvernement indépendant et
civilisé? Et pourtant. le gouvernemnnt prussien insista
avec une ténacité extrême sur ces demandes monstru-
euses, ainsi qu'il ressort clairement de la dépêche suivante, adressée le 9 mars 1868 par le ministre des affaires
étrangères de Danemark au ministre plénipotentionaire
danois à Berlin :

J'ai lu avec toute l'attention douloureuse qu'ils méritent,
les rapports dans lesquels vous m'avez rendu compte des
dernières communications que le commissaire prussien vient
de vous faire. D'un côté, je vois que son gouvernement,
tout en acceptant les concessions que nous nous étions déclarés prêts à faire dans l'hypothèse d'une entente en général, ne se montre pourtant pas disposé à s'écarter à aucun
égard de ses demandes antérieures. J'apprends au contraire
qu'il entend les maintenir. quant aux points essentiels, dans
toute cette rigidité qui les rend malheureusement incom-
patibles avec les intérêts les plus évidents d'un gouvernement indépendant. De l'autre côté, pour ce qui concerne
la votation éventuelle des populations. on veut la restreindre
dans des limites qui sont bien loin de répondre même à
nos prévisions les plus modestes; car la frontière de la baie
de Gjenner. au lieu de consacrer l'intégrité de la nationalité

danoise, ne servirait qu'à couper en deux le Slesvig du Nord danois.

Je ne reprendai pas ici l'examen des garanties que le gouvernement prussien a cru devoir nous demander, car je n'ai rien à ajouter à ce que j'ai déjà fait observer à ce sujet, et je crois que ces observations suffisent complètement à démontrer que l'adoption de ces garanties serait contraire au principe, reconnu d'ailleurs par le cabinet de Berlin aussi bien que par nous, qu'on doit exclure des engagements éventuels tous ceux qui seraient de nature à porter atteinte à la souveraineté du Roi et à jeter dans nos relations futures le germe de regrettables complications. Pourrait-on en effet imaginer une anomalie plus flagrante, une condition plus profondément inacceptable, que celle qui imposerait au gouvernement danois l'obligation de supprimer l'usage de la langue danoise dans l'instruction primaire et obligatoire, ainsi que dans le service principal des églises, dans des villes qui lui auraient été rétrocédées précisément à cause de la nationalité de leurs habitants? Je peux jusqu'à un certain point m'expliquer les scrupules du gouvernement prussien au sujet des intérêts du petit nombre d'Allemands qui habitent le Slesvig du Nord, bien que je ne les trouve ni justifiés par les circonstances, ni conformes au but et à la base historique de ces négociations. Mais ce que je ne saurais comprendre et ce à quoi le gouvernement du Roi ne pourrait jamais souscrire, c'est qu'on veuille nous imposer une mesure qui aurait pour unique résultat d'assurer à la minorité allemande une domination permanente dans l'Eglise, l'école et la commune, domination qu'elle exercerait au préjudice des intérêts les plus sacrés de la majorité danoise, et sous le protectorat d'un puissant gouvernement étranger, dont elle serait autorisée à invoquer l'intervention chaque fois qu'elle se croirait froissée dans ses droits par les actes de son propre gougouvernement.

Je ne m'étendrai pas davantage sur les motifs qui nous font attacher une si grande importance à une solution satisfaisante de la question territoriale. Si cette question doit déjà en elle-même nous intéresser au plus haut degré, elle se rattache encore d'une manière très-intime et à un double titre à l'objet plus spécial des pourparlers que vous poursuivez avec M. Bucher. Quelque limitées que fussent d'ailleurs des assurances internationales, elles ne manqueraient pas de présenter de sérieux dangers. Ces dangers se trouveraient du moins compensés par un avantage politique réel, si nous obtenions, au prix de nos sacrifices, les conditions territoriales par une entente sincère avec la Prusse, que sanctionnerait désormais la sympathie mutuelle entre les deux peuples. Mais il y a plus : ces dangers seraient encore considérablement diminués, puisqu'il nous serait alors permis d'espérer que les dissidences d'interprétation, inhérentes à nos engagements internationaux, ne se compliqueraient plus de l'amertume du passé.

C'est dans cet ordre d'idées que nous avons agi jusqu'ici, et il doit encore régler notre conduite.

Amenés par notre désir de faciliter à la Prusse la tâche de résoudre la question de la délimitation d'une manière équitable, nous nous sommes déclarés disposés à assumer éventuellement les obligations mentionnées dans vos pourparlers avec M. Bucher; mais nos offres n'ont pu être si étendues que dans la prévision, que leur accomplissement nous serait rendu moins difficile par la fixation d'une frontière conforme aux vœux des populations et qui serait désormais un gage d'une réconciliation durable entre les deux pays. Or, du moment que cette prévision ne se realiserait pas, nous serions dans l'impossibilité de maintenir nos offres précédentes ou d'assumer des garanties en faveur des habitants allemands du territoire rétrocédé, autres que celles que la Prusse elle-même, concluant la paix de Vienne, a jugées suffisantes pour assurer le sort des éléments danois beaucoup plus nombreux de la partie du Slesvig qui devait rester entre ses mains.

Le point de vue sous lequel nous jugeons la question me paraît si impartial et si logique, que je ne puis pas encore renoncer à l'espoir que les considérations précédentes finiront par être appréciées par un gouvernement qui, j'aime

> à le croire, désire réellement que ces négociations abou-
> tissent à un résultat heureux. J'ai donc l'honneur de vous
> prier, Monsieur, de les faire valoir avec les développements
> qu'elles comportent, et je vous autorise même à lire cette
> instruction à M. le commissaire prussien et à lui en remet-
> tre une copie, en lui demandant de la soumettre à S. Exc.
> M. le ministre des affaires étrangères.

A cette dépêche le Danemark ne reçut jamais de
réponse, et, à partir de ce moment, on put regarder
comme terminées les négociations officielles entre les
deux gouvernements, pour l'exécution de l'article V du
traité de Prague.

Le 5 octobre 1868, il était dit dans le discours du
trône du roi de Danemark à l'ouverture du Rigsdag:

»Les négociations confidentielles que, depuis longtemps
déjà, le gouvernement prussien avait ouvertes avec nous,
en vue de réaliser la clause de l'article V du traité de
Prague relative au vote libre des habitants du Slesvig-
Nord, n'ont jusqu'à présent abouti à aucun résultat.
Notre opinion sur la solution qu'exigeraient la justice
et l'intérêt bien entendu des deux États, n'a point varié,
et nous devons regarder comme notre premier devoir
de ne coopérer à aucun arrangement qui, sans répondre
aux aspirations de la population, pourrait par la suite
placer le Royaume dans une position difficile, vis-à-vis
d'une puissance avec laquelle nous désirons entretenir
de sincères relations d'amitié. Nous avons la conviction
que le gouvernement prussien ne peut qu'approuver ces
considérations, et nous aimons à croire qu'à la faveur
de cette communauté de vues, on réussira à amener la
solution depuis si longtemps attendue«.

Le Danemark ne renonça donc pas encore officiellement à l'espoir d'une solution satisfaisante ; mais cet espoir était bien faible et s'évanouissait de jour en jour.

Le mot final fut dit par le gouvernement autrichien, dans une dépêche que le comte de Beust adressa au comte de Wimpffen, ambassadeur d'Autriche à Berlin, et où il définissait la position de l'Autriche dans cette affaire. Elle est ainsi conçue :

Vienne, le 1er avril 1868.

Monsieur le Comte,

L'envoyé du roi de Danemark, M. de Falbe, m'a communiqué une dépêche contenant un compte rendu de la marche qu'ont suivie les négociations entre M. de Quaade et le conseiller de légation prussien Bucher, au sujet de l'exécution de l'article V du traité de Prague. Le cabinet de Copenhague n'a pu, dans cette dépêche, que constater l'insuccès qui, comme toujours, a rendu vaine cette nouvelle tentative de se mettre d'accord sur l'affaire du Slesvig septentrional.

Cette communication a été bientôt suivie d'un entretien que j'ai eu avec le baron de Werther, et je crois utile de faire connaître à Votre Excellence dans quel sens je me suis exprimé en cette occasion sur la question pendante du Slesvig.

J'ai déjà dit plusieurs fois que malgré l'insertion dans le traité, de la clause contenant la promesse prussienne de la rétrocession d'une partie du Slesvig, nous n'avons aucun désir d'intervenir dans cette affaire. Lorsque le comte de Bismarck a insisté dans le Reichstag sur le droit qui nous appartiendrait exclusivement de le faire, nous avons saisi cette occasion d'en dire notre sentiment, mais cela sans aucune intention (Votre Excellence se le rappelle) d'exercer une pression sur les résolutions du Gouvernement royal prussien. Nous nous sommes bornés à faire remarquer que sans aucun doute ce serait contribuer au maintien de la paix que de se prêter au prompt arrangement des questions en litige et de satisfaire des prétentions incontestablement fondées. Nous n'avons pas voulu aller plus loin ; d'aucune façon surtout nous n'avons entendu faire les affaires d'une puissance tierce — il n'y avait pour cela aucun motif — ni lui fournir le moyen de participer aux phases ultérieures de cette question.

Tel est encore aujour'hui notre point de vue, et le baron de Werther n'a certainement pas manqué de faire savoir à Berlin que j'étais bien loin de penser à faire au gouvernement prussien des propositions formelles ; que j'ai exprimé mon opinion uniquement parce que j'y étais provoqué, et que, d'un autre côté, je n'avais aucun motif de cacher notre manière de voir.

Cela dit, je devais avouer à mon interlocuteur que les lenteurs mises par le Gouvernement prussien à l'exécution d'un engagement qu'il ne peut pas nier, en principe, me paraissent peu propres à assurer le maintien de la paix. J'ai fait remarquer que, du point de vue prussien, l'exécution de l'article V du traité de Prague pourrait être envisagée de deux manières. On peut s'en tenir strictement, d'après la lettre de l'article, au vœu des populations constaté par un scrutin et céder au Danemark ceux des districts où la majorité se sera prononcée pour la réunion à ce pays.

Dans ce cas, je trouverais naturel que la Prusse demandât quelques garanties pour la minorité allemande assez nombreuse dans ces districts. Car ces assurances exceptionnelles seraient peut-être nécessaires pour ne pas rallumer le feu qui couvait toujours dans les plaintes des sujets allemands du Danemark, et ne pas perpétuer ainsi les différends dano-allemands.

Il en est, selon moi, autrement si la Prusse (et c'est la seconde manière d'envisager l'article V) veut une délimitation fondée non pas exclusivement d'après les nationalités, mais désire, pour des raisons dont je ne nie pas l'importance, que la frontière entre les deux pays soit déterminée aussi par des considérations politiques et stratégiques.

Dans cette seconde alternative, il s'agit seulement d'une petite bande de territoire habitée principalement par des

Danois, et je dois avouer que, dans ce cas, je serais porté
à recommander aux hommes d'État prussiens non-seulement
de laisser tomber purement et simplement toute la question
de garanties, mais encore de demander au Gouvernement
danois de favoriser l'émigration du petit nombre d'Allemands qui se trouvent dans le district rétrocédé, afin que
ce district devînt complétement danois. Ce ne serait là
d'ailleurs que se conformer à l'article XIX du traité de
Vienne qui établit la liberté entière d'émigration des deux
côtés.

Je laisse, du reste, à votre prudente appréciation de juger
si vous devez faire usage de la présente communication,
ou vous en tenir à la pensée que mon opinion sur toute
cette affaire doit être connue à Berlin par les rapports du
baron Werther.

Agréez, etc.,

Signé: **Beust.**

On voit par ce document, que le Danemark n'avait
pas grand appui à attendre de l'Autriche.

Il était écrit, du reste, que ma malheureuse patrie
déjà si injustement traitée recevrait encore une insulte
gratuite d'un autre point du globe, c'est-à-dire de l'Amérique du Nord. Le 24 janvier 1868 j'appris à Paris que
le Danemark s'était adressé au ministre des affaires
étrangères de France, pour lui demander ses bons offices
à propos des difficultés que le gouvernement ou, pour
mieux dire, le Sénat de Washington faisait pour ratifier le
traité relatif à l'acquisition des Antilles danoises. Le
marquis de Moustier aurait répondu, qu'il viendrait volontiers au secours du Danemark qui avait le bon droit
pour lui, mais qu'il croyait impossible, dans le moment,
de rien effectuer à Washington, où le congrés était très
hostile au président. Le président Johnson et le secrétaire d'état pour les affaires étrangères, M. Seward,

11*

étaient bien disposés en faveur de l'affaire, mais le congrès ne voulait pas donner de vote de confiance au
président d'alors.

Il arriva ce que le ministre des affaires étrangères de
France avait prévu dans cette curieuse question. Il y
a lieu de l'exposer tout au long, pour montrer comment
la grande et libre Amérique peut traiter un petit État
européen dont elle n'a rien à craindre. Voici, d'après
des actes et des rapports officiels, les détails circonstanciés de l'affaire.

Le 7 juin 1865 le ministre danois à Washington, M.
le général de Raaslöff, fut surpris de recevoir du secrétaire d'état, M. Seward, la confidence que les États-Unis
désiraient acheter au Danemark ses possessions des Antilles.

Le ministre danois ayant fait part de cette communication à son gouvernement, M. Bluhme, alors ministre
des affaires étrangères, refusa nettement de traiter de
cette affaire, mais le comte Frijs-Frijsenborg, qui prit
le portefeuille des affaires étrangères le 6 novembre 1865,
y accéda en principe et chargea le général de Raaslöff
d'obtenir du gouvernement des États-Unis une proposition nettement formulée. Après de longs pourparlers,
qui furent tenus secrets, ce but fut atteint; M. Seward
remit le 17 juillet 1866 au général qui était à la
veille de partir en congé pour l'Europe, une lettre officielle par laquelle le gouvernement des États-Unis offrait
cinq millions de dollars pour les trois îles St Thomas,
St Croix et St Jean. L'affaire se présentait donc d'une
façon très sérieuse de la part de l'Amérique, et il ne
restait plus qu'à régler quelques points secondaires concernant la vente. Le comte Frijs-Frijsenborg et le

ministre résident des États-Unis en Danemark, M. Yea-
man, poursuivirent donc les négociations à Copenhague, en prenant pour base l'offre qui avait été faite
à Washington. Elles portèrent d'abord sur le prix de
vente, puis sur un vote des habitants de ces îles, que
le comte Frijs demandait préalablement à la ratification
du traité par le Danemark.

Sur ces entrefaites, la guerre dont l'Europe était menacée au commencement de l'année 1867 à raison de
la question du Luxembourg, fournit au gouvernement
russe l'occasion d'offrir aux États-Unis la presqu'île
d'Alaska dans l'Océan Pacifique. Les négociations à ce
sujet furent bientôt terminées; une convention fut signée
le 29 mars 1867, par laquelle les États-Unis se rendaient
acquéreurs d'Alaska pour une somme de 7¹/₅ millions
de dollars. Le Sénat la ratifia, la Chambre des Représentants accorda la somme, et dès le 18 octobre 1867
la presqu'île était devenue territoire américain.

Le traité par lequel le Danemark cédait aux États-
Unis les îles de Sᵗ Thomas, de Sᵗ Croix et de Sᵗ Jean
pour 7¹/₂ millions de dollars, fut enfin signé le 24 octobre 1867, six jours après que le pavillon américain
eût été arboré sur le territoire d'Alaska. Un mois plus
tard, un tremblement de terre et un ouragan des plus
violents semèrent la dévastation et la ruine dans ces
îles. Les populations votèrent, le 9 janvier 1868, leur
annexion aux États-Unis; le 31 janvier 1868 le roi
de Danemark ratifia le traité d'aliénation, et il fut arrêté
que les ratifications seraient échangées à Washington
le 24 février suivant.

Mais, dans l'intervalle, avait éclaté entre le président
Johnson et le congrès un violent conflit, qui réduisit

le gouvernement à l'impuissance, en lui ôtant tout pouvoir et toute autorité. Il est possible que l'acquisition d'Alaska et le tremblement de terre de St Thomas aient eu une influence fâcheuse sur la conclusion de l'affaire. En tout cas, le résultat fut que le Sénat, ne s'étant pas prononcé sur le traité dans le délai fixé, continua de garder le silence, et que le gouvernement des États-Unis demanda durant la présidence de M. Johnson, à deux reprises successives, des prorogations de délai pour la ratification du traité, et après l'élévation à la présidence du général Grant le 4 mars 1869, une troisième prorogation jusqu'au printemps de l'année 1870. Ce dernier délai ayant aussi expiré sans que le Sénat de Washington eût rempli le devoir que lui imposait la constitution, de donner ou de refuser son consentement à la ratification du traité, le gouvernement des États-Unis fit savoir au gouvernement danois, qu'il ne pouvait rien faire de plus en cette affaire, attendu qu'il n'y avait aucune apparence que le Sénat consentît à la ratification du traité.

Dans l'intervalle, le général de Raaslöff, qui avait été rappelé en Danemark dans l'automne de l'année 1866, pour occuper le poste de ministre de la guerre, avait fait une tentative pour arriver à une solution satisfaisante pour le Danemark, en se rendant, en novembre 1868, à Washington, où il n'était pas sans influence grâce aux relations qu'il y avait nouées pendant qu'il occupait le poste de ministre plénipotentiaire de Danemark. C'est évidemment un sentiment de devoir patriotique qui avait déterminé le général à se charger en personne de cette mission, et à faire tous les efforts possibles pour obtenir le consentement du sénat à la ratification du traité. Il désirait mener à bonne fin une affaire dont l'issue malheureuse pouvait gravement compromettre les intérêts du Danemark.

Le général échoua. A Washington il trouva M. Seward indifférent, fatigué de la lutte avec le Congrès et obligé de prendre sa part de l'impopularité du président. M. Seward ne reconquit jamais son influence, et lorsque le général de Raaslöff eut un entretien avec le général Grant, peu de temps après l'avénément de celui-ci à la Présidence en mars 1869, le nouveau président se servit d'expressions où perçait un sentiment d'animosité à l'égard de Seward, en disant au sujet de l'acquisition des îles danoises :

»C'est encore un plan de Seward, avec lequel je ne veux avoir absolument rien à faire.«

Dans le cours de l'hiver de 1868—69 le général de Raaslöff eut de fréquents pourparlers avec le comité du Sénat pour les affaires étrangères, et surtout avec son président le sénateur Sumner; mais les dispositions étaient si hostiles à Johnson et à Seward qu'il n'y avait rien à obtenir d'eux. Sumner avait compris, d'après le courant d'opinion qui s'était déjà produit à propos de la convention d'Alaska, qu'il lui serait impossible de faire un rapport concluant au rejet par le Sénat du traité avec le Danemark; mais, de l'autre côté, rien n'avait pu le décider à donner son consentement à la ratification du traité, et il avait eu recours à un expédient qui consistait à ne faire aucun rapport. Le traité ne fut, en conséquence, jamais discuté au Sénat, bien qu'il ne pût y avoir aucun doute sur le devoir de cette assemblée de donner ou de refuser formellement son adhésion à un traité conclu par le président et soumis à cette assemblée en vertu des prescriptions de la constitution.

Personne n'avait prévu la possibilité d'un dénouement aussi contraire aux usages internationaux et aussi offensant; la supposition seule en eût paru une insulte à l'égard des Etats-Unis.

Le Sénat américain, par son étrange attitude en cette circonstance, a fait litière des égards qui sont dus même de la part de la plus grande puissance au plus petit État; d'autant plus que c'était l'Amérique qui avait pris la première initative et engagé le Danemark à entamer les négociations. On ne sait ce que l'on doit le plus blâmer : ou de l'absence de tout sentiment du devoir au sein du comité du Sénat; ou de la légéreté et du sans-gêne du ministre Seward, qui devait être bien au courant de la situation et savoir au moment où il concluait la convention, que selon toute probabilité il ne pourrait pas en obtenir la ratification; ou enfin du cynisme du président Grant et de l'indifférence de son secrétaire, M. Fish, à l'égard d'un engagement international pris par le gouvernement des États-Unis. Car, si le président Johnson, dans la dernière année de son administration, se trouvait impuissant vis-à-vis du Congrès, le gouvernement du général Grant était au contraire très-fort, et rien ne lui eût été plus facile que d'amener le Sénat à remplir son devoir constitutionnel, en donnant ou en refusant sa sanction au traité. Il importe d'instruire le public des véritables particularités de cette affaire, et de bien faire ressortir ce qu'il y a eu d'injuste et d'inexcusable dans la conduite des États-Unis à l'égard du Danemark.

Considérée au point de vue diplomatique général, l'affaire constitue un précédent bien arrêté pour l'interprétation de la constitution des États-Unis en ce qu'elle établit que le Sénat peut sans plus de façons séquestrer un traité conclu par le pouvoir exécutif.

Le Danemark n'a dans cette question commis ni négligence ni méprise, et ce n'est que sur les instances les plus pressantes et les promesses les plus solennelles qu'il a consenti à entamer l'affaire; ce précédent doit donc servir d'avertissement à toutes les puissances européennes, surtout aux petits Etats, qu'ils doivent à l'avenir se montrer très circonspects, et ne s'engager qu'avec les plus grandes précautions dans des négociations diplomatiques avec les États-Unis.

CHAPITRE X.

Perspectives de l'année 1868. Période de la paix armée. — La France et la Prusse activent leurs armements. — Paroles belliqueuses du roi de Prusse à Kiel. — Craintes sérieuses de guerre pendant l'été de 1868. — Agitation hanovrienne en France. — Formation d'une légion guelfe. Le gouvernement prussien essaye en vain de la faire dissoudre. — Mon audience chez la reine Isabelle, à Paris.

La fin de 1867 laissa l'Europe tourmentée par l'incertitude et par une oscillation constante entre la crainte d'une conflagration générale et l'espoir d'une paix durable. L'année 1868 fut aussi caractérisée par la même inquiétude et la même défiance. La nouvelle loi militaire ayant été adoptée en France, l'Europe était alors entrée dans la période qu'on peut appeler celle de la paix armée. La Prusse mesurait soigneusement ses armements sur ceux de la France, et l'Autriche faisait des efforts surhumains pour mettre une nouvelle et nombreuse armée sur pied. Le traité de Prague était encore, en apparence, le fondement sur lequel reposait le droit public international en Europe ; mais il restait inexécuté sur plusieurs points importants, entre autres sur les articles relatifs à l'établissement d'une confédération indépendante des Etats de l'Allemagne du Sud et à la rétrocession du Slesvig du Nord au Danemark. Le comte de Bismarck avait même ouvertement violé le traité de paix par les conventions militaires entre la Prusse et les États de l'Allemagne du Sud; tous les jours les articles de la presse et les discours tenus au sein des parlements allemands tendaient à faire comprendre que la situation actuelle devait être regardée comme transitoire, et que la Prusse avait l'intention de profiter de la première occasion favorable pour mettre fin au dualisme en Allemagne.

Dans les discours officiéls du trône et des ministres, les souverains et les hommes d'état de l'Europe cherchaient à atténuer la méfiance générale par des assurances de paix; mais la vérité s'échappait de temps en temps.

C'est ainsi que le général de Moltke fit au printemps de l'année 1868, la déclaration suivante au parlement de l'Allemagne du Nord : »La paix serait mieux assurée en Europe au moyen d'une puissance (la Prusse), sans le consentement de laquelle la guerre ne pourrait se faire ni la paix se conclure«. Aucune autre des grandes puissances du continent n'était d'humeur à se soumettre à une telle hégémonie allemande; et les armements immenses qui se poursuivaient étaient l'indice que toute tentative faite dans le but d'accroître la puissance de la Prusse viendrait se heurter à une résistance armée. Il est vrai que, vers la fin de l'été, lord Stanley, ministre des affaires étrangères en Angleterre, prononça un discours public dans lequel il émit l'opinion que la souveraineté absolue de la Prusse en Allemagne était inévitable, et que l'empereur des Français la reconnaîtrait probablement sans y voir un danger pour la France. Mais ni la France ni l'Autriche ne montraient de disposition à se ranger à l'opinion de lord Stanley; elles souffraient encore toutes deux des suites de la bataille de Sadowa, et les efforts qu'elles faisaient pour rendre leurs armées aussi fortes que possible, prouvaient qu'elles ne se prêteraient pas de bonne grâce à de nouveaux empiétements de la Prusse.

En France le maréchal Niel, ministre de la guerre, déclarait que la nouvelle organisation de l'armée était accomplie, et qu'il ne restait plus qu'à achever la formation de la garde nationale mobile dans les départements. On avait, en réalité, fait beaucoup pour l'armée française, bien que l'opposition au Corps législatif, comprenant mal les exigences d'un patriotisme éclairé, fît inconsciemment son possible pour empêcher la France de se trouver convenablement armée vis-à-vis de la Prusse. L'Autriche avançait un peu plus lentement; mais vers la fin de l'année, le feldmaréchal Kuhn, ministre de la guerre, pouvait cependant déclarer devant la délégation à Pesth, qu'au printemps de l'année 1869, l'Autriche aurait sur pied une armée de 600,000 hommes prêts à entrer en campagne.

Cette situation tendue impressionnait vivement les nerfs de la France. L'Empereur se trouvait dans une position difficile vis-à-vis du pays à cause des grandes dépenses extraordinaires nécessitées par les armements; mais, d'un autre côté, il n'osait pas se décider à une grande guerre. Aussi reconnut-il sans réserves la confédération de l'Allemagne du Nord et fit-il entrevoir qu'il allait adopter une politique plus libérale à l'intérieur, en faisant voter une nouvelle loi sur la presse, qui eut pour effet l'apparition à Paris et dans les départements d'une foule de journaux hostiles. L'opposition ne réussit pourtant pas encore à enlever à l'Empereur sa popularité en France, et le succès qu'obtint en septembre et octobre de cette année »*la Lanterne*« de Rochefort, en raison de ses attaques mordantes contre la personne et la famille de Napoléon, ne fut que de courte durée, ce pamphlet ayant été bientôt supprimé et l'auteur obligé de se réfugier à Bruxelles. Au sein du ministère français le parti de la guerre et celui de la paix étaient aux prises. MM. Rouher, de Moustier et Baroche désiraient le maintien de la paix, tandis que les ministres de la guerre et de la marine et le ministre de l'intérieur, M. Pinard, étaient d'avis que la Prusse mettait en jeu l'honneur de la France par ses provocations et l'obligerait à déclarer la guerre. L'Empereur balançait entre ses deux partis, et n'était peut-être pas très fâché de cette scission entre ses ministres qui lui laissait le choix libre. D'un côté, il permettait à M. de Moustier d'expédier aux agents de la France à l'étranger une circulaire pour appeler leur attention sur un discours tout en faveur de la paix qu'avait prononcé M. Baroche, ministre de la justice; d'un autre côté, il donnait raison au ministre de la guerre contre M. Rouher dans la commission du budget, et ne permettait aucune réduction dans les frais nécessités par la continuation des armements.

Les Français, qui sont logiques, commençaient à s'apercevoir que la situation était devenue critique; et comme les grandes questions en litige restaient sans solution, il devenait clair que plus la France serait armée, plus il serait difficile d'éviter une guerre. Si les armements de la France avaient été poussés aussi loin à l'époque de l'affaire du Luxembourg, la guerre à cette occasion-là n'aurait pu être évitée.

Voici le raisonnement que faisaient à ce moment les Français. Si la Prusse, d'une manière ou d'une autre, insulte ouvertement la France, si elle franchit trop rapidément et sans gêne la ligne du Mein, si par exemple elle jette une garnison dans Rastadt ou Kehl, l'empereur Napoléon sera obligé, pour sauver son prestige, de répondre par une déclaration de guerre.

Le comte de Bismarck ne paraissant pas sérieusement disposé à faire quoi que ce soit pour se concilier la France offensée, il n'est pas étonnant qu'au mois de juillet 1868 on parlât d'une guerre avec la Prusse comme d'une chose très probable. D'ailleurs les dispositions de l'Europe à ce moment étaient plutôt favorables à la France; elle pouvait compter sûrement sur une neutralité bienveillante du côté de l'Autriche. En Italie, les sympathies pour la Prusse avaient été très refroidies par la publication de la dépêche bien connue de M. d'Usedom, du 17 juin 1868, par laquelle l'Italie était sommée d'une manière assez cavalière de soulever la Hongrie et de marcher sur Vienne pour porter à l'Autriche le coup de grâce. Cette dépêche que le président du conseil des ministres italiens, M. de La Marmora, avait livrée à la publicité, parce qu'il avait été blessé de quelques expressions contenues dans une brochure de l'état-major prussien sur la participation de l'Italie à la guerre de 1866, fit une sensation immense en Europe, et ne contribua pas peu à envenimer les relations déjà très tendues de la Prusse et de l'Autriche. De plus, il est vraisemblable que l'Espagne avait promis un corps de troupes auxiliaires à l'empereur Napoléon en cas de guerre.

Au mois de septembre 1868 le roi de Prusse fit une tournée dans les duchés de l'Elbe; et entre autres incidents de ce voyage, il se servit des expressions suivantes en remerciant le recteur de l'université de Kiel du discours qu'il lui avait adressé : «Ce qui doit contribuer à vous rassurer, c'est de voir les représentants ici assemblés de mon armée et de ma marine, ces forces de la patrie qui ont prouvé qu'elles ne savent pas reculer lorsqu'il s'agit de relever le gant et de soutenir une lutte qui est imposée.« Ces paroles que le télégraphe transmit aux quatre coins de l'Europe, excitèrent vivement l'esprit public en France; et j'appris de personnes bien placées pour être informées, que l'empereur Napoléon fut alors sur le point de prendre une décision belliqueuse. Mais alors arriva la nouvelle que le roi Guillaume, dans une visite qu'il avait faite à la Bourse de Hambourg, avait prononcé un discours pacifique en déclarant qu'il ne pouvait comprendre comment on avait pu donner un sens belliqueux à la harangue de Kiel.

A cela vint s'ajouter un autre événement qui influa, sans doute, sur les projets de l'Empereur; je veux parler de la révolution espagnole qui se dénoua par la fuite de la reine Isabelle en France, et par la proclamation d'un gouvernement provisoire à Madrid.

A partir de ce moment on cessa de parler guerre à Paris, et l'automne se passa à échanger de tous côtés des assurances de paix.

Le 3 décembre M. Gladstone forma un nouveau ministère anglais, dont lord Clarendon fut membre comme ministre des affaires étrangères. Cet homme d'état avait toujours exercé une influence considérable sur l'empereur Napoléon, et ses représentations contribuèrent sans doute beaucoup, cette fois, au maintien de la paix.

Mais au dessous de cette surface en apparence paisible continuait pourtant à fermenter un levain de mécontentement, et l'on ne pouvait empêcher un sentiment très hostile à la Prusse de se manifester de temps en temps en France. Ce sentiment se traduisit d'une manière évidente dans les encouragements que le monde officiel donnait à l'agitation en faveur de l'indépendance Hanovrienne. Cette agitation a son histoire et forme un anneau très intéressant de la chaine d'événements, qui servirent de prologue à la lutte suprême de la Prusse et de la France.

Dès le printemps de l'année 1867, il se fonda à Paris un grand journal quotidien sous le titre de *La Situation*, qui se distingua par une attitude extrêmement hostile à la Prusse et se donna ouvertement pour mission de défendre les intérêts du roi de Hanovre dépossédé. Cette feuille, dont la rédaction ne répondit pas à l'attente générale, cessa de paraître en avril 1868, après avoir coûté au roi Georges V une somme considérable, 800,000 francs, assure-t-on. En outre, vers la fin de 1867, un agent hanovrien apparut sur la scène parisienne : M. Oscar de Meding, conseiller de régence et ancien chef de cabinet du roi Georges V. Cet homme, remuant et très-fin, jouissait alors malgré son origine prussienne de toute la confiance du roi exilé. Meding déploya bientôt une activité remarquable d'agitateur. Il avait des relations distinguées et était reçu dans l'intimité de la princesse Mathilde; il donnait le ton à une partie de la presse et publiait en même temps une correspondance lithographiée. Son hôtel de la rue Mansard, qui se distinguait par son aspect mystérieux, dans le coin d'un quartier très animé, devint bientôt le rendez-vous d'une foule de journalistes et d'hommes politiques des nationalités les plus hétérogènes.

A côté de cette agitation politique, dont le but ostensible était de travailler à la restauration de la maison royale des Guelfes, on procédait à la formation de ce qu'on appelait la légion hanovrienne.

Après la conclusion du traité de Prague, un certain nombre d'anciens militaires hanovriens, la plupart sous-officiers, s'étaient expatriés pour se soustraire au service dans l'armée prussienne. Ils s'assemblèrent d'abord, en mai 1867, en Hollande, où le gouvernement leur interdit bientôt le séjour; puis en Suisse d'où, au mois de janvier 1868, ils tombèrent tout à coup en France au nombre de 450. Ce nombre s'accrut rapidement par l'arrivée de nouveaux volontaires du Hanovre, et cette légion ainsi formée s'éleva au chiffre de 8 à 900 hommes, tous très-bien exercés, commandés par treize officiers, ayant à leur tête le capitaine Hartwig. Parmi les autres chefs, le major Düring, ainsi que les capitaines Holle et Tschirtznitz se distinguaient surtout par leur ardeur à servir la cause du roi.

La légion s'assembla d'abord en Alsace, puis se divisa et alla s'établir dans plusieurs départements, à l'ouest et au sud de Paris, principalement dans les villes de Tours, de Blois, d'Orléans, de Chartres, du Mans, d'Amiens etc. Les exercices avaient lieu régulièrement, et toute l'émigration hanovrienne était organisée sur un véritable pied militaire.

Le gouvernement prussien fut naturellement très irrité

de cette organisation, qui avait le patronage du roi Georges, et à laquelle le gouvernement français n'opposait aucun obstacle. Le 3 mars 1868, la fortune du roi Georges fut confisquée sous prétexte qu'il était en état d'hostilité envers la Prusse. Peu de temps après, son ministre des affaires étrangères, le comte Platen, fut condamné pour crime de haute trahison, par le tribunal d'État, à une longue série d'années de travaux forcés, et les officiers attachés à la légion guelfe, à dix ans de la même peine par contumace. Quant aux simples soldats et sous-officiers, un ordre du cabinet prussien du 3 mai leur assurait l'impunité, s'ils retournaient en Hanovre avant le 1er juillet. L'ambassadeur de Prusse à Paris, le comte de Goltz, se donna bien du mouvement à cet effet et fit délivrer des passeports et promettre de l'argent à un nombre considérable de membres de la légion guelfe. Ceux-ci vinrent à Paris, reçurent leurs passeports et de l'argent, qu'ils dépensèrent en amusements pendant quelques jours; puis ils retournèrent à la légion.

Le 22 mai, 757 membres de la légion signèrent un manifeste par lequel ils renonçaient à l'amnistie éventuelle que leur accordait le gouvernement prussien, et l'agitation hanovrienne continua ainsi longtemps encore en France.

Vers la fin de l'année 1868, le sort voulut qu'une autre tête couronnée, bannie de ses États, vînt demander l'hospitalité de la France impériale. La reine Isabelle d'Espagne, expulsée de son royaume au mois de septembre, s'était réfugiée sur le territoire français; elle s'établit provisoirement au château de Pau; de là elle se rendit, le 6 novembre, à Paris, où elle acheta, quelque temps après, le magnifique hôtel de l'avenue du Roi de Rome, qu'elle a toujours occupé depuis.

Sa Majesté trouva cependant en France moins d'appui qu'on n'en avait prêté à la cause du roi de Hanovre. Elle n'était accompagnée d'aucun personnage politique. A une audience qu'elle m'accorda vers la fin de l'année 1868, la reine m'exprima, il est vrai, sa conviction, que la restauration de sa dynastie serait une nécessité pour le peuple espagnol; mais elle déclara, en même temps, qu'elle et ses partisans se tiendraient, pour le moment, complétement tranquilles et attendraient les événements.

La reine ne voulait pas évidemment aggraver les difficultés déjà trop nombreuses avec lesquelles l'Empereur avait à lutter.

CHAPITRE XI.

Ma retraite du service civil danois. J'entre à la rédaction du Moniteur universel. — Tournée dans l'Europe centrale. — Entretien avec M. de la Guéronnière à Bruxelles. — Arrivée à Berlin le 27 juillet 1869. — Audience chez le comte de Beust à Vienne, le 9 août. — Audience chez le roi de Hanovre le 13 août. Relation des derniers jours de la monarchie hanovrienne. — Séjour à Munich et à Baden-Baden. — Retour à Paris.

Au commencement de l'année 1869, un changement important se produisit dans ma position personnelle. Le ministre de la justice danois, dont je relevais alors, m'avait mis en demeure d'opter entre ces deux partis : ou retourner en Danemark et y reprendre mes fonctions, ou, dans le cas contraire, être mis à la retraite. Comme je ne voulais en aucun cas retourner dans mon pays avant que la question du Slesvig du Nord eût été décidée d'une manière ou d'une autre, je choisis le dernier parti, et je fus, le 30 janvier, congédié après seize ans de service.

Vers la même époque, j'entrai, à la recommandation

du comte de Chaudordy dans la rédaction du *Moniteur universel*, qui venait alors justement de perdre son caractère officiel et était devenu un organe indépendant. Sous l'habile administration de son directeur, M. Dalloz, il acquit bientôt une influence considérable en France et à l'étranger. J'ai occupé pendant dix ans, sans interruption, mon emploi au *Moniteur*, qui eut pour moi l'avantage de me permettre d'étendre sensiblement le cercle de mes connaissances, aussi bien dans le domaine de la situation intérieure de la France que dans celui de la politique extérieure. M. Dalloz avait su s'entourer d'un groupe d'hommes de talent, parmi lesquels je me liai surtout avec M. Jules Valfrey, qui, quoique bien jeune encore, était déjà à cette époque un écrivain politique de premier ordre. J'ai connu peu de Français aussi versés que lui dans la politique extérieure, et qui s'entendissent à traiter les questions les plus délicates avec une sûreté de vues et une modération aussi grandes. Après avoir acquis une réelle autorité comme écrivain diplomatique, M. Valfrey est entré, il y a quelques années, au ministère des affaires étrangères, comme sous-directeur, et il y occupe encore un poste très distingué. M. Erneste Grégoire, avocat, avec lequel j'étais lié d'amitié depuis plusieurs années, fut installé en même temps que moi comme collaborateur du *Moniteur*, où il eut occasion d'utiliser ses lumières et sa connaissance des langues étrangères.

La première moitié de l'année 1869 s'écoula sans que la paix fut troublée, et à tout prendre, sans grand mouvement dans la politique extérieure. Pendant ce temps, on ne parla pas une seule fois de guerre; il ne faut pourtant pas chercher la cause de cette réserve dans un affermissement de la confiance réciproque, mais bien dans la situation intérieure des divers États, qui absorbait l'attention et la détournait de l'étranger. C'était le cas surtout en France, où la question du gouvernement libéral était à l'ordre du jour, et où il devenait évident que l'Empereur serait bientôt obligé de s'entourer d'un ministère parlementaire. Les élections générales qui eurent lieu en France les 23 et 24 mai, envoyèrent quatre-vingt-treize membres de l'opposition au Corps législatif, et un grand nombre de journaux se mirent à réclamer des concessions très étendues.

Une fois le différend gréco-turc relatif à l'île de Crète réglé par la conférence de Paris, au mois de février, la politique étrangère de la France parut prête à entrer dans une phase tout-à-fait passive. Je m'absentai en conséquence de Paris pendant l'été, et fis au centre de l'Europe une tournée intéressante. J'en ai consigné les observations les plus marquantes dans un journal dont voici les principaux feuillets :

Bruxelles, le 18 juillet 1869.

Je suis allé rendre visite ici à M. le vicomte de la Guéronnière, qui a été nommé l'année dernière ministre de France près la Cour de Belgique. Après le déjeuner, la conversation s'est engagée sur les relations de la France et de la Belgique, qui avaient été assez tendues dans les derniers temps. Au mois de mars s'était élevé le différend connu sous le nom de question des chemins de fer franco-belges, différend dans lequel l'Angleterre et l'Allemagne avaient cru voir une tentative indirecte, de la part de la France, pour s'annexer la Belgique. M. de la Guéronnière avait pour mission principale de régler cette affaire.

Je demandai au ministre de France s'il était vrai, comme la presse anglaise l'avait affirmé, qu'il s'était montré très-dur envers la Belgique :

»Cela se peut«, répondit-il, »mais, en tous cas, j'ai rendu service aux deux pays, en donnant au gouvernement belge la conviction que l'Empereur était décidé à ne pas céder sur le point principal. Aussi le cabinet de Vienne, et peut-être aussi celui de Berlin, ont ils conseillé au cabinet de Bruxelles, de ne pas montrer de l'entêtement dans une question dont les conséquences pourraient devenir très dangereuses. C'est ainsi que s'explique le succès qu'a obtenu la diplomatie française, et c'est la première fois que la Belgique a permis à la France de s'immiscer dans ses affaires. Ce point capital une fois bien établi, il a été facile aux membres de la commission française d'en tirer les conséquences. Les résultats obtenus par la convention qui est maintenant conclue sont considérables, au point de vue économique, politique et surtout stratégique. Ils sont le commencement d'une union commerciale entre la France et la Belgique, et les relations de ces deux pays en seront probablement, à l'avenir, plus intimes, même sous le rapport politique. Au point de vue stratégique, il ne faut pas perdre de vue que Blücher, en 1815, a pénétré en Belgique par la vallée de la Meuse, manœuvre qui décida du sort de la bataille de Waterloo. Lors de l'affaire du Luxembourg, il y a deux ans, le plan prussien était aussi d'attaquer les Français par cette même vallée. Maintenant, au contraire, l'exploitation du chemin de fer du Luxembourg, qui passe par Pépinster et Liége, et s'étend jusqu'aux ports de mer hollandais, est assurée à la compagnie française de l'Est. Cette longue ligne, qui court parallèlement au Rhin, est dorénavant fermée aux opérations stratégiques du côté de la Prusse. Et puis, la France ayant le droit d'établir des trains directs le long du Rhin, de Bâle à Anvers, le port de cette dernière ville, qu'à l'instigation des Anglais on avait voulu fortifier contre la France, se trouve mis en communication permanente avec la France. A quelque point de vue qu'on envisage la chose, la France a obtenu par cette convention des avantages considérables, alors même qu'ils ne devraient être recueillis que dans un avenir plus ou moins éloigné.«

J'écoutai non sans une certaine surprise ces paroles du ministre de France.

Le même soir, je pris le chemin de fer pour la Hollande où je voulais visiter une Exposition internationale à Amsterdam.

Berlin, le 27 juillet 1869.

En quittant la Hollande pour me rendre en Allemagne, j'ai vu une cinquantaine de paysans travailler à une redoute dans le voisinage d'Utrecht. »Ce sont nos nouvelles fortifications« me dit un Hollandais. »Nous pouvons submerger Amsterdam en cas d'attaque de l'ennemi; mais il est nécessaire de défendre les digues; c'est pourquoi l'on construit cette redoute, qui commandera les environs et empêchera l'ennemi de trop s'approcher de la ville par terre.«

»De quel ennemi voulez vous donc parler?« demandai-je.

— La Prusse, naturellement, qui nous touche de trop

près. Jusqu'à ce jour, tout le pays a été ouvert depuis la frontière prussienne«.

Bien qu'à la vérité, je ne pusse m'expliquer cette frayeur soudaine de la Prusse, les paroles du Hollandais firent sur moi une impression profonde qui s'accrut encore lorsque je vis en route, à toutes les gares quelque peu importantes, des wagons destinés au transport des troupes. Il est évident, pensai-je, que la Prusse est prête à diriger son armée sur n'importe quel point.

A mon arrivée ici, j'allai rendre immédiatement visite à un de mes amis, un ancien diplomate dont les appréciations sur les hommes et les événements m'avaient toujours été très précieuses.

·»Le but réel de la politique prussienne«, me dit cette fois ce personnage, »est de réduire peu à peu la France à l'état de puissance de second rang, à l'état d'une seconde Espagne. Pour atteindre ce but, la Prusse a besoin de la paix en ce moment; chaque jour qui s'écoule sans guerre, est autant de gagné pour elle. C'est une tâche difficile de s'assimiler complétement le Hanovre. les duchés de l'Elbe et la Hesse; elle n'y réussira peut-être pas en vingt ans; mais c'est une difficulté qui découle naturellement des événements accomplis. La Prusse y était préparée et elle s'est faite à cette idée dès ses premières conquêtes. Elle espère tout gagner en gagnant du temps, et en réussissant à maintenir la paix«.

»Pour les mêmes raisons, les vrais Prussiens, les conservateurs et toute la noblesse, ne veulent pas, pour le moment, annexer l'Allemagne du Sud. Outre qu'ils se sentent déjà assez forts pour se défendre contre toute attaque, ils ne veulent pas susciter des difficultés intérieures en s'annexant les radicaux du Wurtemberg et de

Bade, qui sont voisins de la Suisse ultra-démocratique.
Les conservateurs, de même que tous les Allemands, sentent
néanmoins que l'Allemagne ne peut consentir à
rester éternellement divisée. Ils désirent d'abord, par une
fusion complète des pays contigus, avoir une Allemagne
du Nord ou une Prusse très puissante; puis, lorsqu'ils
n'auront plus à craindre que l'élément prussien soit absorbé
dans l'élément allemand, ils diront un beau jour
à l'Allemagne du Sud : »Joignez-vous à nous complétement,
bon gré, mal gré«. Ce n'est que lorsque toute l'Allemagne
sera ainsi unie, qu'on dira à la France : »Tu
n'as plus rien à dire; tiens-toi tranquille, occupe-toi de
tes seules affaires.«

»Le comte de Bismarck n'est nullement opposé à cette
politique, quelque adroitement qu'il réussisse à cacher
son jeu. Il s'allie aujourd'hui à un parti, demain à un
autre, selon qu'il croit nécessaire de s'en servir pour
atteindre son but, qui, pour le moment, est d'organiser
la Confédération du Nord. A cet effet, il se sert des
nationaux-libéraux et feint d'être très hostile aux conservateurs.
surtout à l'égard des ministres Eulenbourg
et Mühler; et pourtant cet honnête et habile Eulenbourg
est un des plus anciens amis personnels de Bismarck.
Ce que l'on sait pertinemment, c'est qu'il n'y
a personne que M. de Bismarck ne sacrifiât, s'il le
croyait nécessaire à sa politique; il est, du reste, souffrant,
très nerveux et impressionable. Il résidera, sans
doute, à Varzin jusqu'à la fin de l'année, bien que ce
soit lui qui tienne les rênes du gouvernement; car rien
d'important ne se fait sans lui. M. de Thile reçoit les
ministres étrangers; M. de Bismarck, depuis quelques
années, ne donne que rarement audience aux diplomates.

On ne croit pas ici que M. de Benedetti quitte Berlin où il a réussi à aplanir beaucoup de difficultés. Aussi jouit-il de la considération de la Cour et des hommes d'État prussiens. Comme Français, il a naturellement des ennemis ici. Quelques-uns pensent qu'il a sensiblement contribué à la guerre de 1866, dont l'issue n'a pas répondu à son attente, et qu'il désire par conséquent une revanche; on en dirait autant, du reste, de tout Français qui viendrait à Berlin comme ambassadeur.

Berlin, le 1er août 1869.

J'ai eu un entretien avec un homme politique prussien, dont j'avais pu apprécier les qualités en 1866. C'est un homme intelligent et modéré, qui, en raison de la position qu'il occupe, doit être bien renseigné. Il s'est exprimé ainsi :

»J'avoue que le maintien de la paix est d'une grande importance pour la Prusse; mais, quelque disposé qu'on soit à croire à la paix, je ne puis voir les choses sous un jour aussi favorable que bien des gens.

»Je me demande d'abord quelle est la politique de M. de Bismarck à l'égard des grandes puissances? Il n'en a aucune, pour le moment, et l'on ne saurait dire que ce soit heureux. On assure qu'il est bien avec l'Angleterre; je crois qu'on pourrait plutôt se servir de l'expression »assez bien«. Tout le monde sait ce que pense de nous le comte de Beust; il est vrai que, dans toutes ses dépêches, il n'a fait que taquiner M. de Bismarck. Nous savons tous que l'Autriche ne peut ni ne veut faire la guerre; et pourtant l'Autriche n'est pas notre amie. L'Italie nous fera faux-bond, si elle a intérêt à se mettre contre nous. La retraite de M. d'Usedom n'a été, à

vrai dire, qu'une affaire personnelle; M. de Bismarck
l'a sacrifié, comme il sacrifiera tous ceux qu'il n'aime
pas et pourtant l'alliance avec l'Italie n'existe plus. La
nature de nos relations avec la France est assez connue;
quant aux petits États, nous avons agi envers eux de
telle sorte qu'aucun d'eux ne nous croit plus sur parole.
Voilà la difficulté pour nous : nous violons les traités
que nous avons conclus, ou nous n'en remplissons pas
les engagements, et, comme conséquence, la confiance
en nous s'évanouit partout.«

»Quant à la situation intérieure, nous avons d'abord
quelques provinces qui sont désolées par la famine; puis
l'argent en général est rare chez nous. Voyez Berlin;
vous y trouverez quelques fortunes considérables, mais
la grande majorité de la classe moyenne ne possède rien.
Dans notre Parlement, les nationaux-libéraux et les démocrates sont mécontents de voir toujours prévaloir le
vieux régime bureaucratique; on a refusé de voter des
taxes absolument nécessaires, et, dans deux ans, nous
aurons à discuter de nouveau la question de l'entretien
de l'armée, qui a été fixé pour cinq ans (à 250 thaler
par homme). On ne peut prévoir, en présence du mécontentement général, comment cette question sera résolue. On a oublié déjà une fois ces procédés violents,
parce que le roi a eu la victoire pour lui. Fera-t-on de
nouveau la même tentative et sera-t-on derechef victorieux? Je sais que M. de Moltke est encore plein de
confiance, et qu'il est toujours sûr de vaincre. Or, ne
perdez pas de vue que ce sont les militaires qui gouver-
nent à Berlin. Il ne faut pas nous faire d'illusions : nous
dépendons complètement du parti militaire. Il est toujours possible que pour se maintenir au gouvernail, ce

parti suscite quelque guerre ; il est en mesure de tout faire, et **M.** de Bismarck, qui est le véritable maître, en fera de même, s'il se trouve un beau jour — ce qui n'est nullement impossible — au bout de ses finesses. Pour toutes ces raisons, je ne saurais trouver notre position digne d'envie.«

Vienne, le 10 août 1869.

A mon arrivée ici, hier, je sollicitai une audience du chancelier autrichien. M. le comte de Beust, me fit obligeamment savoir qu'il était prêt à me recevoir le lendemain matin à sa résidence officielle du Ballhausplatz.

C'était la première fois que j'avais l'honneur de m'entretenir avec cet homme d'État, qui n'avait pas, il est vrai, comme son collègue de l'Allemagne du Nord, des victoires éclatantes et des traités de paix glorieux à son actif, mais qui occupait pourtant un des premiers rangs en Europe, en raison de sa haute intelligence et de son expérience de diplomate.

Le comte de Beust s'exprima assez librement sur la situation :

»Il est probable qu'on n'est pas content de moi à Berlin,« me dit le chancelier. »Je dirige la politique de l'Autriche, et, tant qu'on ne me fera pas de propositions raisonnables à Berlin, je ne ferai aucune concession. Or, soyez convaincu que la Prusse n'offrira rien à l'Autriche, tant que je serai ministre. Nous savons bien quel est le but des Prussiens; mais espérons qu'il s'écoulera beaucoup de temps avant qu'ils obtiennent ce qu'ils désirent. J'ai dit hier, dans mon discours au *Reichsrath*, que l'Autriche et la France sont sur un pied d'amitié très cordiale; cela déplaira, sans doute, aux Prussiens. Mais il n'y à rien à y faire; c'est la vérité, et la France et l'Autriche sont assez fortes pour garantir la paix à l'Europe. Je me permettrai d'ajouter que s'il y a un ministre qui ait pris à cœur de maintenir la paix, c'est bien moi. On peut dire, du reste, que tout va mieux maintenant en Autriche; il est vrai que les Hongrois ne se font pas une idée nette de leur position; il y a quelque chose de confus dans leur politique, mais avec de la patience, nous finirons par savoir précisément ce qu'ils veulent.

Le chancelier me donna, en terminant, son opinion sur la question du Slesvig du Nord, et me dit qu'il n'y pouvait rien faire, avant que le Danemark se mît lui-même en mouvement.

Gmunden, le 13 août 1869.

Je suis arrivé hier dans cette jolie petite ville, dont le nom est si difficile à prononcer pour les étrangers, et qui est renommée pour sa situation ravissante au cœur de la Haute-Autriche, un des plus beaux paysages de l'Europe. Le calme et le caractère pittoresque de cette contrée y ont attiré un certain nombre de notabilités, telles que le duc de Wurtemberg, les comtes de Belcredi, de Crenneville, de Schmidegg, etc.

Le roi Georges V a loué, il y a quelque temps, dans le voisinage de la ville, une villa à laquelle on arrive par un chemin sinueux, et qui s'appelle »villa Thun«, du nom de ses anciens propriétaires, les comtes de Thun.

J'avais été informé par écrit que le roi de Hanovre m'attendait en audience à 11 heures du matin. En me rendant en voiture, de l'hôtel à la villa Thun, je ren-

contrai en route un homme de haute taille et d'un
extérieur distingué dont la figure accusait bien la cinquantaine. Il donnait le bras à une jeune femme blonde d'une
grande beauté, dont les traits avaient à la fois une expression d'énergie et de mélancolie. C'était Georges V,
qui venait de sortir de la villa, appuyé sur le bras de
sa fille aînée, la princesse Frédérique, pour faire un tour
de promenade dont j'appris le but quelques instants
après.

Une demi-heure après mon arrivée, un aide-de-camp
me conduisit auprès du roi, qui me pria de l'excuser de
m'avoir fait attendre; il était sorti avec sa fille, pour
aller rendre visite à une famille, dont le chef, un de
ses serviteurs, était mort la nuit précédente : »Je vous
dois des excuses«, ajouta Sa Majesté, »car lorsqu'on a
fixé une audience, on doit se trouver au rendez-vous à
l'heure indiquée. Mais une bonne action porte son excuse
en elle-même.«

Le roi s'entretint ensuite longtemps avec moi de l'Allemagne et de la situation générale de l'Europe :

»Je suis convaincu,« dit le roi, »que l'état de choses
actuel en Allemagne n'est que provisoire. J'ai le ferme
espoir que je rentrerai dans mon royaume, et je regarde
la détresse du moment comme une épreuve passagère
envoyée par la Providence. Les Hohenzollern se bercent
d'illusions, s'ils pensent pouvoir régner toujours sur une
Allemagne unie. Les différentes races, dont se compose
sa population, ont toujours été et seront toujours autono-
mes; elles ne se laisseront jamais gouverner par un
seul, encore moins par les Prussiens qui ne sont, à vrai
dire, que des Slaves avec un vernis allemand. Mais je
reconnais que les Hohenzollern pourront militairement

dominer toute l'Allemagne pendant quelque temps, si on les laisse faire. La confédération du Nord, une fois affermie, engloutira l'Allemagne du Sud, et bientôt après les provinces allemandes de l'Autriche. Mais alors arrivera le moment où la révolution éclatera en Allemagne, et y fera éclore plusieurs républiques. Je vous dis tout ceci comme simple observateur, sans arrière-pensée et sans songer à la position dans laquelle je me trouve, ainsi que mon malheureux pays.«

»Ah! que les temps sont changés!« continua le roi, »depuis le jour à jamais mémorable où, en 1859, je me trouvais à Bade avec le roi Guillaume, alors prince-régent, et les autres rois confédérés de Saxe, de Bavière et de Wurtemberg! Le prince-régent de Prusse, tout à ses devoirs comme membre de la confédération germanique, nous révéla les propositions séductrices qui lui avaient été faites de divers côtés, et qui tendaient à agrandir la Prusse aux dépens d'autres États allemands. Et le prince-régent nous donna la main en nous promettant de défendre énergiquement les droits de la confédération ainsi que la patrie allemande. C'était une réunion cordiale, vraiment fraternelle. Mais comme je vous l'ai dit : Tempora mutantur.«

Le roi Georges V était convaincu que l'empereur Napoléon se verrait tôt ou tard obligé d'accepter ou même de commencer une guerre contre l'Allemagne, pour sortir d'une position insoutenable, dont la France elle-même souffrait de plus en plus. »Le prestige de la guerre de Crimée et de la guerre d'Italie«, s'écria le roi, »est tout à fait perdu pour Napoléon III. Le comte de Bismarck ne sait point faire de quartier, et une guerre serait une lutte à mort entre les deux dynasties, dont l'une renverserait l'autre.«

En terminant, le roi eut la bonté de me remettre une relation très intéressante des derniers jours du royaume de Hanovre, qui avait été rédigée à l'époque, sous la dictée de sa Majesté.

Après cet entretien qui avait duré une bonne heure, sa Majesté poussa la condescendance jusqu'à me faire conduire sur la terrasse de la villa, d'où l'on avait une vue splendide sur le pittoresque paysage qui se déroulait à nos pieds. Le roi m'indiqua du doigt dans le lointain la rive opposée du lac de Traun où il y avait un restaurant, auquel le propriétaire lui avait demandé la permission de donner le nom de »restaurant du roi de Hanovre.« »Voilà,« dit sa Majesté, »le but de prédilection de mes promenades. Je m'y rends à pied tous les jours et j'en reviens de même; cela fait un bon mille allemand.«

Une demi-heure après, je quittai cette modeste résidence royale, et après deux heures de chemin de fer, j'arrivai à Lambach, ville située entre Linz et Salzbourg, pour continuer mon voyage vers l'ouest.

La relation dont il est question plus haut, du sort du royaume de Hanovre, est ainsi conçue :

Le roi Georges avait parfaitement pénétré, depuis longtemps, les intentions de la Prusse à son égard, et, du moment où M. de Bismarck fut mis à la tête du gouvernement de Berlin, il ne fut plus douteux, pour le roi de Hanovre, que la politique d'annexion allait se mettre à l'œuvre en Allemagne. Mais la situation géographique de son royaume l'obligeait à la plus grande prudence. Aussi, tout en défendant, à Francfort, la constitution fédérale, il se montra très-modéré, et prit en quelque sorte un rôle intermédiaire entre la Prusse et l'Autriche. Pour la même raison, bien qu'il prévît la guerre, et malgré les armements de la Prusse, il ne voulut pas ordonner la mobilisation afin de ne fournir à la Prusse aucun prétexte d'agression. Aussi, les événements, dans leur marche rapide, surprirent le Hanovre en plein état de paix.

Le 13 juin, à deux heures de la nuit, le prince d'Ysenburg, ministre de Prusse près la cour de Hanovre, vint réveiller le comte Platen, ministre des affaires étrangères du roi Georges, en lui disant qu'il venait de recevoir un télégramme de M. de Bismarck avec ordre de le communiquer sans aucun retard. Dans ce télégramme le roi Guillaume demandait au roi de Hanovre l'autorisation de faire passer pacifiquement, par le territoire hanovrien, un corps d'armée de 50,000 hommes venant du Holstein.

Le roi Georges était à Herrenhausen, résidence royale à une demi-lieue de Hanovre. Le comte Platen lui communiqua le télégramme de bonne heure le lendemain matin, et le roi, bien qu'à contre-cœur et malgré de funestes pressentiments, donna l'autorisation demandée, ce dont le prince d'Ysenburg reçut avis immédiatement.

Le même jour, 14 juin, à huit heures du soir, l'aide de camp général du roi Georges lui annonçait que, d'après des informations authentiques, 27,000 Prussiens, venant de Minden, étaient échelonnés sur la frontière sud du royaume et prêts à entrer, eux aussi, sur le territoire hanovrien.

Le lendemain, 15 juin, à huit heures du matin, le

prince d'Ysenburg, après avoir vu le comte de Platen, venait à Herrenhausen demander une audience du roi, qui lui était accordée une heure plus tard.

Le ministre prussien dit au roi :

»— Sire, nous avons passé la nuit à genoux, mon épouse et moi, et nous avons supplié Dieu d'inspirer à Votre Majesté l'esprit de sagesse et de la guider dans la résolution qu'Elle prendra au sujet de la communication que je suis chargé de Lui faire de la part de mon auguste maître. Sire, vous tenez dans vos mains la paix de l'Allemagne. J'ai ordre de vous donner lecture de la sommation que voici.«

M. d'Ysenburg lut alors de vive voix un ultimatum d'après lequel le roi de Hanovre devait mettre à tout jamais les forces militaires de son royaume sous le commandement du roi de Prusse, et accepter des conditions qui auraient fait de lui un simple préfet au service de la Prusse. On donnait au roi jusqu'à minuit du même jour pour accepter. A l'expiration de ce délai, la non-acceptation devait être considérée comme une déclaration de guerre.

A cet ultimatum, le roi Georges répondit en ces termes :

»— Je vous prie de répondre au roi Guillaume que je ne pourrai ni ne voudrai jamais consentir à accepter de pareilles conditions. Je m'en tiens à la constitution fédérale que le roi de Prusse a, comme moi, promis d'observer, ainsi que l'avaient fait avant lui son frère et son père. La Confédération germanique est une union de souverains ayant des droits égaux, et le roi de Prusse n'a pas le moindre droit de demander que les autres membres de la Confédération se subordonnent à lui. Je refuse comme chrétien, comme Guelfe et comme roi, d'accep-

13*

ter des conditions qui ne sont compatibles ni avec mes
principes, ni avec mon honneur. Le prince royal, mon
fils bien-aimé, qui est ici à mes côtés, et tout mon peuple
fidèle sont entièrement d'accord avec moi là-dessus. Nous
sommes tout prêts à défendre jusqu'à la dernière goutte
de notre sang, l'indépendance du trône et du royaume
de Hanovre. Nous vaincrons ou nous succomberons honorablement. »

L'audience terminée, le roi manda auprès de lui ses
ministres, et fit jouer le télégraphe dans toutes les direc-
tions, pour donner l'ordre aux troupes de se concentrer
à Gœttingue. En même temps, ordre était donné d'enlever tout le matériel des chemins de fer de Harbourg et
de Minden et de couper la voie.

Quelques heures plus tard, toujours le 15 juin, le comte
de Platen recevait un télégramme du chef de l'état-major
du général Manteuffel. Par ce télégramme, expédié du
bureau de Harbourg, c'est-à-dire sur le territoire hanovrien, le général prussien demandait qu'on mît à sa disposition des wagons pour transporter un corps d'armée de
50,000 hommes, lequel était, disait-il, celui-là même auquel le roi Georges avait permis de traverser le Hanovre.
Le roi fit immédiatement répondre par un refus, mais
néanmoins les 50,000 hommes traversèrent l'Elbe le même
jour, et entrèrent en Hanovre dix heures avant l'expiration du délai fixé par l'ultimatum présenté le matin même.

Presque en même temps, les 27,000 hommes réunis
à Minden, entraient en Hanovre par la frontière sud.
Voilà ce que signifiait le passage pacifique par le territoire du royaume demandé pour les troupes prussiennes.

Dans l'après-midi de ce jour mémorable, le roi, très-
ému de ce qui venait de se passer, et voyant se réaliser

ses plus sombres pressentiments, consacra tous ses efforts
à activer la mobilisation, œuvre d'autant plus difficile
que le pays se trouvait à ce moment sur le pied de paix
absolu. Dans le conseil des ministres tenu le soir, il fut
décidé d'envoyer à Londres 23 millions de thalers mon-
nayés appartenant à la couronne et à l'État. La réponse
officielle à l'ultimatum de la Prusse fut rédigée par le
conseiller de régence, M. Meding, et expédiée le même
soir. Il fut résolu que la reine et les deux princesses,
ses filles, resteraient à Herrenhausen, tandis que le roi
et le prince royal se rendraient à l'armée. A minuit,
au moment précis où, par l'expiration du délai fixé, la
guerre se trouvait déclarée, le roi et le prince royal
quittaient la capitale; ils arrivèrent quatre heures après
à Gœttingue, où des troupes de toutes armes commençaient à affluer.

Le 18 juin, le général Vogel de Falkenstein, commandant de la portion des troupes prussiennes qui occupait
alors la ville de Hanovre, demanda une audience à la
reine. Celle-ci le reçut, entourée de sa cour, dans le grand
salon du château de Herrenhausen, et lui adressant la
parole dès qu'il parut devant elle:

« — Général, dit-elle, je vous reçois parce que vous
commandez l'armée d'une puissance à laquelle il faut se
soumettre pour le moment. Mais je mets ma confiance
dans la justice éternelle. Notre bon droit est tellement
clair, notre cause tellement juste que le jour de la réparation, j'en ai la conviction, arrivera tôt ou tard. »

Le général prussien, interdit et tout pâle, ne répondit
pas un seul mot et quitta immédiatement le château avec
son état-major.

Le 21 juin, la mobilisation de l'armée hanovrienne était

achevée, par un véritable tour de force, cinq jours après les premiers ordres donnés. Le même jour, à cinq heures du matin, elle se mettait en mouvement vers le sud. Quelques jours auparavant, le comte Ingelheim, ministre d'Autriche près la cour de Hanovre, était venu au quartier général du roi, demander à faire la campagne avec lui. Il acheta un cheval et une selle, et, pendant toute la campagne, il ne quitta pas les côtés du roi.

Le 23 juin, au moment même où l'armée hanovrienne arrivait à Langensalza, le ministre de Russie en Hanovre, M. Persiani, se présenta au roi pour lui faire une communication de la part du czar Alexandre :

» — J'ai reçu l'ordre de mon auguste maître, dit M. Persiani, de me mettre à la disposition de Votre Majesté, et de l'accompagner pendant la campagne. Mon souverain m'a chargé en même temps de vous dire que, s'il a deux oncles engagés dans cette malheureuse guerre, toutes ses sympathies sont du côté de son oncle le roi de Hanovre.«

Les événements militaires se précipitaient. Ils sont assez connus pour que je n'aie pas besoin d'en faire une fois de plus le récit. Je ne vous signalerai que ce fait digne d'être relevé, que toutes les réquisitions faites chez les habitants, sur le passage des troupes hanovriennes, jusqu'à la paille pour la litière des chevaux, ont été scrupuleusement payées par le roi.

Vous savez qu'après avoir victorieusement combattu à Langensalza, où les Prussiens essuyèrent une véritable défaite, le roi Georges, cerné le lendemain par 75,000 Prussiens, et n'ayant pas plus de 16,000 hommes sous ses ordres, fut contraint de signer une capitulation, le 26 juin, à deux heures.

Le roi et le prince royal se retirèrent tout d'abord au

château de Frœlich-Wiederkunft, dans le duché de Saxe-Altenbourg, et ce n'est que le 19 juillet qu'ils arrivèrent à Vienne, où l'empereur François-Joseph leur avait offert l'hospitalité.

L'infortuné monarque y passa un mois des plus tristes, ne recevant que mauvaises nouvelles sur mauvaises nouvelles, pendant que le comte Platen, son ministre des affaires étrangères, se voyait impuissant à le renseigner avec certitude sur le sort qui lui était réservé, ainsi qu'à son royaume. Les négociations continuaient entre la Prusse et l'Autriche, sans que les alliés de cette dernière puissance fussent appelés à y prendre part. Dans cette pénible incertitude, le roi Georges V consulta son compagnon d'infortunes, le roi de Saxe, qui habitait une villa à Hietzing. Ce prince lui conseilla de s'adresser à l'empereur François-Joseph, pour le prier de venir à son secours, en tant que cela lui fût possible. C'est ce que fit le roi Georges, et il reçut de l'Empereur la réponse suivante : »Mon armée est défaite, et deux de mes meilleures provinces, la Bohême et la Moravie, sont aux mains des Prussiens; dans de telles circonstances, je suis obligé d'accepter de très dures conditions, et je me trouve à peine en état de faire quelque chose pour mes alliés. Cependant je vais donner immédiatement l'ordre à mes plénipotentiaires à Nikolsbourg de faire une tentative pour sauver le Hanovre.«

Une démarche en ce sens fut faite, en conséquence, mais sans résultat.

Alors le roi Georges résolut, à la dernière heure, de s'adresser directement au roi Guillaume et envoya, le 27 juin, son aide-de-camp à Nikolsbourg, où se tenait alors le roi de Prusse, avec une lettre autographe pour ce souverain. Mais l'aide-de-camp ne fut pas reçu par le roi Guillaume; il fut informé par M. de Bismarck que le roi avait refusé de le voir et voulait encore moins recevoir la lettre dont il était porteur, et qui fut rendue à l'aide-de-camp sans avoir été décachetée.

Et c'est ainsi que fut condamné le royaume de Hanovre, un des plus anciens États de l'Europe.

Munich, le 16 août 1869.

J'ai eu avec un homme politique, qui connait à fond la situation de l'Allemagne du Sud, une conversation qui roula principalement sur le prince de Hohenlohe, président des ministres bavarois :

»Le prince de Hohenlohe, me dit mon interlocuteur, regarde une entente avec la Prusse comme nécessaire. Il a une frayeur mortelle des ultramontains, bien que, ou plutôt parce qu'il a précisément un frère cardinal. Le prince n'est probablement pas, il est vrai, soutenu, pour le moment, par les députés du pays; mais il n'a, d'un autre côté, aucun rival pour la position qu'il occupe. La majorité actuelle à la chambre est ultramontaine; mais ce n'est pas cette qualité qui l'a fait élire. Cette chambre a été élue d'abord, parce qu'elle était anti-prussienne, ensuite parce que le parti démocratique en Bavière n'était pas encore complètement organisé. Si le prince de Hohenlohe venait à être renversé, un ministère ultramontain réactionnaire lui succéderait; mais il ne tiendrait pas longtemps et ne servirait que de transition à un ministère tout prussien. En Bavière, les industriels et les grands commerçants ont des sympathies prussiennes, mais les petits commerçants et la grande majorité du peuple sont antiprussiens. Ceux-ci ne font absolument rien, cependant, parce qu'ils manquent complétement d'organisation. Il est donc probable que le prince de Hohenlohe restera à la tête du gouvernement, et qu'il fera tous ses efforts pour se maintenir au pouvoir aussi longtemps que possible. Du reste, on ne voit pas non plus poindre à l'horizon politique de question qui puisse amener sa chute«.

Bade, le 18 août 1869.

J'ai rendu visite aujourd'hui à un des chefs du parti démocratique de l'Allemagne du Sud. Voici ce qu'il m'a dit : »Le gouvernement actuel de Bade n'est composé exclusivement que de professeurs bureaucrates; ils sont tous ultra-prussiens; ils ne sont pas soutenus par le peuple, mais ils dominent les élections au moyen de cette malheureuse loi qui régit notre système électoral. Le parti démocratique est mal organisé. Les exécutions de 1849 ont exercé une influence immense sur l'esprit des masses, et le peuple craint qu'elles ne se renouvellent. D'un autre côté, le parti clérical qui joue un rôle important aux élections, est très bien organisé. Le général prussien Beyer exerce une autorité souveraine ici; un Prussien a été dernièrement mis à la tête de notre état-major, un autre est chef du régiment des gardes, et bien qu'il ne soit que colonel, il reçoit une solde plus élevée que nos brigadiers généraux eux-mêmes. Tout cela ne peut nous être agréable. Le gouvernement parle toujours d'une alliance avec la Prusse, ce qui fait que le commerce et les échanges vont mal, parce que la population est toujours en proie à la crainte d'une guerre avec la France à cause du traité de Prague. Cet état de choses rejaillit sur toute l'Allemagne du Sud, où l'on craint aussi la guerre, parce que notre gouvernement parle toujours d'une alliance avec la Prusse, à laquelle il travaille sans cesse. D'un autre côté, nous autres hommes du peuple nous ne pouvons pas souffrir les Prussiens à cause de leur arrogance et de leur jactance. Ils ne parlent jamais que d'eux-mêmes.«

Paris, le 21 août 1869.

A mon arrivée ici, je cherchai immédiatement à avoir un entretien avec M. Thiers, parce que j'avais lu dans les journaux qu'il se proposait de publier un livre philosophique, dont je désirais faire une traduction danoise.

»En effet — me dit M. Thiers — il est bien possible que je publie un jour »La philosophie de ma vie«; c'est le titre que je donnerai au livre où j'ai l'intention de raconter bien des faits auxquels j'ai assisté et que j'ai observés dans ma vie, tout comme un grand-père pourrait en raconter à ses petits-enfants pour leur laisser quelques bonnes règles de conduite; mais l'époque de la publication n'en est pas encore fixée.«

Le livre n'a jamais été publié.

CHAPITRE XII.

Le ministère Ollivier est formé le 2 janvier 1870. L'empire libéral est inauguré. — Mes relations avec le ministère des affaires étrangères français. — Plébiscite du 8 mai. — Interpellation sur la question du St Gothard. — Candidature du prince de Hohenzollern au trône d'Espagne. — L'empereur Napoléon déclare la guerre à l'Allemagne. — Qui doit porter la responsabilité de la guerre? — La politique du duc de Gramont. L'empereur Napoléon avait-il chance de former des alliances? — Négociations pour une alliance avec l'Autriche et l'Italie. — Dépêche du comte de Beust du 21 juillet 1870. — Mission du duc de Cadore à Copenhague. — Le plan énergique de M. Chevandier de Valdrôme est abandonné. — Retraite du ministère Ollivier le 9 août.

La fin de l'année 1869 fut consacrée à la préparation des essais de réformes libérales que l'Empereur avait alors résolu d'introduire en France. A la même époque, il dut garder longtemps le lit et son état devint même inquiétant en octobre; mais en novembre il y eut un mieux sensible dans sa santé. La session extraordinaire du Corps législatif fut ouverte le 29 du même mois par un discours du trône, où il était dit : »Je réponds de l'ordre, aidez-moi à sauver la liberté.«

A partir de ce moment, l'opinion générale prêta à l'Empereur l'intention de faire appel à des hommes nouveaux pour appliquer sa nouvelle politique. Bientôt des négociations s'ouvrirent entre les Tuileries et les chefs du parti modéré au Corps législatif. Enfin on s'entendit pour la formation d'un ministère, et ses membres furent nommés le 2 janvier 1870. M. Emile Ollivier était destiné à y exercer une action dirigeante, il prit le portefeuille de la justice. Le comte Napoléon Daru, qui appartenait au centre gauche, fut chargé du ministère des affaires étrangères; le ministère de l'intérieur fut confié à M. Chevandier de Valdrôme, membre du centre droit, et le ministère des finances à M. Buffet, qui siégeait sur le même banc que M. Daru.

Le ministère Ollivier comptait en tout six membres des fractions parlementaires libérales; il ne fut pas touché aux départements spéciaux. Le général Leboeuf conserva le portefeuille de la guerre; l'amiral Rigault de Genouilly celui de la marine et le Maréchal Vaillant celui de la maison de l'Empereur. La composition de ce ministère était l'expression fidèle du changement politique qui venait de s'opérer dans le système impérial.

A cette époque j'entrai en relations suivies avec le ministère des affaires étrangères français. En ma qualité d'étranger je ne pouvais naturellement obtenir de poste officiel; mais je n'ai pas besoin de faire observer combien ces relations contribuèrent à étendre le cercle de mes connaissances dans la politique étrangère en me mettant en contact avec les fonctionnaires si habiles et si instruits du quai d'Orsay. Il va sans dire que j'eus occasion de cette façon de suivre de près les grands événements qui devaient surgir.

Les premiers mois de l'année 1870 ne faisaient pourtant pas pressentir le moins du monde qu'on fût à la veille d'aucune grande complication extérieure. L'attention du public en France était absorbée par la politique intérieure. Le meurtre de Victor Noir par le prince Pierre Bonaparte fournit aux Parisiens l'occasion de faire quelques démonstrations antibonapartistes ; mais l'opposition à l'empire ne prit, du reste, aucun caractère menaçant et se borna en somme à des escarmouches entre MM. Ollivier et Gambetta. Ce dernier, dont j'avais fait la connaissance à cette époque, commençait déjà à déployer ses aptitudes parlementaires qui devaient plus tard lui ouvrir une si belle carrière ; mais il avait concentré toute son attention sur l'administration intérieure, et lorsqu'il parlait de la politique étrangère, ce n'était que pour donner libre cours à ses colères patriotiques contre ce qu'il appelait l'oppresssion du peuple par les Césars. C'est ainsi que m'entretenant un jour avec lui, dans la salle des Pas perdus du Corps législatif, de la position malheureuse des Slesvigeois danois, il me dit : »Quant à moi, je n'ai pas d'objection à ce que la France prête son appui à la cause des Slesvigeois ; mais je ne veux pas qu'un César quelconque en profite«.

Le Sénat adopta le 20 avril 1870 le nouveau projet de constitution, et peu de jours après, le public fut surpris d'apprendre que l'Empereur s'était décidé à un plébiscite pour obtenir la sanction du peuple aux changements introduits dans la constitution de 1852. Le peuple français répondit le 8 mai par 7,336,434 oui, contre 1,560,706 non, et acheva ainsi le couronnement de l'édifice« comme on disait alors. Il était permis de croire que l'empire napoléonien après une telle victoire était

plus affermi que jamais en France, et, le 30 juin 1870,
M. Ollivier déclarait au Corps législatif que »la paix
européenne n'avait jamais été moins menacée qu'alors.«

Qui aurait pu se douter que la France se trouverait
avant un mois engagée dans une guerre contre l'Allemagne. Et c'est pourtant ce qui eut lieu.

Les bouleversements de l'année 1870 sont encore si
présents à la mémoire de tous que je n'essaierai pas de
les retracer ici; mais il y a deux points capitaux dont
je voudrais m'occuper, parce qu'ils n'ont jamais été suffisamment éclaircis et qu'ils ont une importance majeure
pour apprécier et déterminer les responsabilités respec-
tives des deux belligérants. En deux mots, qui fut cause
de la guerre et jusqu'à quel point la France avait-elle
droit de compter sur des alliances?

Si celui qui lance une déclaration de guerre doit porter
la responsabilité de cette guerre, il est hors de doute
que toutes les responsabilités ici pèsent sur l'empereur
Napoléon; car le baron Wimpffen, second secrétaire de l'ambassade de France en Prusse, alors en congé à Paris,
partit le 17 juillet au soir pour Berlin, emportant une
déclaration formelle de guerre au roi Guillaume et
le 19 au matin, ce document fut remis par M. Lesourd,
chargé d'affaires de France, au comte de Bismarck qui lui
exprima ses regrets de ce que la situation eût pris un
caractère si alarmant et rendit naturellement le gouvernement français responsable de tout ce qui allait arriver.

Mais si celui qui a voulu une guerre et l'a préparée
de longue main, doit être considéré comme la cause
déterminante, le cas est alors bien différent. Je ne parlerai pas ici des motifs bien connus qu'avait l'empereur
Napoléon, depuis les années précédentes, de se plaindre

des procédés de la Prusse à son égard; je veux seulement considérer les faits accomplis pendant les mois qui précédèrent immédiatement l'explosion de la candidature Hohenzollern et qui ne laisseront aucun doute dans l'esprit de l'observateur attentif sur le rôle provocateur de M. de Bismarck.

A cet égard il y a lieu de noter d'abord, que dès le commencement de l'année 1870, on ne se préoccupa plus dans la presse allemande, ni même dans la presse française, de présenter sous un jour rassurant les actes de la Prusse.

N'était-ce pas un indice assez certain qu'on se sentait prêt en Allemagne, militairement et politiquement parlant, et qu'on n'avait plus l'intentiou de ménager la France?

A la même époque, je remarquai que les personnes qui se trouvaient en relations journalières avec l'ambassade de Prusse à Paris, déployaient une ardeur extraordinaire pour faire dissoudre la légion hanovrienne en France et la renvoyer dans ses foyers. Il est vrai que, depuis quelques mois, un désaccord existait entre le comte Platen, ministre des affaires étrangères du roi Georges, et les chefs de la mission politique et militaire hanovrienne en France, et ce désaccord provoqué en dehors des influences de la Prusse, fut la véritable cause de la dissolution de la légion. Ensuite de quoi, les troupes qui la composaient furent licenciées; quant aux officiers, ils eurent droit à une pension payée par l'état prussien. Mais il n'en est pas moins remarquable que les autorités aient jugé utile de se donner tant de mal quelques semaines auparavant pour éloigner de la France des militaires hanovriens, qui auraient pu en cas de guerre, et surtout en prévision d'une expédition française en Hanovre, gêner la Prusse et lui faire beaucoup de tort, quelque préparée qu'elle fût alors à la lutte.

De plus, le comte de Bismarck ne cessait de provoquer ouvertement la France dans ses discours publics. Je veux parler surtout des expressions dont il se servit à la séance du *Reichstag* de l'Allemagne du Nord du 25 mai 1870, au sujet d'une subvention à accorder au chemin de fer du St Gothard. Je crois que sur le moment on ne fit pas assez attention à ces paroles, et aujourd'hui encore il suffira de les citer pour en faire saisir toute l'importance. Les voici :

»Les motifs qui ont porté le gouvernement,« dit M. de Bismarck, »à recommander de subventionner la ligne du St Gothard, sont, en partie, d'une nature tellement délicate, que je vous saurai gré de me dispenser de les répéter en public. Les gouvernements alliés doivent être convaincus qu'il est conforme à leurs intérêts politiques de se ménager une communication entre l'Allemagne et l'Italie, qui soit exclusivement indépendante de la Suisse neutre et qui ne soit pas entre les mains d'une grande puissance européenne. L'intérêt principal de la Prusse lui commande d'être, pour ainsi dire, en communication directe avec l'Italie qui nous est, je crois, unie par les liens d'une amitié durable.«

Or, si l'on songe aux services signalés que l'empereur Napoléon avait rendus à l'Italie, on comprendra tout ce qu'il y avait de pénible pour lui et combien il devait se sentir blessé, d'entendre le chancelier de l'Allemagne du Nord déclarer ouvertement qu'il avait pour but de détacher l'Italie de l'alliance française et de l'unir étroitement à l'Allemagne : et l'on conviendra que ces paroles contenaient, à l'adresse de la France, un défi non équivoque, auquel l'allusion du comte de Bismarck à la nature »délicate« de la question donnait un caractère encore plus offensant. En France même la question du Sᵗ Gothard ne passa pas inaperçue, et il y eut le 20 juin une interpellation à ce sujet au Corps législatif. Le duc de Gramont, alors ministre des affaires étrangères, répondit avec beaucoup de modération, quant à la réalité du fait; il dit qu'on ne devait y voir que la manifestation libre de convenances internationales, et que la France ne pouvait pas s'opposer raisonnablement aux travaux en voie d'exécution, pour le tunnel du Sᵗ Gothard; mais il ne négligea pas d'indiquer le côté politique de la question : »Je ne suivrai pas l'exemple qui m'est donné par ailleurs,« dit-il; »je ne ferai pas appel à votre patriotisme. Cet appel auprès de vous, Messieurs, serait superflu; la question, pour nous, n'est pas d'une nature si délicate qu'elle ne puisse être discutée publiquement.«

Toute cette affaire avait naturellement aigri les Français. S'il y avait un défi, d'où venait-il? Évidemment du chancelier de l'Allemagne du Nord.

Le terrain était préparé; et il n'y avait plus qu'à allumer la mèche déjà disposée sur les poudres sèches. Il ne manquait à l'armée allemande ni un soulier, ni un bouton de guêtre et l'on savait pertinemment à Berlin que l'armée française, bien inférieure aux forces germaniques, se trouvait dans une position peu avantageuse pour lutter contre elles. Le moment était venu de faire éclater la bombe; elle éclata.

On pensa à Berlin, qu'il serait opportun de s'assurer l'alliance espagnole, en mettant un prince allemand

sur le trône d'Espagne. La candidature du prince de
Hohenzollern fut une sanglante injure pour l'empereur
Napoléon, une provocation directe à l'adresse de la France.
Il ne peut y avoir deux opinions sur ce sujet, et l'Europe
impartiale fut unanime à reconnaître qu'un tel procédé,
si l'Allemagne y persistait, justifierait la guerre contre
celui qui s'en était rendu coupable. D'un autre côté,
l'Empereur et son ministre des affaires étrangères ont
été sévèrement blâmés pour avoir fait appel aux armes,
après le retrait de la candidature du prince de Hohenzollern. Mais ces reproches ne sont pas fondés.

Lorsqu'on réfléchit bien à la conduite de la Prusse,
depuis la fin de l'année 1866, on est obligé de convenir
que l'abandon de la candidature Hohenzollern n'appor-
tait aucune garantie sérieuse au maintien de la paix.
Les mauvaises dispositions de la Prusse étaient tellement évidentes que la France pouvait, d'un moment à
l'autre, se trouver en présence d'un nouvel incident qui
l'eût placée dans l'alternative de descendre au rang de
puissance de second ordre, ou d'engager immédiatement
la lutte avec un ennemi acharné à la provoquer. Ajoutez
à cela que la fibre patriotique en France était alors
très surexcitée, et que le peuple envisageait la guerre
avec assez de confiance pour obliger le gouvernement
à parler haut et à insister sur des satisfactions réelles.

Enfin, il faut remarquer que, même si l'empereur
Napoléon se fût contenté de la retraite du prince de
Hohenzollern, la guerre, selon toute probabilité, n'eût
pas été évitée. Le langage tenu par le comte de Bismarck,
à ce moment, autorise à croire que, de son côté, il aurait exigé des garanties pour n'être pas ainsi troublé
dans ce qu'il appelait son repos et recouvrer la liberté

de suspendre des armements dispendieux. Il aurait pu, avec d'autant plus de sécurité, formuler ces demandes, que, pendant le temps qui devait nécessairement s'écouler en négociations diplomatiques, il était en mesure d'échelonner toute l'armée allemande sur les points les plus favorables des frontières françaises, de manière à anéantir, en un tour de main, l'armée impériale, beaucoup trop faible pour résister à cette agression lorsquelle se produisit inopinément. Il est vrai que M. de Bismarck eût par là affaibli sa position diplomatique en Europe, mais il eût accru assez la position militaire de l'Allemagne pour compenser largement cet inconvénient. Il faut bien se souvenir que la seule chance de l'empereur Napoléon était d'avoir une ou deux semaines d'avance sur l'ennemi pour pouvoir, de cette façon, remporter une victoire au début de la campagne. Il n'eut pas cette chance, et la raison en est que l'armée française n'était pas alors, comme on le supposait, prête à entrer en campagne; mais cela n'empêche pas que l'Empereur et le duc de Gramont, en l'état actuel des choses, avaient les raisons les plus impérieuses, au point de vue politique, de déclarer la guerre, bien que la cause immédiate de cette guerre eût été écartée. Le comte de Bismarck put bien faire accroire aux Anglais, en 1870, que l'Empereur lui avait déclaré la guerre sans motifs; mais tous les politiques impartiaux et réfléchis sentaient, déjà à cette époque, que le jugement porté sur l'empire, à ce sujet, était injuste, et cette opinion s'est sans doute affermie avec les anuées.

Non, les torts du gouvernement impérial sont ailleurs. Il avait demandé à la nation d'immenses sacrifices pour

14*

lui préparer une armée nombreuse, bien pourvue, solide.
Or, cette armée en 1870 n'existait que sur le papier.

Quant à la question des alliances de l'empire, la lumière est faite. L'histoire a déjà enrégistré cette vérité
que longtemps avant l'explosion de la guerre, des négociations avaient eu lieu entre l'empereur Napoléon,
l'empereur François Joseph et le roi Victor Emmanuel,
en vue d'une alliance qui avait pour but de faire respecter le traité de Prague, et d'assurer ainsi le maintien de la paix en Europe. Ces négociations entamées en
1869, pendant que M. de la Valette était ministre des affaires étrangères de France, furent tenues secrètes. Lorsque le duc de Gramont succéda au comte Daru, en avril
1870, il n'en avait aucune connaissance, quoi qu'il eût
été bien des années ambassadeur de France en Autriche,
et c'est seulement lorsqu'il se rendit à Vienne, pour remettre ses lettres de rappel, à la suite de sa nomination
au poste de ministre des affaires étrangères, que le comte
de Beust le mit au courant de la situation. Il y avait eu
plusieurs lettres d'échangées entre les souverains, et l'on
était tombé d'accord sur tous les points excepté un seul :
le roi Victor Emmanuel exigeait qu'on lui reconnût le
droit d'occuper Rome éventuellement, et l'empereur Napoléon ne pouvait ni ne voulait y consentir à cette époque. Les négociations furent, en conséquence, suspen-
dues, mais il était sous-entendu entre les souverains
qu'elles pourraient être reprises plus tard.

A son retour à Paris le duc de Gramont reprocha
respectueusement à l'Empereur de ne lui avoir pas
accordé toute sa confiance; et celui-ci s'excusa en disant
que le duc était parti si précipitamment pour Vienne,
qu'il n'avait pas eu le temps de tout lui dire ; explication dont

le ministre ne se montra que médiocrement satisfait, et comme garantie des dispositions que l'Empereur lui témoignait, il exigea la retraite des deux ambassadeurs de France à Berlin et à Londres, MM. Benedetti et la Valette. L'Empereur consentit, sur le champ, au renvoi de M. Benedetti; mais il demanda du répit pour trancher la situation de M. de la Valette, qui était très en faveur auprès de l'Impératrice; et comme il fallait que ces deux diplomates fussent rappelés en même temps, ils restèrent l'un et l'autre provisoirement à leurs postes.

Lorsque, plus tard, la candidature du prince de Hohenzollern eut rapproché l'éventualité d'une guerre, les négociations interrompues entre les trois souverains furent reprises officiellement par les trois gouvernements, au mois de juillet. Elles furent conduites, du côté de la France, par le duc de Gramont, du côté de l'Autriche, par le prince de Metternich et le comte Vitzthum, et du côté de l'Italie, par le ministre Nigra et le comte Vimercati. Elles avaient pour but de s'entendre sur les conditions d'un traité, en vertu duquel la neutralité armée de l'Autriche et de l'Italie se changerait à une époque déterminée, en une coopération effective avec la France contre la Prusse. Le 18 juillet, les négociations avaient été poussées si loin, que le résultat en fut consigné dans un projet de traité en trois articles, qui fut approuvé à Vienne et à Florence, puis porté par le comte Vimercati, dans les derniers jours de juillet, à l'empereur Napoléon qui se trouvait alors à Metz. Le comte revint de cette ville, emportant l'approbation de l'Empereur au traité tout entier, sauf la stipulation qui fixait l'époque où commencerait la coopération active.

En effet, l'Empereur voulait avoir le droit de déterminer cette époque; mais les plénipotentiaires d'Autriche et d'Italie firent observer, qu'il serait impossible de permettre à l'Empereur des Français seul de décider quel jour commencerait l'entrée en campagne de ses alliés; et l'on résolut alors de déterminer cette époque, au moyen d'une entente entre les trois contractants. Le traité lui-même, sur lequel on était tombé d'accord, n'attendait plus, par conséquent, pour être obligatoire, que la signature des intéressés. Alors survinrent les premiers revers des armées françaises, qui eurent pour conséquence inévitable de tout remettre en question. Mais il est certain que si le combat de Wissembourg et la bataille de Reichshofen avaient eu lieu huit jours plus tard, l'Autriche et l'Italie se seraient trouvées liées à la France.

Les Italiens, surtout M. Minghetti et ses amis, ont bien affirmé depuis, que le roi Victor Emmanuel avait outre-passé sa compétence, en négociant un pareil traité et que les ministres d'Italie n'auraient jamais donné leur consentement à une coopération active avec les armées françaises; mais cette allégation n'a aucune portée; car Victor Emmanuel savait très-bien que MM. Minghetti, Visconti Venosta et autres étaient opposés à ce que l'Italie prît part à la guerre contre l'Allemagne, et le roi avait par conséquent, dès le début, fait savoir à l'empereur Napoléon qu'il avait l'intention de changer ses ministres, et de leur donner pour successeurs, des hommes moins servilement attachés à l'intérêt strict de l'Italie. Il existe, au sujet de cette résolution du roi, des lettres et des télégrammes qui ne permettent pas de douter de son caractère sérieux.

Je ne sais rien de positif quant à la date qui avait été fixée pour l'ouverture des hostilités, du côté de l'Italie et de l'Autriche; mais il est certain que cette dernière puissance s'était prononcée pour la première quinzaine de Septembre, époque à laquelle elle serait prête à entrer en campagne. Le roi d'Italie devait fournir immédiatement soixante mille hommes, et au bout de quelques semaines, encore quarante mille hommes, seulement pour commencer. L'armée italienne devait pénétrer en Bavière, par le territoire autrichien, et marcher sur Munich; les Autrichiens devaient établir en Bohême un corps de troupes imposant, et en envoyer un autre opérer sa jonction avec les troupes italiennes en Bavière.

Mais, comme je l'ai déjà dit, les batailles de Wissembourg et de Reichshofen changèrent toute la situation; »c'était encore plus avec la victoire, qu'avec la France«, comme l'a fait remarquer, avec raison, un écrivain français, »que l'Autriche et l'Italie avaient voulu faire alliance.« Le duc de Gramont se retira le 9 août, et il ne fut plus question du traité ni de ses conséquences.

Une dépêche du comte Beust au prince de Metternich contribuera à élucider cette question; je la reproduis ici in extenso:

Vienne, le 20 juillet 1870.

Le comte Vitzthum a rendu compte à notre auguste maître du message verbal dont l'empereur Napoléon a daigné le charger. Ces paroles ainsi que les éclaircissements que M. le duc de Gramont a bien voulu y ajouter, ont fait disparaître toute possibilité d'un malentendu que l'imprévu de cette guerre soudaine aurait pu faire naître.

Veuillez donc répéter à Sa Majesté et à ses ministres que, fidèles à nos engagements tels qu'ils ont été consignés dans les lettres échangées l'année dernière entre les deux souverains, nous considérons la cause de la France comme la nôtre et que nous contribuerons au succès de ses armes dans les litimes du possible.

Ces limites sont déterminées d'une part par nos difficultés intérieures, d'autre part par des considérations politiques de la plus haute importance. Je vous parlerai surtout de ces dernières. Or, nous croyons savoir, n'en déplaise au général Fleury, que la Russie persévère dans son alliance avec la Prusse, au point que dans certaines éventualités l'intervention des armées moscovites doit être envisagée, non pas comme probable, mais comme certaine. Parmi ces éventualités, celle qui nous concerne nous préoccupe nécessairement le plus. Mais si nous admettons cette préoccupation avec toute la franchise qu'on se doit entre bons alliés, nous pensons que l'empereur Napoléon nous rendra cette justice de ne pas nous taxer d'un étroit égoïsme; nous pensons à lui autant qu'à nous.

L'intérêt de la France n'ordonne-t-il pas comme le nôtre d'empêcher que le jeu, engagé à deux, ne se complique trop promptement? Or, nous croyons savoir que notre entrée en campagne amènerait sur-le-champ celle de la Russie, qui nous menace non-seulement en Gallicie, mais sur le Pruth et sur le Bas-Danube. Neutraliser la Russie, l'amuser jusqu'au moment où la saison avancée ne lui permettrait plus de songer à concentrer ses troupes, éviter tout ce qui pourrait lui porter ombrage ou lui fournir un prétexte d'entrer en lice, voilà ce qui doit, pour le moment, être le but ostensible de notre politique. Qu'on ne s'y méprenne pas à Paris : la neutralité de la Russie dépend de la nôtre. Plus celle-là deviendra bienveillante pour la Prusse, plus notre neutralité pourra se montrer sympathique à la France.

Comme je l'ai toujours fait pressentir dans nos pourparlers de l'année dernière, nous ne pouvons pas oublier que nos dix millions d'Allemands ne voient dans la guerre actuelle, non pas un duel entre la France et la Prusse, mais le commencement d'une lutte nationale. Nous ne pouvons pas nous dissimuler non plus que les Hongrois, tout

disposés qu'ils soient à s'imposer les plus grands sacrifices
dès qu'il s'agit de défendre l'empire contre la Russie, se
montreront plus réservés dès qu'il s'agira de dépenser leur
sang et leur argent pour reconquérir à l'Autriche sa position en Allemagne.

Dans ces circonstances, le mot *neutralité*, que nous ne
prononçons pas sans regret, nous est imposé par une nécessité impérieuse et par une appréciation logique de nos
intérêts solidaires. Mais cette neutralité n'est qu'un moyen
de nous rapprocher du but véritable de notre politique, le
seul moyen de compléter nos armements sans nous exposer
à une attaque soudaine soit de la Prusse, soit de la Russie,
avant d'être en mesure de nous défendre.

Toujours est-il que tout en proclamant notre neutralité,
nous n'avons pas perdu un instant pour nous mettre en
communication avec l'Italie sur la médiation dont l'empereur Napoléon a bien voulu nous laisser l'initiative; les
bases nouvelles que vous venez de nous transmettre attein-
dront-elles le but que le gouvernement français a en vue?

En d'autres termes, seront-elles jugées inacceptables par
la Prusse? Nous ne nous en préoccupons guère, et je vous
l'ai télégraphié, nous acceptons ces bases, si l'Italie les accepte comme point de départ d'une action combinée.

Dans le même télégramme, je vous ai parlé de l'évacuation de Rome, question qu'il importe, selon nous, de ne
pas laisser en suspens, mais de résoudre immédiatement.
La convention de septembre, qu'on ne se fasse pas illusion
à cet égard, ne cadre plus avec la situation.

Nous ne pouvons pas exposer le Saint-Père à la situation ineffaçable de ses propres troupes. Le jour où les
Français sortiront des Etats pontificaux, il faudrait que
les Italiens pussent y entrer de plein droit et de l'assentiment de l'Autriche et de la France. Jamais nous n'aurons
les Italiens avec nous de cœur et d'âme, si nous ne leur
retirons pas leur épine romaine.

Et franchement, ne vaut-il pas mieux savoir le Saint-
Père sous la protection de l'armée italienne que de le voir
en butte aux entreprises garibaldiennes? La France, en

nous laissant l'honneur de résoudre la question romaine,
nous faciliterait beaucoup la tâche de laquelle elle a bien
voulu nous laisser l'initiative à Florence. Elle ferait plus:
en faisant un acte d'un incontestable libéralisme, elle enlè-
verait une arme à son ennemi et elle opposerait une digue
à ces ébullitions de teutonisme que la Prusse, puissance
protestante par excellence, a su faire naître en Allemagne,
et que nous craignons doublement à cause de la contagion.
Il est heureux que le retour du comte Vimercati coïncidera
avec l'arrivée du prince de la Tour d'Auvergne.

(Signé) : **Beust.**

Cette dépêche fut longtemps tenue secrète; peu de
personnes en avaient eu connaissance, lorsqu'elle parut
inopinément dans les colonnes du *Temps* du 9 avril
1874. Elle avait été retirée, pour ne pas me servir
d'une expression plus forte, du pupitre du duc de Gramont, par un journaliste de nationalité étrangère qu'il
employait comme secrétaire, et qui la livra à la publicité pour quelques centaines de francs.

L'empereur Napoléon échoua encore dans une autre
tentative qu'il fit pour s'assurer une alliance; je veux
parler de la mission du duc de Cadore à Copenhague,
mission qui avait pour but, non pas d'entraîner le
roi de Danemark dans une alliance extérieure à laquelle il était certainement opposé, mais de chercher
à provoquer des démonstrations populaires à Copenhague; on pensait, par ce moyen, exercer une pression
sur le gouvernement danois et l'amener à donner son
concours à la France. L'on espérait d'autant plus réussir, que l'empereur de Russie avait fait déclarer par
son représentant à Paris, qu'il trouvait naturel que le
Danemark prît part à la guerre contre l'Allemagne.
Le Czar avait, du reste, tenu le même langage à

l'égard de l'Italie : il ne voyait rien d'extraordinaire, disait il, à ce que les troupes du roi Victor Emmanuel suivissent, pour aider l'empereur Napoléon, la même voie que ce souverain avait prise, à une autre époque, pour aider le roi Victor Emmanuel contre l'Autriche.

Pendant que le duc de Cadore était à Copenhague, les Français essuyèrent leurs premières défaites, et il fut immédiatement rappelé. Les quinze mille hommes, dont le prince Napoléon devait prendre le commandement en Danemark, reçurent une autre destination.

Et voilà comment l'empereur Napoléon se vit contraint d'engager la lutte contre l'Allemagne sans un seul allié.

Le ministère Ollivier se retira, comme on le sait, le 9 août, mais ce que beaucoup de personnes ignorent, c'est la détermination qu'avaient prise, la veille, M. Chevandier de Valdrôme et quelques autres partisans exaltés de l'Empire, de faire arrêter MM. Thiers, Jules Favre, Gambetta et beaucoup d'autres chefs de l'opposition, et de les diriger sur le Hâvre, pour les faire transporter en Amérique, sur un navire de guerre. Il est certain que le plan avait été conçu et qu'une foule de gendarmes avaient été déjà postés au Hâvre et dans d'autres localités, pour y attendre des prisonniers. Il avait été également résolu que l'Impératrice se rendrait au mont Valérien et dirigerait de là les affaires du gouvernement; mais obéissant à l'opinion de quelques-uns de ses conseillers les plus intimes, elle n'approuva pas ce plan, d'ailleurs plus violent que patriotique, et le ministère Palikao, le dernier de l'Empire, entra alors en fonctions pour n'avoir qu'une durée éphémère.

CHAPITRE XIII.

*Ma mission à Londres. La situation à la fin d'août. Capitula-
tion de Sedan. Dispositions hostiles à la France en Angleterre. —
Mission pour m'enquérir des véritables conditions de la paix.
L'Allemagne demande l'Alsace en septembre 1870. — Mes rela-
tions avec les journalistes et les politiques anglais. Articles du Times
bienveillants pour l'Allemagne. Lord Granville fait les commis-
sions de M. de Bismarck. — Lettres de Bordeaux. — Meetings sym-
pathiques à la cause des Français. — Situation militaire de la
France à la fin de l'année. Vives sympathies pour la France à
Londres en janvier 1871. — Interpellation à la Chambre des
Communes le 17 février. Discours de W. M. Torrens. — Retour à
Paris le 28 mai.*

Le 24 août 1870, le comte de Chaudordy qui était
alors directeur du cabinet du prince de Latour d'Auvergne, ministre des affaires étrangères, m'invita à me
rendre à Londres, le ministre désirant me charger d'une
mission qui avait pour objet de donner aux journalistes
anglais des renseignements certains sur l'état des choses en France, et sur les péripéties de la guerre, et
de tâcher de nouer des relations avec les hommes politiques, afin d'agir pour le mieux des intérêts de la

France. Le comte de Bismarck avait réussi à se mettre sur un bon pied avec la presse de Londres, surtout avec les feuilles dévouées au gouvernement; et il pouvait être avantageux à la France, de faire de son côté une tentative pour exposer la vérité au public anglais. Je n'ai besoin, pour montrer quel usage le chancelier de l'Allemagne du Nord savait faire de la presse, que de rappeler comment il se servit du *Times*, peu après la déclaration de guerre en 1870, pour porter à la connaissance du public le projet de traité rédigé par M. Benedetti, et écrit de sa main, sur l'annexion de la Belgique à la France. Il avait communiqué ce document au *Times* comme ayant été rédigé en 1867, tandis qu'en réalité, il lui avait été remis par M. Benedetti en août 1866.

A l'époque où je partis pour Londres, la situation était déplorable; mais elle ne me semblait nullement désespérée. L'empereur Napoléon était à Châlons, où s'était assemblée ce qu'on appelait la seconde armée; et l'on pensait généralement que l'infortuné monarque se replierait sur Paris avec cette armée, transférerait le siège du gouvernement à St Cloud et veillerait de là à la levée de nouvelles troupes, surtout au delà de la Loire. De cette façon Paris se trouvait couvert et tant que la capitale tiendrait, tout n'était pas perdu sans retour. Il est bien vrai que l'ennemi aurait pu occuper une partie des départements de l'est, et forcer à la fin Bazaine à capituler dans Metz; mais pendant ce temps la guerre eût continué indéfiniment, et il est permis de se demander, combien de temps l'Allemagne aurait pu supporter une telle situation? Son crédit n'était pas alors aussi solide qu'aujourd'hui, à beaucoup près, et la misère à l'intérieur qui devait résulter nécessairement d'une longue guerre sans perspective de paix, aurait bien forcé les potentats de l'Allemagne à consentir à des conditions raisonnables. Enfin, dans ces conditions, une intervention des puissances neutres était plus probable.

C'est ainsi que nous raisonnions, moi et beaucoup d'autres; mais à peine arrivé à Londres, j'appris que l'empereur Napoléon s'était déterminé à cette marche imprudente qui avait pour but de dégager Bazaine et qui devait aboutir à une défaite. La nouvelle de la catastrophe de Sedan n'était pas faite pour encourager un homme qui, comme moi, sans connaître personne à Londres devait travailler à la cause de la France; il s'agissait pourtant de ne pas perdre courage, et de faire tous ses efforts pour être aussi utile que possible à ce malheureux pays qui luttait alors en désespéré pour son salut.

La chute de l'Empire et les épouvantables défaites de l'armée française excitèrent, à ce moment, disons-le à leur honte, une joie maligne chez les Anglais, bien qu'ils perdissent avec Napoléon III une alliance de longue date qui leur avait été très utile. Les articles des feuilles dévouées au gouvernement reflétaient la satisfaction que l'on éprouvait dans le monde officiel. Quant à la majorité de la nation, il fallait voir avec quelles délices elle savourait les articles sarcastiques des journaux à caricature, et à quel point était monté l'enthousiasme pour les armées de l'Allemagne victorieuse. On sait combien le succès fascine les Anglais; mais en cette circonstance ils depassèrent toute mesure dans leur admiration pour la puissance victorieuse.

Non, je n'oublierai jamais l'impression pénible que fit sur moi l'attitude du peuple anglais après la bataille de Sedan, et à partir de ce moment, ce fut chez moi une conviction bien arrêtée que l'Angleterre paierait un jour cher sa conduite coupable envers la France à cette époque néfaste. Son gouvernement n'avait qu'un désir, — être agréable à l'Allemagne. Lord Granville, ministre des affaires étrangères, faisait tous ses efforts pour empêcher les puissances neutres, l'Autriche et l'Italie, de venir au secours de la France, en formant une espèce de ligue des neutres, dont le but aurait été de modérer les prétentions du vainqueur à l'égard du vaincu. Le chef du »Foreign-office« proposa, au contraire, un accord entre les puissances neutres, en vertu duquel aucune d'elles ne pourrait sortir de sa neutralité, sans s'être, au préalable, entendue avec les autres. C'était une démarche ouvertement hostile à la France et qui eut pour effet de léser sérieusement ses intérêts. Le ministère Gladstone renchérit encore sur ces bassesses vis-à-vis du vainqueur, en envoyant M. Odo Russell, un de ses diplomates les plus distingués, au quartier général allemand à Versailles, sans que cet envoyé eût le droit de s'occuper officiellement d'une chose qui était une question de vie ou de mort pour la France, et du plus grand intérêt pour l'Europe entière ; je veux parler de la guerre et des conditions de la paix.

Et maintenant parlons de la presse, surtout du *Times*, du *Daily Telegraph*, du *Daily News* et de la *Pall-Mall Gazette*. Ces journaux et leurs rédacteurs professaient alors pour l'Allemagne un respect et un dévouement dont l'histoire n'offre peut-être aucun autre exemple. Ils défendaient la politique du comte de Bismarck, et la manière dont se conduisait l'armée allemande en **France**, avec un zèle qui ne le cédait en rien **aux feuilles de** l'Allemagne elle-même. Le *Times*, qui recevait tous les jours des communications de l'ambassade d'Allemagne à Londres, avantage immense pour lui sous le rapport matériel, se distinguait à la tête de ces idolâtres **de tout** ce qui était allemand, sans se soucier de l'atteinte portée à la dignité de l'Angleterre, ni des blessures sanglantes faites aux sentiments du peuple français.

Il faut, pourtant, convenir qu'il y eut des exceptions parmi les Anglais, surtout parmi les Torys, qui avaient encore le sentiment de l'honneur et de la dignité de l'Angleterre, bien qu'ils se tinssent prudemment à l'écart et se bornassent à des témoignages d'intérêt platoniques en faveur de la France, soit par crainte de froisser en haut lieu des sympathies contraires, soit parce qu'ils ne se sentaient que faiblement disposés à épouser une cause désespérée. Les feuilles tories en vinrent peu à peu, cependant, à une attitude bienveillante pour la France, et ce fut avec une véritable satisfaction qu'on put lire bientôt dans le *Standard*, le *Globe* et le *Morning Advertiser* des articles contrastant par leur indépendance avec les éloges outrés que les feuilles libérales prodiguaient à l'Allemagne.

Ce fut aussi en m'adressant aux journaux de cette opinion, surtout au *Standard*, que je commençai ma modeste campagne à Londres. Les journalistes anglais sont, en général, des gens sérieux, surtout très occupés et n'acceptant que des renseignements sûrs. Il est, par conséquent, très difficile à un étranger de gagner leur confiance; aussi me souviendrai-je toujours avec gratitude de l'assistance que me prêta, en cette occasion, le directeur du *Morning Post*, M. Algernon Borthwick, qui avait vécu quelques années à Paris, et y avait fait la connaissance de M. Drouyn de Lhuys. Cet habile et honnête homme était animé de sentiments très sympathiques pour la France, et lorsque je lui demandai son concours, je reçus de lui l'accueil le plus encourageant. Grâce à sa recommandation, je fis la connaissance de quelques journalistes anglais et, plus tard, de plusieurs membres du parlement et hommes politiques, ce qui facilita ma mission et la sauva d'un insuccès absolu.

Dans l'intervalle, j'avais été invité, peu après mon arrivée à Londres, à faire une démarche qui aurait pu avoir de grands résultats, si elle avait réussi. Je reçus, le 8 septembre, une lettre de Paris par laquelle un membre du gouvernement de la défense nationale me chargeait de m'enquérir des conditions que poserait réellement et sérieusement le comte de Bismarck, comme base d'un traité de paix, le gouvernement de la défense nationale ayant l'intention de terminer la guerre immédiatement, si l'Allemagne se montrait raisonnable. A cette lettre était joint un billet ainsi conçu à l'adresse d'un étranger domicilié à Londres :

Paris, le 6 septembre 1870.

Le porteur du présent a toute ma confiance. Communiquez-lui tout ce que vous me communiqueriez à moi-même. et faites pour le mieux. Acceptez comme venant de moi tout ce que mon envoyé vous dira.

Cet étranger était allié à une personne de l'entourage du comte de Bismarck. Je devais lui demander d'aller voir cette personne, pour obtenir, par son entremise, une entrevue avec le chancelier, et savoir les véritables conditions de la paix. Après un court entretien, il me

15

dit qu'il était prêt à se charger de cette mission, et partit, le soir même, pour Bruxelles, en passant par Ostende. De là, il pouvait correspondre librement avec le quartier général prussien.

Quatre jours après, le 12 septembre, je reçus une lettre de mon envoyé m'apprenant qu'on lui avait promis un passe-port et les papiers nécessaires pour pouvoir arriver jusqu'au comte de Bismarck, ce qui n'était pas facile ; car les chemins de fer s'arrêtant à Valenciennes, il fallait de là traverser en voiture les départements occupés par des troupes de toutes armes. En attendant, il avait déjà appris de source officielle allemande, que la cession de l'Alsace serait une des conditions sine quâ non de la paix, et que pour les autres les Allemands se montreraient assez accommodants. Si le gouvernement de Paris voulait consentir à céder l'Alsace et à payer une certaine somme, l'Allemagne reconnaîtrait ce gouvernement et ferait la paix avec lui, à condition que cette paix fût ratifiée par une assemblée nationale constituée aussitôt que possible.

Je reçus, le 16 septembre, une nouvelle lettre de Bruxelles, par laquelle mon envoyé me mandait qu'il avait reçu les papiers nécessaires, et qu'on lui avait conseillé d'aller voir le comte de Bismarck à Meaux, en passant par Sedan. Le comte avait consenti à le recevoir.

Enfin, je reçus le 24 septembre une dernière lettre, par laquelle mon envoyé me faisait savoir qu'il avait eu une entrevue avec le comte de Bismarck à Ferrières. Le chancelier lui avait répété ce qu'on avait lui déjà dit à Bruxelles ; à savoir, qu'on voulait, en tout cas, entrer en possession de l'Alsace et qu'on pourrait négocier pour les autres conditions. Mon correspondant me chargeait de faire part de cette communication au gouvernement de Tours et de presser sa réponse, la Prusse devant bientôt accroître ses exigences, et ne plus les limiter à l'Alsace.

Je donnai connaissance immédiatement de ce qui précède au gouvernement de la défense nationale, mais, comme on le sait, la délégation ne voulut pas plus que le gouvernement de Paris entendre de semblables conditions, et mon envoyé revint, par conséquent, quelques jours après, à Londres, sans avoir rien conclu.

On a vivement reproché au gouvernement de la défense nationale d'avoir continué une lutte qui devait paraître désespérée et ruineuse pour le pays; mais ces accusations ne sont pas justifiées; car après tout, aucun Français ne voulait en réalité s'avouer vaincu, à cette époque, et renoncer à la lutte, aux conditions posées par l'Allemagne. Il faut être juste, surtout envers M. Gambetta, et avouer qu'il a bien mérité de la France par l'indomptable énergie dont il fit preuve, en organisant la défense, et qui à un certain moment lui valut même le respect de l'ennemi.

Sur ces entrefaites, M. Thiers, dans le cours de sa tournée en Europe, était arrivé à Londres, où j'allai le voir à l'ambassade de France, le 15 septembre, pour lui faire part de ce qui m'avait été mandé dans la lettre de Bruxelles du 12 septembre, mentionnée plus haut. M. Thiers qui venait d'avoir une entrevue avec lord Granville, semblait abattu et très mécontent de l'état des choses en France et de la continuation de la guerre. »Tout ce qui se fait chez nous, à l'heure actuelle, est de la folie,« me dit-il.

Il ne servait de rien pourtant, de perdre sitôt courage, et il me semblait que chacun devait faire son devoir sans arrière-pensée, et sans esprit de parti. J'employai alors le reste de l'année 1870 à étendre mes relations, et je fis tous mes efforts pour servir autant que possible la cause de la France à Londres. Par le canal de M. Borthwick, je fis la connaissance de M. Arthur Otway, qui était encore sous-secrétaire des affaires étrangères, mais qui donna sa démission, peu de temps après, parce qu'il désapprouvait la politique du gouvernement. Il avait de grandes sympathies pour la France, et par ses recommandations j'entrai en rapports avec plusieurs autres membres libéraux du parlement qui s'étaient séparés du ministère comme M. Otway et pour les mêmes raisons, et qui blâmaient sans ménagement l'attitude du cabinet de Londres vis-à-vis de la France. Je citerai entre autres Sir Henry Hoare, Sir Charles Dilke, M. W.-M. Torrens, puis M. Baillie Cochrane, membre tory, vieil ami de la France. Mes entretiens avec ces hommes distingués furent nombreux; leurs dispositions étaient parfaites. Je vis aussi M. Odo Russell, qui quitta, peu de temps après, le Foreign-office, pour se rendre en mission à Versailles. Il me fit l'effet d'un homme très intelligent, mais il m'était impossible d'être de son avis, lorsqu'il prétendit que le ministère n'était pas en réalité mal disposé pour la France.

J'allai un jour faire visite au bureau de la rédaction du *Times*, et j'y eus une longue conversation avec le «manager», M. Morris, qui est mort depuis, et qui professait une admiration enthousiaste pour le comte de Bismarck; il me fut impossible d'ébranler ses convictions. Il trouvait que la France avait mérité son sort; et m'étant permis de faire observer que l'Angleterre ne tarderait pas à ressentir les conséquences des défaites de la France, il prit un air moqueur, et ne voulut pas du tout admettre que les intérêts anglais en Orient pussent avoir à souffrir de l'écrasement d'un ancien allié. Lorsque quelques jours plus tard, le 31 octobre, le prince Gortchakoff déclara que la Russie ne voulait plus respecter le traité de Paris sur un point important, le *Times* fit bien la mine, pendant quelque temps; mais le réveil du lion ne fut pas de longue durée, et bientôt après, le journal de la cité et les autres amis du gouvernement reprirent leur sérénité habituelle.

Pendant tout ce temps je recevais souvent des lettres de mes amis de France, qui m'encourageaient à persévérer. Je reçus ainsi, vers le 15 octobre, du secrétaire général du ministère de l'intérieur, une lettre accompagnée des quelques mots de recommandation suivants:

Tours, le 6 octobre 1870.

Mon cher Louis Blanc,

Je vous recommande tout particulièrement M. Hansen qui vous remettra ce petit mot. C'est un Danois, très dévoué à la France, et qui pourra vous être fort utile.

A vous

Clément Laurier.

Je n'eus cependant pas occasion de faire usage de cette lettre, M. Louis Blanc ayant déjà quitté Londres.

On m'envoya plus tard de Bordeaux beaucoup d'articles qui m'aidèrent dans les communications que je faisais à la presse. Je citerai entre autres une protestation contre l'abandon de la France, rédigée par un homme politique très-considéré dans son pays:

Bordeaux, le 6 décembre 1870.

»Jamais d'aussi capitales questions n'ont été en même temps soulevées en Europe; jamais les éléments essentiels de la vie normale des peuples n'ont été troublés à ce point; toutes les complications qui menaçaient depuis longtemps, et que l'on voyait approcher, arrivent à la fois. L'unité de l'Allemagne est faite par la Prusse; l'empire germanique est rétabli après des victoires sans exemple, qui légitiment, en quelque sorte, des ambitions sans limite; l'existence des États neutres est menacée; la Hollande peut et doit tout craindre pour son indépendance; le Danemark est l'objet de convoitises non dissimulées; la Prusse veut des colonies et une marine, elle entend dominer sur la mer du Nord et dans la Baltique. En Orient, tout est de nouveau mis en question et la Russie, en attaquant un des traités de 1856, n'a pas d'autre but que de faire dans les défenses élevées alors contre ses ambitions, une brèche qui lui ouvrira la route du Danube et de Constantinople. La France épuisée lutte pour son honneur et son indépendance. Absorbée comme elle l'est par une défense héroïque, on voit déjà quelles conséquences aurait pour l'Europe sa disparition, même momentanée, de la scène politique. Que reste-t-il en Europe pour défendre la paix et maintenir l'équilibre nécessaire? L'Angleterre et l'Autriche; l'Angleterre surtout que sa force et sa sagesse ont maintenue intacte au milieu des violentes secousses, et qui tient, on peut le dire, dans ses mains, les destinées de l'Europe en même temps que son propre avenir.«

»Que fera l'Angleterre? Va-t-elle assister impassible et indifférente au triomphe d'une politique qui est la négation de tout ce qu'elle a voulu, la ruine de toutes ses traditions? Va-t-elle, après avoir lutté héroïquement contre Napoléon 1er, laisser la Prusse accomplir la même œuvre de conquête et d'asservissement? Va-t-elle laisser l'Europe péricliter dans les aventures où la poussent les ambitions de la Prusse? Va-t-elle oublier le récent et lamentable exemple de la France? L'Europe est en feu, parce qu'en 1864, elle a laissé écraser le Danemark; il s'agit aujourd'hui de la France, et les conséquences seront autrement désastreuses et rapides. Il a fallu six ans pour faire voir où conduisait la politique déplorable de 1864; il n'a pas fallu trois mois pour montrer où aboutirait l'inexplicable somnolence de l'Europe, pendant qu'on l'attaquait dans un des éléments essentiels de son existence.«

»Tout cela est évident, tout le monde s'en rend compte et tout le monde le dit. Cependant rien ne se fait, et les événements marchent avec une rapidité qui déroute les conjectures.«

»Où sont donc les grands ministres? Dans quelles mains sont donc tombées les destinées de l'Angleterre? Que diraient les hommes d'État qui ont fait sa grandeur, s'ils se réveillaient aujourd'hui? Le comte de Bismarck ne rencontrera-t-il jamais devant lui que des hommes d'État de la trempe de ceux qui nous ont perdus? On se le demande avec une

anxiété croissante, en présence d'une situation chaque
jour plus menaçante : où sont les grands ministres?«

Plus tard, lorsque les puissances eurent consenti à
résoudre la question d'une modification du traité de
Paris dans une conférence qui devait être tenue à Londres, le même correspondant m'envoya l'article suivant
sur la situation :

Bordeaux, le 22 décembre 1870.

»La France a accepté la conférence. C'est une preuve
de bon vouloir; mais cela ne suffit pas. Les questions
qui sont à l'ordre du jour portent plus haut et plus
loin, et l'affaire du traité de 1856 est loin d'être la
plus importante parmi celles qui sont soulevées. Il
est bon de prévenir les guerres futures; il serait
mieux d'arrêter l'épouvantable lutte sur le continent,
et l'intérêt de l'Angleterre n'y est pas moins engagé.
Si on laisse la Prusse poursuivre son œuvre, les décisions de la conférence seront d'avance frappées de sté-
rilité. Si l'on n'a pas su arrêter la Prusse, aujour-
d'hui que la France lui résiste avec tant d'énergie et
la tient en échec, pourra-t-on le faire plus tard? Et
si l'on se montre faible, mou, imprévoyant; si l'on
accrédite cette opinion déplorable, que les traités, con-
férences, conventions ne sont que des sursis diplomatiques à courte échéance, des expédients de pure forme,
si l'on fait cela, comment ne pas prévoir des conséquences fatales et trop clairement indiquées déjà?
La conférence ne sera rien sans une politique ferme
et énergique; et toute politique ferme et énergique,
toute politique européenne ne peut avoir qu'un objet:

garantir la paix en arrêtant la Prusse dans son œuvre
de conquête.«

En France on espérait encore obtenir du secours
par voie diplomatique; mais il fallait des succès militaires pour porter les puissances neutres à s'intéresser
au vaincu; jusque-là elles étaient comme paralysées
par le déploiement de force de l'Allemagne. Ces succès
que les amis de la France en Angleterre attendaient
avec impatience, ne se produisirent malheureusement
pas. Le rayon d'espérance qu'avait fait naître l'affaire
de Coulmiers, ne fut que de courte durée, et je ne remarquai qu'une seule fois pendant toute cette guerre,
de l'anxiété chez les Allemands à Londres; ce fut pendant la grande sortie de Paris. Celle-ci ayant aussi échoué,
l'espoir de voir les Français victorieux s'évanouit de
jour en jour chez tous ceux qui s'intéressaient à leurs
destinées.

Il n'y avait plus qu'une chose à faire : combattre
pied à pied l'influence que l'Allemagne, dès le début
de la guerre, s'était acquise partout en Angleterre,
dans le gouvernement, dans le parlement, dans la presse.
Je dois dire qu'à la longue on n'y échoua pas complètement.

Au mois de décembre, la conduite des Prussiens et
leur manière de faire la guerre pendant le siège de
Paris avaient excité l'animadversion publique en Angleterre, et cette circonstance venant s'ajouter au mécontentement déjà créé par la violation du traité de Paris,
les amis de la France s'en servirent avec succès pour
réagir contre le courant germanique. Les admirateurs
du comte de Bismarck avaient la parole déjà moins haute

dans la presse, et la cause de la France trouvait des partisans et des avocats dans les meetings populaires.

Ma mission consistait alors, outre mes travaux dans la presse, à tenir les amis de la France au courant de tout ce qui pouvait servir au but qu'ils poursuivaient. J'assistai en y prenant part, à presque tous les meetings tenus dans différentes grandes salles et sur les places publiques à Londres, où quelquefois les orateurs, bien qu'appartenant, pour la plupart, à la classe moins éclairée de la population, émettaient des opinions très sensées sur la politique que devait suivre l'Angleterre. Je fis aussi la connaissance de la majeure partie des tribuns qui exerçaient le plus d'action sur les masses. Parmi eux je puis citer le fameux Bradlaugh, qui me parut doué d'un talent oratoire vraiment incomparable. A la même époque, je fréquentais très assidûment les bureaux de journaux, où je restais souvent jusqu'à une heure très avancée de la nuit. On m'envoya de Bordeaux une brochure intitulée : »Recueil de documents sur les exactions, vols et cruautés des armées prussiennes en France«, que je fis circuler, par milliers d'exemplaires, parmi les membres du corps diplomatique et du parlement, dans la presse, dans les clubs etc. Dans toute cette partie de mes occupations, je fus patriotiquement secondé par un Français qui avait séjourné plusieurs années en Angleterre, et qui connaissait bien le peuple anglais.

En France M. Gambetta fit, vers la fin de l'année, des efforts immenses pour améliorer la situation militaire du pays. A ce sujet, on lira avec intérêt la communication suivante qui me fut faite de Bordeaux dans les derniers jours de décembre.

Bordeaux, en décembre 1870.

»Le gouvernement de la défense nationale a fait, depuis deux mois, d'immenses efforts dont il commence à recueillir les fruits; d'ici à quelques semaines la situation militaire de la France sera devenue très imposante, et quelques semaines encore nos armées dont les effectifs augmentent tous les jours, atteindront bientôt hors de Paris le chiffre de cinq cent mille hommes, traînant une artillerie de plus de deux mille pièces de canon. Ces pièces achetées hors de France ou construites dans nos grandes usines, appartiennent aux types les plus perfectionnés et atteindront une portée égale et même supérieure à celle des canons prussiens. Toutes celles de nos troupes qui doivent prendre part aux opérations militaires sont armées de fusils Chassepot ou d'autres systèmes perfectionnés se chargeant aussi par la culasse. Ces fusils se fabriquent journellement en quantités considérables dans nos usines; plus de quatre cent mille ont été achetés à l'étranger et il en arrive constamment. On travaille sans relâche à la transformation de cinq ou six cent mille fusils à baguette dont sont provisoirement armés ceux des gardes nationaux qui n'ont pas encore été mobilisés, qui forment, pour ainsi dire, la réserve de l'armée active et dont le nombre se monte à près de quatre cent mille hommes.«

»Si l'on considère que l'armée active, hors Paris, compte déjà plus de quatre cent mille combattants, et qu'il y en a deux cent mille dans Paris, on trouve que les forces disponibles dès aujourd'hui s'élèvent à six cent mille hommes, ayant derrière eux quatre cent mille gardes nationaux non mobilisés jusqu'ici, mais qui pourront être appelés à combler successivement les vides qui se produisent dans l'armée active, et qui peuvent bien se mesurer avec les recrues ou les soldats du Landsturm que la Prusse vient d'appeler sous ses drapeaux.«

»Les meilleurs soldats du roi Guillaume tombent journellement sous les balles de nos troupes à Paris. En Normandie et sur les bords de la Loire, la valeur militaire de l'armée prussienne va chaque jour en s'amoindrissant; l'infériorité de nos jeunes troupes se fait de moins en moins sentir et lorsque celles-ci seront appuyées par l'énorme artillerie que nous pourrons prochainement mettre en ligne, il est à supposer que les grandes masses françaises finiront par avoir raison des Prussiens qui, après nous avoir écrasés sous le nombre au début de la campagne, se verront, à leur tour, enveloppés par de nombreuses armées. L'artillerie de campagne de Paris ne doit pas compter moins de huit cents pièces de canon, dont il faut, par conséquent, ajouter l'action à celle des deux mille mentionnées plus haut.«

»Paris est approvisionné pour bien plus longtemps qu'on ne le croit, et surtout qu'on ne le dit au quartier général du roi de Prusse. La façon prévoyante dont les vivres ont été rationnés jusqu'à ce jour, permettra, en utilisant les réserves qu'avaient eu le soin d'amasser chez eux les particuliers, de prolonger la résistance deux mois encore, sans que les défenseurs ou leurs familles aient à souffrir de sérieuses privations. Les choses indispensables à la vie, le pain, le riz, le vin, les fruits secs sont en abondance telle, qu'on pourrait assigner un terme bien plus éloigné encore à la résistance, si la population, comme tout porte à le croire, préfère endurer des privations plutôt que de subir la douleur d'une capitulation.«

Dans les premiers jours de l'année 1871 il était évident qu'il s'était opéré un revirement dans l'opinion publique en Angleterre. De fréquents meetings dont on comptait quelquefois jusque à trois par jour, avaient décidément disposé le peuple en faveur de la France, et les classes éclairées avaient fini par comprendre ce qu'il y avait d'exorbitant dans la manière dont les Allemands poursuivaient la guerre, à la seule fin de réaliser des conquêtes. Pour être juste, il faut ici ajouter, que bien que les Anglais eussent été longtemps heureux de l'humiliation de la France, ils lui avaient toujours témoigné de la sympathie, à leur manière, par de nombreuses souscriptions pour venir au secours des Français nécessiteux, surtout de ceux qui s'étaient réfugiés en masse à Londres. Ces actes de bienfaisance tranchaient avec la rigueur égoïste de la politique gouvernementale.

Vers la fin de janvier, les sympathies pour la France, surtout pour l'héroïque Paris, s'accentuèrent tellement à Londres que je me hasardai à engager mes amis du parlement à tenter un grand effort, afin que le cabinet prît sur lui de réclamer et d'intervenir dans les négociations. On y avait déjà pensé, lorsqu'il était question de l'arrivée de M. Jules Favre à Londres, où il avait été appelé à siéger dans la conférence pour les affaires d'Orient. Mais cette combinaison dut échouer devant la décision de M. Jules Favre lui-même qui préféra rester à Paris, et il fallait reprendre l'affaire sous une autre forme. J'en parlai à M. W. M. Torrens, membre du parlement, qui s'était souvent prononcé en faveur de la France. J'eus avec lui plusieurs entretiens au cours desquels il exprima l'opinion que le gouvernement anglais devrait se mettre en avant pour faciliter la conclusion d'une paix acceptable. »J'ai toujours pensé comme feu le duc de Wellington«, me dit-il un jour, »que les intérêts bien entendus des deux puissances occidentales seraient compromis, si la France était humiliée ou si elle cessait, même momentanément, d'être une grande puissance; par conséquent, je crois qu'il est de mon devoir, comme représentant du peuple anglais, de rappeler à notre gouvernement, qu'il ne devrait souffrir, sans protester, aucune atteinte à l'intégrité du territoire français«. Un député dans ces idées, était l'homme qu'il fallait pour l'interpellation parlementaire que nous projetions.

Quelques jours après, je reçus une lettre de M. Torrens, m'apprenant que l'affaire était en bon train.

A M. Torrens s'étaient joints les autres amis de la France : M. Auberon Herbert, Sir Henry Hoare, M. Baillie Cochrane, Sir Charles Dilke etc. etc., et l'interpellation eut réellement lieu le 17 février. Elle dura de cinq heures du soir à une heure du matin et donna lieu à une discussion très intéressante, dans le cours de laquelle on se servit des expressions les plus dures à l'adresse de l'Allemagne.

Le débat fut ouvert par Sir Robert Peel. L'orateur blâma en termes sévères la politique du ministère, qu'il regardait comme une humiliation pour son pays. Il demanda que le gouvernement agît comme l'exigeaient la place qu'occupait l'Angleterre en Europe et son alliance de longue date avec la France. D'après lui le militarisme en Allemagne, constituait un grand danger pour la paix de l'Europe, et le moyen le plus efficace de le combattre, dans le présent, c'était d'interposer une médiation énergique entre les belligérants. Sir Robert Peel cita quelques traits de vandalisme commis par les soldats allemands, et soutint que l'Angleterre se rendait impopulaire à l'étranger. »Les Anglais,« ajouta-t-il, »ne peuvent plus voyager en Allemagne, sans qu'on se moque d'eux. Le pays désire soutenir le gouvernement, si celui-ci veut agir, et négocier une paix à des conditions raisonnables.«

Sir Henry Hoare et M. Baillie Cochrane parlèrent dans le même sens; mais le discours qui produisit le plus d'effet et qui porta le plus juste, fut celui de M. Torrens.

»Ce que je désire,« dit l'orateur, »c'est que notre gouvernement s'aperçoive qu'il doit, dans nos intérêts, user de son influence pour assurer l'indépendance de la France. L'histoire nous apprend ce qu'il faut entendre par là. Lorsqu'on discuta les conditions de la paix de Vienne en 1815, le point capital que l'on avait en vue était de rechercher ce qui était compatible ou incompatible avec l'indépendance de la France, et l'Angleterre usa alors de toute son influence morale pour sauvegarder l'indépendance de cette nation, avec laquelle elle venait, pourtant, de terminer une lutte effroyable. Et quel fut le résultat de cette sage politique? Cinquantecinq ans de paix et une longue alliance de l'Angleterre et de la France. Il serait à désirer, par conséquent, que le gouvernement s'efforçât d'assurer à l'Europe une paix

durable et non une simple halte avec la durée d'un
armistice. L'Allemagne elle-même ne pouvait être indifférente à ce résultat. Mais il ne pouvait en être question, si le vaincu était obligé de subir des conditions
exagérées. Il y avait bien en Allemagne un parti de
la guerre qui voulait pousser les choses à l'extrême;
mais les artisans et les ouvriers étaient dans des idées
plus sages et plus équitables.«

L'orateur ne réclamait pas l'intervention des puissances neutres, mais il leur demandait une intercession
amicale qui ne déplairait peut-être pas au vainqueur
lui-même. La France se relèverait en peu de temps,
on en pouvait être convaincu. Mais tous ses voisins ne
devraient-ils pas souhaiter qu'elle se relevât avec des
idées de paix et non avec le désir de la revanche?
La France n'oublierait jamais ceux qui feraient aujour-
d'hui des efforts pour lui venir en aide dans sa détresse.
Notre gouvernement avait donné à l'Allemagne assez
de gages de mansuétude et de prévenance. L'orateur
avait parcouru avec soin le »Blue Book«. Or, il lui avait
été impossible d'y découvrir la trace d'aucune démarche
du cabinet pour recommander la modération à l'Allemagne. C'était une faute, et si l'Angleterre avait suivi
une autre politique, elle aurait pu prévenir bien des
malheurs, lorsque la guerre avait recommencé après la
capitulation de Sedan. A cette époque, l'Angleterre n'avait
qu'à dire à l'Allemagne : »Nous rappellerons notre ambassadeur de Berlin, si vous n'offrez pas maintenant à
la France des conditions raisonnables, de manière à mettre
un terme à cette barbare effusion de sang«; les affaires
auraient alors sans doute pris une autre tournure. Mais
l'Angleterre n'avait rien fait et les conséquences de cette

inaction n'avait pas tardé à se produire. Quatre semaines après, on déchirait le traité de Paris de 1856 et une nouvelle insulte nous était faite par les États-Unis. Le principe de non-intervention n'a servi qu'à diminuer notre prestige. Tous ces événements indiquaient avec clarté que le moment était enfin venu d'adopter une politique plus résolue, et d'empêcher que des conditions exorbitantes ne fussent imposées à la France.

Cet excellent discours, et d'autres également très-politiques qui furent prononcés dans la même discussion, firent une profonde impression sur le peuple anglais, bien que la motion qui avait donné lieu à l'interpellation fût rejetée par la majorité ministérielle. Aussi, je crois bien que le gouvernement se crut obligé d'adresser alors des représentations amicales à Versailles pour recommander la modération aux vainqueurs; et, autant que je sache, ce fut grâce à l'intervention opportune de l'Angleterre que l'indemnité de guerre fut réduite de six à cinq milliards.

Je considérai alors ma mission à Londres comme terminée. Je restai pourtant dans cette ville jusqu'à la fin du mois, et j'y étais encore à l'arrivée du duc de Broglie, à qui le gouvernement de M. Thiers venait de confier les fonctions d'ambassadeur de France auprès de la Reine. Au moment de son départ, les préliminaires de paix se discutaient à Versailles. M. Thiers n'avait fait connaître au duc que les exigences financières des Allemands; sur les autres conditions, le chef du pouvoir exécutif avait gardé le secret.

Le nouvel ambassadeur fut du reste accueilli à Londres avec les témoignages de la plus vive sympathie, et quoi qu'on en ait dit, il eut toujours l'habileté et le tact de les développer. Ce qui est vrai, c'est qu'ayant rencontré, sans en être prévenu d'avance, à un diner auquel il assistait, M. Delane, rédacteur en chef du *Times*, le duc du Broglie évita de lui adresser la parole; mais il n'y avait là rien que de très compatible avec la dignité de l'ambassadeur de France.

Au commencement du mois de mars, j'arrivai à Bruxelles qui était rempli de réfugiés français dont le nombre augmenta énormément, lorsque la commune eut inauguré son règne de terreur. Je quittai cette ville dans les derniers jours d'avril me rendant à Versailles. Ce voyage, alors très-long et très-pénible, à cause des réparations que l'on faisait aux ponts des chemins de fer et de la guerre contre la commune, dura vingt-huit heures. Je trouvai installés à Versailles M. Thiers et son gouvernement, ainsi que le Corps diplomatique. La plupart des journaux s'imprimaient alors dans cette ville, où je retrouvai le *Moniteur universel* et mes vieux amis attachés à sa rédaction.

Je n'éprouve aucun désir de m'arrêter sur les événements auxquels nous avons tous assisté dans ces jours néfastes, et il vaut mieux que je jette un voile sur le triste spectacle qui s'offrit à nos regards.

Le 28 mai, je réintégrai mon domicile à Paris.

CHAPITRE XIV.

M. Gambetta arrive de St Sébastien à Paris. Son élection comme député. Mon entretien avec lui le 4 juillet 1871. L'intérieur de M. Gambetta à cette époque. J'essaie de lui enseigner l'allemand. — La politique européenne pendant l'été de 1871. — Les empereurs Guillaume et François Joseph se rencontrent à Salzbourg, accompagnés de leurs chanceliers. — Démission du comte de Beust de ses fonctions de chancelier d'Autriche. Nomination du comte Andrassy. — Difficultés que rencontre M. Thiers pour fonder une république modérée. — Mes relations avec M. Casimir Périer et le comte de Rémusat.

Le 29 juin 1871, M. Gambetta arriva de St Sébastien à Paris, et fut porté en tête de la liste radicale, aux élections du 2 juillet. Il avait, quelques jours auparavant, prononcé, à Bordeaux, un discours où il avait déclaré que le gouvernement d'alors devait être reconnu par tous les citoyens et qu'il avait droit à leur estime. Aux élections il réunit 115,000 voix dont une grande partie lui fut donnée par l'arrondissement de Belleville.

Comme je n'avais pas vu M. Gambetta depuis août 1870, je désirais avoir un entretien avec lui, et j'allai le voir le 4 juillet, rue Montaigne, où il occupait un modeste logement de quinze cents francs par an. Tout son train de maison portait le cachet de la sévérité républicaine la plus classique. Une vieille sœur de sa mère dirigeait sa maison, sans servante, mais secondée par un ex-mobile du nom de François, espèce de maître Jacques qui cumulait les fonctions de domestique et de valet de chambre. Cette digne tante n'avait pas quitté M. Gambetta depuis son enfance, et avait particulièrement veillé à son éducation et à ses études, auxquelles elle avait consacré sa petite fortune. Elle lui était naturellement très dévouée; elle veillait avec sollicitude à son bien-être, aussi bien qu'à ses fréquentations, et il n'était pas facile d'échapper à son regard vigilant, lorsqu'on n'avait pas ses grâces. Je trouvai Gambetta dans son cabinet de travail, où bien des objets indiquaient la situation politique du maître du logis. Je vis sur la cheminée un grand bronze, provenant d'une souscription à dix centimes, faite en Alsace; à côté il y avait des statuettes de Mirabeau et de la Liberté, dont la dernière était un legs de Charras. Aux murs étaient suspendus les portraits de Danton et de Marat, ainsi que cette jolie toile de Henner : « la jeune Alsacienne » dont on venait de faire hommage à M. Gambetta. L'ameublement de la pièce, ainsi que celui de la salle à manger et de la chambre à coucher, était aussi modeste que celui d'un jeune membre du barreau.

M. Gambetta me remercia d'abord de ce que j'avais fait à Londres; puis, lui ayant demandé pourquoi il ne s'était pas prononcé sur la Commune de Paris et ne l'avait pas désavouée, il me répondit en entrant dans de longs détails : « Il faut vous souvenir que le 5 février j'avais donné ma démission comme membre du gouvernement, et que, dès cette époque, je n'étais plus qu'un simple particulier. Dégoûté et ennuyé de tout, j'étais allé à St Sébastien pour rétablir ma santé ébranlée par les fatigues physiques et morales. Je vivais entièrement parmi les pêcheurs espagnols et passais plus de la moitié du jour sur mer. Je ne lisais pas un seul journal français et ne voyais pas un seul de mes amis. Je pensai souvent alors à m'engager dans des entreprises industrielles. J'appris, le 22 mars, par un journal espagnol, l'affaire de Montmartre et l'insurrection de Paris. J'étais convaincu, comme je le suis encore, que la cause de ce malheur devait être attribuée surtout à MM. Favre, Simon, Picard et Ferry. Ils gardaient rancune à la ville de Paris de ce que les élections de février eussent prouvé clairement combien l'on était peu satisfait de leur administration, en ne leur donnant qu'un nombre de voix insignifiant. Ils voulaient se venger, ces messieurs, et ils donnèrent, par conséquent, libre carrière à ce qu'ils croyaient alors ne devoir être qu'une échauffourée peu dangereuse, qui leur eût servi de prétexte pour châtier Paris. Mais ils s'étaient trompés dans leurs calculs. Au lieu d'humilier Paris ils furent obligés de fuir en toute hâte, emmenant M. Thiers avec eux; et c'est ainsi qu'il fut possible à la Commune, ou plutôt à un homme que je ne veux pas nommer, de s'emparer du pouvoir. Comment aurais-je pu intervenir, moi qui étais alors absent? Si j'avais été à Paris comme ministre de l'intérieur, je me serais installé à l'Hôtel de ville, et entouré de tous les bons citoyens j'aurais dit à la canaille : »Me voilà. qu'est-ce que voulez?« Ainsi placé entre Versailles et Paris, j'aurais servi de médiateur entre eux et j'aurais probablement aplani le différend. Mais absent, je ne pouvais rien faire. Si j'avais écrit et publié mes écrits, on aurait dit : »Pourquoi ne vient-il pas lui-même? pourquoi n'est-il pas ici?« Mais il était déjà trop tard pour venir; il ne m'aurait pas été possible d'empêcher les scènes scandaleuses qui ont eu lieu. Dans ce genre d'affaires il faut agir au jour et à l'heure«.

Nous parlâmes ensuite des élections qui venaient d'avoir lieu et dont M. Gambetta était très satisfait:

,Je suis surtout très content de mon élection à Paris,« me dit-il; c'est une protestation contre les calomnies et les outrages dont on m'a abreuvé en mon absence. Souvenez-vous que je n'étais pas soutenu par un seul organe; tous les journaux étaient contre moi, et cependant j'ai obtenu 115,000 voix à Paris, où 60,000 de mes électeurs précédents avaient été rayés des listes. Dans les provinces, beaucoup de mes amis personnels et de membres de mon administration ont été élus, tels que Cazot, mon ci-devant secrétaire général, bon nombre de mes préfets et maires, Jaurès et Faidherbe, que j'avais promus au grade de général; ce dernier a même été élu trois fois. Tout cela prouve que la France ne réprouvera jamais un homme qui a eu foi en sa force et en sa bonne fortune. Il ressort clairement des élections que la république est beaucoup plus consolidée qu'on ne le croit. Nous allons maintenant fonder une république modérée et rationnelle qui sauvera la France.«

M. Gambetta me développa ensuite son programme pour l'avenir :

»Nous devons veiller à ce que les paysans reçoivent de l'instruction; il faut surtout faire disparaître les scissions qui existent entre les classes de la société. Il faut que nous adoptions une politique patriotique. Il faut militariser la France.«

En somme, l'impression que produisait sur moi cet entretien, c'est que M. Gambetta se séparait de M. Thiers sur beaucoup de points et qu'à cette époque, il ne sympathisait que très-peu avec lui; il ne le croyait pas républicain sincère et était, en outre, très mécontent de la manière dont MM. Thiers et Jules Favre avaient conduit les négociations pour la paix.

A partir de cette époque, je vis assez souvent M. Gambetta, auquel je donnai même, à sa demande, quelques leçons d'allemand. Il désirait apprendre cette langue; mais en sa qualité de méridional, il éprouvait de très grandes difficultés pour la prononciation, ce qui donna lieu un jour à une scène véritablement comique. Je voulais apprendre à mon illustre élève à prononcer «*ich habe.*« Il fallait, comme disent les grammairiens, aspirer la lettre H; mais en dépit de tous mes efforts, je ne pus obtenir de lui que «*ich abe*«; il n'y avait pas la moindre aspiration. Nous criâmes alors si fort que la tante de M. Gambetta se précipita dans l'appartement, croyant que je voulais assassiner son neveu.

Cependant l'été s'écoulait assez paisible quant à la haute politique. En Allemagne, où la consolidation de l'unité nationale avançait à pas de géant, les troupes firent leur entrée triomphale dans toutes les principales villes, aux acclamations du peuple. Les empereurs Guillaume et Alexandre se rencontrèrent à Ems en juillet, et les liens d'amitié qui unissaient déjà les deux monarques alliés par la parenté y furent encore resserrés ostensiblement. Les journaux annonçaient même que l'empereur François Joseph allait aussi se rendre à

Ems, et prédisaient déjà qu'on se proposait de faire revivre la sainte alliance de 1815; mais ces prédictions ne se réalisèrent pas, au moins immédiatement. En revanche, l'empereur Guillaume, accompagné du prince de Bismarck, se rendit an mois d'août à Salzbourg et à Gastein, où il se rencontra avec l'empereur François Joseph et ses ministres dirigeants, les comtes de Beust et Andrassy.

On ne sait pas, au juste, ce qu'on y débattit; mais les journaux officieux de l'Autriche et de l'Allemagne répétèrent à l'unisson que les deux empires avaient mis d'accord leurs intérêts, et que leur entente cordiale aurait pour effet de garantir le maintien de la paix en Europe. Le parti allemand à Vienne fut touché de cette prévenance du comte de Beust envers son ancien adversaire et rival, le prince de Bismarck. Tout ceci ne sauva pourtant pas le chancelier d'Autriche; car il fut invité, le 6 novembre 1871, par l'empereur François Joseph, à donner sa démission. Le comte avait exercé pendant cinq ans la direction de la politique autrichienne; elle passa de ses mains dans celles du président des ministres hongrois, le comte Julius Andrassy. Peu de temps après, le comte de Beust fut nommé ambassadeur d'Autriche à Londres.

Vers la même époque le prince de Metternich, qui avait été pendant bien des années ambassadeur d'Autriche à Paris, se retira du service d'État, et le corps diplomatique perdit ainsi un de ses membres les plus sympathiques et les plus brillants. J'ai eu l'honneur de connaître le prince et je puis attester que sa démission causa de vifs regrets à Paris, où il s'était fait de nombreux amis par son caractère franc et loyal. Sa retraite est due surtout à **M.** Thiers qui craignait, bien qu'à tort, qu'il n'abusât de sa position pour servir la cause de l'empereur Napoléon et de sa famille.

M. Thiers inaugurait ainsi le système de suspicion si cher aux républicains, et qui consiste à demander compte à un diplomate, avant tout, de ses opinions politiques. Quand cette règle est appliquée à des agents étrangers, elle peut éveiller des susceptibilités qui, en somme, sont regrettables pour l'intérêt du pays d'où elles partent; quand on l'invoque abusivement contre des diplomates français, on arrive trop souvent à désorganiser le service de la représentation à l'étranger. C'est ainsi que le gouvernement de la République a eu tort d'éloigner d'une carrière dont ils étaient l'honneur, **MM.** le marquis de Chateaurenard, le vicomte de St. Ferriol, le comte de Chaudordy, et tant d'autres qui se sont vus écartés, uniquement pour satisfaire des ambitions de parti, la plupart du temps mal justifieés.

M. Thiers n'en faisait pas moins, il faut le reconnaître, des efforts patriotiques pour réorganiser cette France si cruellement éprouvée et pour rétablir la légalité dans le pays; mais entre lui et la majorité de Versailles se dressa bientôt la question de la forme du gouvernement, et l'accord des deux pouvoirs ne tarda pas à être compromis. M. Thiers était assurément de bonne foi dans les tentatives qu'il faisait pour fonder une république modérée; mais il avait à lutter contre les tendances monarchiques de la représentation nationale, pendant que les républicains de la veille, encore imbus de leurs anciens préjugés, s'appliquaient à effrayer les conservateurs par leurs exigences et leurs déclamations à la tribune et dans la presse. M. Thiers voulait encore moins d'une république radicale que de la monarchie. Ainsi nous le voyons, vers la fin de l'anneé 1871, incliner, selon les circonstances, tantôt à droite, tantôt à gauche. Il avait été nommé Président de la République (motion de Rivet), mais seulement pour la durée des pouvoirs de l'assemblée dont il tenait son mandat. La France se trouvait ainsi dans une situation transitoire. L'on ne pouvait appeler son régime ni la république ni la monarchie. M. Thiers ne voulait pas encore engager définitivement l'avenir et, dans le présent, il trouvait sa tâche principale à empêcher la restauration de l'Empire. Le ton acerbe de son message du 7 décembre, où la politique militaire et l'administration des finances de l'Empire sont malmenées si rudement, en est une preuve évidente.

Cependant des mutations importantes avaient eu lieu dans le ministère du 13 février, surtout à cause des mauvaises dispositions de la majorité conservatrice pour les ministres qui avaient pris part à la révolution du 4 septembre 1870. M. Lambrecht avait succédé à M. Picard, ministre de l'intérieur, et à sa mort, qui arriva le 8 octobre, M. Casimir Périer, un des fils du célèbre homme d'État de Louis Philippe, lui avait succédé à son tour; le comte Charles de Rémusat, vieil ami de M. Thiers et ci-devant monarchiste, qui avait comme lui acquis la conviction que la république était nécessaire, avait remplacé M. Jules Favre au ministère des affaires étrangères, le 2 août. J'avais eu l'honneur, à Versailles, d'être présenté aux deux nouveaux ministres qui me faisaient part, assez souvent, de leur opinion sur

les questions à l'ordre du jour. J'avais surtout un grand
intérêt à être en rapport avec M. de Rémusat qui
était non seulement très bienveillant, mais qui possédait
en outre une vaste instruction politique. Je n'ai jamais
eu qu'à me louer de son accueil.

CHAPITRE XV.

Premier emprunt national français. Souscription patriotique des dames françaises. Dernier grand emprunt national du 28 juillet 1872. On souscrit pour 44 milliards. — Mon voyage en Allemagne en 1872. Visite au baron de Blixen-Finecke à Bade. Entretien à Copenhague avec le baron Rosenœrn-Lehn, ministre des affaires étrangères danois. Ma mission auprès du comte Arnim au sujet du paragraphe V du traité de Prague. Colère du prince de Bismarck. — L'alliance des trois Empereurs cimentée à Berlin en septembre 1872. Politique extérieure de l'Empereur François Joseph. — L'empereur Napoléon III meurt le 9 janvier 1873.

Dans l'année 1872 l'attention de la France fut absorbée principalement par les grandes questions financières et économiques et l'évacuation du territoire. Après que le Trésor eut encaissé le premier grand emprunt de 2,500 millions et que les deux premiers milliards de l'indemnité eurent été ainsi payés, il restait à servir les trois derniers milliards et à libérer le plus promptement possible les départements de l'Est.

Il y eut entre l'Allemagne et la France de fréquents pourparlers à ce sujet, depuis la fin de l'année 1871, jusqu'à une époque très avancée de l'année 1872.

Du côté de l'Allemagne, ces négociations furent conduites surtout par le comte d'Arnim, qui avait été nommé, le 1er septembre 1871, ambassadeur extraordinaire auprès de la République française. C'est ce même diplomate qui devait bientôt acquérir une grande célébrité par sa lutte contre le prince de Bismarck où il fut, certes, traité bien durement par le chancelier en courroux. Je fis la connaissance du comte d'Arnim pendant l'hiver de 1872, et je trouvai en lui un diplomate spirituel et expérimenté, qui jugeait peut-être un peu cavalièrement les grandes questions politiques, mais qui était, à n'en pas douter, fort capable de remplir la place qu'il occupait.

Mes occupations au *Moniteur universel* et la part que je pris à cette grande œuvre patriotique, qu'on désignait du nom de »Souscription des dames françaises« pour contribuer à la libération du territoire, absorbèrent tout mon temps pendant l'hiver. L'idée émanait de M. Paul Dalloz, directeur du *Moniteur*, et elle obtint bientôt l'adhésion du public. On organisa un comité de dames, dont les réunions eurent d'abord lieu dans l'hôtel de M. Drouyn de Lhuys. Parmi les membres les plus actifs, il faut citer Madame Drouyn de Lhuys, la princesse Czartoryska, la comtesse de Montblanc et Madame Camille Sée, auxquelles s'adjoignit un comité directeur d'hommes dont M. Drouyn de Lhuys était président. Les dons volontaires affluèrent, et des sommes considérables furent souscrites, mais le gouvernement ne se montra pas disposé à soutenir l'entreprise et le comité dut enfin se dissoudre, sans avoir pu atteindre le but généreux et patriotique qu'il s'était proposé. Les sommes qui avaient été immédiatement versées, s'élevant à un peu plus de huit millions de francs, furent employées plus tard à former un fonds pour les Alsaciens et les Lorrains qui avaient abandonné leur pays natal.

Pendant ce temps, le gouvernement avait terminé ses négociations avec l'Allemagne pour le payement du solde de l'indemnité de guerre et pour l'évacuation du territoire. Le 28 juillet 1872, le ministre des finances émit un emprunt national de trois milliards. On y souscrivit dans le monde entier. Les demandes s'élevèrent à quarante quatre milliards, ce qui fut pour la France le plus grand triomphe financier que jamais pays ait remporté.

Au mois de juillet j'entrepris un voyage en Danemark, en passant par l'Allemagne, et je me rendis d'abord à Bade, où je vis le baron de Blixen-Finecke pour la dernière fois. Lorsque j'entrai, le prince de Galles prenait justement congé du baron, dont on désespérait depuis longtemps et que je trouvai étendu sur son lit de douleurs, entouré des soins touchants que lui prodiguait la princesse Augusta. Ses souffrances étaient grandes, mais son esprit avait conservé toute sa lucidité; le malade persistait dans ses idées et aspirations et n'avait rien rabattu de son admiration pour le prince de Bismarck.

A Berlin où je rencontrai quelques-unes des personnes avec lesquelles j'avais autrefois eu des relations, je trouvai le monde officiel tout occupé à tirer le meilleur parti possible de la situation et à assurer, au nouvel empire, des alliances de tous côtés. Les autorités militaires travaillaient, comme toujours, avec un zèle infatigable pour compléter la réorganisation de l'armée. On désirait que le calme se rétablît, pour le moment, en France jusqu'à ce que les derniers milliards eussent été payés, et l'on soutenait, jusqu'à un certain point, le gouvernement de M. Thiers, sans vouloir pourtant l'appuyer diplomatiquement. Il entrait dans le plan du prince de Bismarck d'empêcher qu'un gouvernement régulier et fort ne se constituât jamais en France.

Ces bons Berlinois étaient encore plus fanfarons (grossmaülige) que jamais et prenaient beaucoup de plaisir à déclarer que Berlin était alors la capitale du monde. Mais il fallait, à vrai dire, qu'ils payassent cher cet honneur. Les prix de toutes les commodités de la vie avaient considérablement augmenté; les loyers avaient doublé; un banquier ou un grand marchand, qui dépensait autrefois huit mille thalers par an, avait toutes les peines du monde à joindre les deux bouts, avec le double de cette somme, et il en était de même dans les autres classes de la population.

Avant mon départ de Copenhague pour la France dans les premiers jours d'août, le baron de Rosenœrn-Lehn, ministre des affaires étrangères danois, me chargea d'une mission en Allemagne. Elle se rapportait à la rencontre projetée des trois Empereurs à Berlin pour le mois suivant. Le ministre était d'avis que le Danemark pourrait peut-être profiter de cette circonstance, pour tâcher d'arriver à une solution définitive de la question du Slesvig du Nord, et il lui importait, par conséquent, de préparer le gouvernement allemand à cette démarche et de le sonder sur ses intentions. J'entrai dans les vues de mon gouvernement et comme je savais que le comte d'Arnim, que j'avais connu à Paris, se trouvait précisément à cette époque en congé en **Allemagne**, je résolus de m'adresser à lui et de solliciter ses bons offices. Le comte m'avait antérieurement donné à entendre qu'il avait des sympathies pour le Danemark, et je ne savais pas que, déjà à cette époque, il n'était plus en faveur auprès du chancelier. Je cherchai le comte d'Arnim aux bains de Heilige-Damm, en Mecklenbourg, et comme il venait d'en repartir, je le trouvai aux courses de Francfort-sur-le-Mein. Je lui exposai immédiatement les vœux de mon gouvernement : le cabinet de Copenhague tenait beaucoup à faire trancher le sort du Slesvig septentrional lors de la rencontre prochaine des trois Empereurs, et j'ajoutai que le roi ou le prince royal de Danemark se rendrait au besoin à Berlin à cet effet, s'il y avait espoir d'arriver à un résultat favorable.

Le comte d'Arnim répondit qu'il prévoyait de grandes difficultés dans cette affaire ; mais qu'il exposerait, néanmoins, au prince de Bismarck le but de ma visite, et il tint parole. En réponse, il reçut quelques jours après, une lettre assez sèche du factotum du prince de Bismarck, M. Lothar Bucher, faisant savoir au comte d'Arnim que ma démarche déplaisait au prince de Bismarck, et que le comte avait fait preuve d'un manque de tact en commettant la maladresse d'envoyer un rapport à ce sujet.

Un mois après eut lieu à Berlin la fameuse rencontre des trois Empereurs. L'empereur Alexandre arriva le 5 septembre accompagné de ses deux fils, le grand duc héritier et le grand duc Wladimir, et du prince Gortchakoff. Le lendemain, ce fut le tour de l'empereur François Joseph, avec le prince héritier Albert de Saxe et le comte Andrassy. La présence de ce dernier, en telle compagnie, était vraiment un fait remarquable pour le monde politique qui suivait les événements depuis plusieurs générations. »Lorsque je pense,« me dit alors un Anglais, »que je reçus à Londres, il y a vingt ans, la visite du comte Andrassy, qui avait été condamné à être pendu pour avoir pris part à l'insurrection de Hongrie, et qui venait solliciter mon appui pour faire imprimer quelques correspondances dans les feuilles anglaises, afin de se procurer des moyens d'existence; et que je le vois maintenant à Berlin, avec les trois Empereurs, j'avoue que je trouve réellement les voies du destin impénétrables.« Mais l'âme de l'affaire, c'était le prince de Bismarck. Quel plus beau triomphe pour lui que cette réunion des souverains du Nord s'épanchant à Berlin dans le tête-à-tête le plus intime, et donnant ainsi à l'Europe étonnée le spectacle imprévu de leur bonne harmonie! Le but du chancelier était évident : il voulait profiter du moment où l'empire d'Allemagne était encore dans tout l'éclat de ses victoires, pour lui assurer les alliances les plus propres à décourager, parmi les Français, l'espoir d'une revanche. Il est certain que pendant cette série de fêtes brillantes et de représentations de gala, il y eut des arrangements conclus entre les trois Empereurs et leurs premiers ministres, arrangements en vertu desquels, ils se garantirent la possession mutuelle de leurs États, dans l'intérèt de la paix, comme on disait; et la paix pour l'Allemagne, c'était le maintien de la paix de Francfort. Mais ces conventions, je crois pouvoir le dire, ne furent pas écrites, de telle sorte que si l'alliance des trois Empereurs, comme on l'a appelée, a joué, pendant quelques années, un certain rôle dans les événements qui se sont accomplis en Europe, et si elle a servi utilement

les vues de l'Allemagne, elle n'a pu éviter néanmoins
le sort de ces sortes de créations. Elle n'appartient
plus désormais qu'à l'histoire. On peut s'expliquer que
la Russie, pour plusieurs motifs, ait consenti à faire
partie de cette alliance, mais il est inexplicable pour
bien des personnes que l'Autriche y ait adhéré. Je
vais, à cet effet, rapporter ici une conversation que j'eus
sur ce sujet avec un diplomate étranger quelques années
plus tard.

» Pour bien juger les motifs qui ont porté l'empereur
François Joseph à se prêter à cette alliance des trois
empereurs, de création bismarckienne et à y persister «
me dit mon interlocuteur, » il faut tenir compte des dispositions et des opinions politiques de ce souverain loyal
et chevaleresque. Il faut se souvenir qu'il monta sur
le trône à l'âge de dix-huit ans, à la suite de l'abdica-
tion forcée de l'empereur Ferdinand et de la renoncia-
tion également forcée de son père. Le but qui lui fut
proposé comme condition de salut pour l'Autriche à
son avènement, fut de lutter contre la révolution et de
la réprimer. Il y avait là déjà de puissants motifs pour
l'empereur François Joseph de rechercher l'appui des
États que l'on devait considérer comme les représentants
des principes conservateurs; ajoutez à cela l'influence
que sa mère, cette énergique archiduchesse Sophie, si
éminemment douée, exerça longtemps sur lui. Exclue
elle-même du trône, elle pensait que son fils ne pouvait
éviter le sort de son époux qu'en domptant la révolution, non seulement en Autriche, mais dans toute l'Europe. Ces impressions et ces doctrines de sa jeunesse,
avaient exercé une grande influence sur l'esprit de l'Empereur, et ce n'est qu'à condition d'en tenir compte

qu'on peut arriver à comprendre sa politique. Après
que l'administration malheureuse de Schwarzenberg et
l'ingratitude de l'Autriche envers la Russie l'eurent
conduite à la guerre d'Italie en 1859, et à celle d'Allemagne en 1866, l'empereur François Joseph résolut de
prendre lui-même la direction de la politique extérieure
de son Empire; et il est, par conséquent, très-naturel
que, d'accord avec ses principes, il se soit allié aux
puissances conservatrices. Il ne veut pas s'unir avec la
France actuelle ni avec l'Angleterre; par contre, suivant
l'exemple de l'empereur François 1er et de Metternich,
il lui convient parfaitement d'agir de concert avec la
Prusse et la Russie, d'autant mieux qu'il regarde, en
outre, la France avec sa forme de gouvernement républicaine comme représentant la révolution. Par conséquent, l'alliance des trois empereurs convient parfaitement à sa politique, et il fera sans doute de grands
sacrifices pour la maintenir. Quant au comte Andrassy,
il se flatte maintenant d'avoir, par cette alliance, retiré
l'Autriche de sa position isolée; mais il n'aurait jamais
pu s'y engager, si son souverain, dont il faut qu'il adopte
les idées sur la politique extérieure pour conserver sa
haute situation, n'y avait été lui-même disposé; et le
comte restera fidèle à l'alliance autant que possible,
parce qu'il est grand admirateur du prince de Bismarck.
Il regarde ce que celui-ci a accompli comme l'idéal
vers lequel doivent tendre les efforts d'un homme d'État;
il se conforme, par conséquent, aux désirs de son grand
modèle, et ne s'aperçoit pas que de cette façon il renonce à une politique indépendante. «

En France naturellement on n'était pas sans inquiétudes sur l'alliance des trois Empereurs, mais M. Thiers

faisait bonne mine à mauvais jeu, et se consolait en pensant qu'après tout les souverains du Nord étaient désireux de maintenir la paix en Europe. Du reste, à la fin de l'année 1872 les luttes parlementaires devinrent très-ardentes à Versailles; les partis conservateurs avaient conçu une vive irritation contre M. Gambetta et ses banquets en province. Ils provoquèrent l'interpellation du général Changarnier du 18 novembre. M. Thiers défendit son gouvernement contre l'accusation de s'être allié aux radicaux et blâma les discours de leur chef, après quoi l'Assemblée nationale, quoique sans grand enthousiasme, lui donna un vote de confiance.

A la séance du 21 décembre, le projet de loi pour la restitution des biens de la famille d'Orléans, restitution qui s'élevait bien à environ quarante millions de francs, fut adopté, et l'Assemblée nationale prorogea ensuite ses séances au 8 janvier 1873.

Le lendemain, le 9 janvier, la nouvelle de la mort de l'empereur Napoléon III vint soulager le gouvernement et les républicains d'un grand poids. Dès l'automne de 1872, on avait répandu le bruit que l'Empereur faisait tous ses efforts pour reconquérir le trône et songeait à tenter un débarquement dans les départements du nord. Il est certain que ces bruits ne laissaient pas de causer de l'inquiétude et que M. Thiers et le ministre de l'intérieur, M. Victor Lefranc, prirent quelques mesures de sûreté. Le sort voulut cependant que la mort empêchât l'exécution de ces plans.

La triste fin de Napoléon III éveilla de nouveau des sympathies pour le malheureux monarque chez bon nombre de Français; mais on était encore trop près de cette guerre ruineuse, pour pouvoir juger le défunt avec im-

partialité ; on oubliait qu'il avait joué un grand rôle
dans l'histoire de l'Europe, et qu'il avait développé à
un haut degré les ressources de la France. Ce qui frap-
pait désormais tous les regards, c'était la mutilation de
la frontière française de l'Est. Le nom de l'Empereur
ne rappelait plus d'autre souvenir.

CHAPITRE XVI.

*La désunion entre M. Thiers et les conservateurs augmente. —
M. Barodet l'emporte sur M. de Rémusat à l'élection de Paris du
27 avril 1873. — La majorité de l'Assemblée nationale décide
la chute de M. Thiers. Interpellation du 23 mai. M. Thiers
donne sa démission. Le maréchal de Mac Mahon est élu le 24 mai
Président de la République. — Ministère du duc de Broglie. —
Mon entretien avec M. Gambetta — Tentative de restauration
monarchique en France. Refus du comte de Chambord. — Le
duc de Broglie modifie son ministère le 26 novembre. — Arrivée
du roi de Hanovre à Paris. Il me donne audience.*

Le printemps de l'année 1873 s'écoula en pourparlers
infructueux entre M. Thiers et les partis conservateurs
de l'Assemblée nationale. Il était évident qu'ils ne pouvaient arriver à une entente; les conservateurs donnaient au pacte de Bordeaux une tout autre interprétation
que M. Thiers, qui abandonnait peu à peu la neutralité qu'il avait promis d'observer à l'égard des partis et
inclinait de plus en plus vers la république. Il voulait
donner graduellement à la république provisoire d'alors,
toutes les institutions et tous les organes d'un gouver-

nement régulier, et faire ainsi de sa durée, même chancelante, un argument de plus en faveur de son maintien. M. Thiers trouvait un appui très solide dans le centre gauche et la gauche modérée, et arrivait progressivement à affaiblir la puissance des monarchistes. Ceux-ci cherchèrent donc une occasion de le renverser.

Cette occasion se présenta à propos d'une élection à l'Assemblée nationale, qui eut lieu à Paris le 27 avril 1873 ; le candidat du gouvernement était le ministre des affaires étrangères, M. de Rémusat. Tous les organes du centre gauche et de la gauche modérée soutenaient sa candidature, mais les radicaux, qui étaient alors mécontents de M. Thiers, lui opposèrent un homo novus, M. Barodet, maire de Lyon, connu pour ses opinions radicales.

Il était d'une grande importance pour le gouvernement de faire triompher M. de Rémusat. Cette circonstance explique pourquoi je reçus, quelques jours avant le scrutin, la visite du secrétaire privé du ministre, qui me dit que M. de Rémusat, sachant que je connaissais M. Gambetta et supposant que j'étais personnellement en bons rapports avec lui, me priait de faire une démarche auprès de cet homme politique. Je devais lui représenter, combien il serait imprudent de la part des radicaux de s'opposer à l'élection de M. de Rémusat ; car ils pourraient peut-être triompher aux élections, mais ce succès aurait des conséquences funestes pour eux et mettrait peut-être la République elle-même en danger. Je devais insister surtout sur cette dernière considération et je fus prié avec instance de la faire valoir aux yeux de M. Gambetta.

Je n'avais aucun motif pour refuser de me charger

d'une telle mission et j'allai, par conséquent, trouver
M. Gambetta; mais il ne voulut pas du tout entendre
parler de la candidature de M. de Rémusat. L'élection
de M. Barodet avait été arrêtée par les comités radicaux, et il s'agissait de »donner une leçon à M. Thiers.«

Il n'y avait par conséquent rien à y faire. Après une
lutte électorale très animée, M. Barodet fut élu par
186,000 voix contre 135,000 qu'obtint M. de Rémusat.
Quinze jours après, des candidats radicaux furent aussi
élus dans les départements du Rhône, des Bouches-du-
Rhône et ailleurs, entre autres M. Ranc, membre dé-
missionnaire de la Commune.

Les partis conservateurs sonnèrent alors l'alarme. Les
légitimistes, les orléanistes et les bonapartistes se concer-
tèrent pour renverser le Président de la République, et
celui-ci ayant le 17 mai composé un ministère avec des
tendances plus libérales, en y faisant entrer MM. Casimir Périer, Waddington et Béranger, comme ministres
de l'intérieur, de l'instruction publique et des travaux
publics, la question de la politique générale fut portée
à la tribune de Versailles. Le gouvernement y était
mis en demeure de revenir à une politique nettement
conservatrice; c'était en fait la mise en suspicion du
ministère et du Président de la République.

Comme on peut se le figurer, l'émotion fut très grande
à Versailles où l'on sentait qu'on était à la veille d'importants événements. Je n'ai jamais vu de séances plus
agitées que celles des 23 et 24 mai. Tout le Corps diplomatique était présent dans les tribunes, et bien que les
débats fussent conduits avec un calme et un ordre par-
faits, les passions étaient cependant vivement excitées.
Après l'attaque du duc de Broglie, le premier jour,

l'issue du combat devint déjà douteuse. M. Thiers présenta le lendemain une longue défense, que l'on pouvait considérer comme son ultimatum, et qui fut suivie d'une déclaration de M. Casimir Périer, à la suite de laquelle on passa au scrutin. L'ordre du jour de l'opposition fut voté par 362 voix contre 346.

A la séance du soir, on lut un message de M. Thiers, par lequel il donnait sa démission ainsi que celle de ses ministres. On procéda ensuite à l'élection, par voie de scrutin, d'un nouveau Président de la République. Le maréchal de Mac Mahon fut nommé par 390 voix contre 1, qui fut donnée à M. Grévy, toute la gauche s'abstenant de voter.

On a prétendu, et avec raison, que M. Thiers, jusqu'au dernier moment, n'avait pas voulu croire que la majorité eût sérieusement l'intention de lui donner un successeur.

Le lendemain fut formé le nouveau cabinet, avec le duc de Broglie comme vice-président du conseil des ministres et ministre des affaires étrangères. Les autres membres du gouvernement appartenaient presque exclusivement aux fractions orléanistes et légitimistes; M. Magne, comme ministre des finances, y représentait seul le parti bonapartiste. Le nouveau gouvernement, dans son programme, se prononça énergiquement, comme on pouvait s'y attendre, pour le maintien des principes conservateurs, sans pourtant introduire de changement dans les institutions existantes. La République devait donc continuer d'être la forme de gouvernement de la France. Quant à la politique extérieure, le duc de Broglie déclara qu'il ne s'écarterait pas de celle de son prédécesseur, l'action de la France à l'étranger devant être aussi restreinte que possible. La question dominante d'ailleurs était celle des relations de la France avec l'Allemagne, et elle venait d'être réglée par le traité d'évacuation du 15 mars.

Les adversaires du duc de Broglie ont prétendu qu'il n'avait pas les qualités voulues pour faire un bon ministre de l'extérieur. On lui a reproché d'être impressionnable et quelquefois de montrer une humeur difficile. Ces appréciations ne sont pas justes. Le duc de Broglie est, dans toute l'acception du mot, un grand seigneur, qui est intimement convaincu que le salut de la France dépend de l'application des principes qu'il professe; il a, à un haut degré, conscience de la dignité du pays qu'il représente, comme de la sienne propre. Mais de là, à ne pas observer les formes, il y a loin. Je n'ai jamais entendu les diplomates parler du duc de Broglie autrement qu'avec la plus grande estime, et aujourd'hui encore, après sa chute politique, son salon est le rendez-vous des membres les plus marquants de la haute société. Je tiens à ajouter que toutes les fois que le duc m'a fait l'honneur de me recevoir, il m'a témoigné beaucoup de bienveillance, et je ne puis que me féliciter de l'aimable accueil que j'ai trouvé auprès de lui.

Quelques jours après la chute de M. Thiers, je rencontrai M. Gambetta avec un de ses amis, M. Spuller, à l'entrée du palais de l'Assemblée nationale à Versailles. Nous nous entretînmes de la situation, et je ne pus m'empêcher de leur dire qu'il eût été pourtant plus politique d'éviter l'élection de M. Barodet; car la république pourrait bien se trouver en danger. M. Gambetta ne voulut rien admettre de semblable, et il s'en remit à l'avenir du soin de prouver qu'une majorité imposante des Français voulaient la république.

»C'est possible,« répondis-je, »et je ne conteste pas que vous connaissiez mieux la France que moi. Je n'ai certes pas l'intention de faire de l'opposition à la république, mais ne trouvez-vous pas qu'il y ait quelque danger à vouloir fonder la république dans un grand pays, à un moment où les princes de l'Europe disposent d'armées aussi imposantes? Un prince, qu'il soit empereur ou roi, désire naturellement garder sa couronne et la conserver à ses descendants; il doit évidemment voir de mauvais œil une république qui ferait peut-être de la propagande, et ne peut-on pas admettre l'éventualité d'une coalition monarchique contre un tel pays?« — »Eh! il n'est pas question de cela, pour le moment,« répliqua vivement M. Gambetta, et ni lui ni son ami ne voulurent se rendre à la justesse de mon raisonnement. Sur ce nous nous séparâmes; et à partir de ce jour, je ne vis que très rarement M. Gambetta, dont on ne saurait, certes, dire qu'il soit tolérant, bien qu'il y prétende. Il s'irrite, comme ses coréligionnaires, de toute opposition, et au moindre dissentiment politique, il s'éloigne et vous laisse de côté.

Cependant, on devait s'attendre à ce que les partis monarchistes qui venaient d'être portés au pouvoir, feraient une tentative pour renverser la république et rétablir la monarchie. Le 5 août (les vacances de l'Assemblée nationale venaient de commencer), le public fut tout à coup surpris d'apprendre que le comte de Paris était allé faire visite au comte de Chambord, à sa résidence de Frohsdorf, en Autriche, et avait formellement abdiqué toute prétention à la couronne de France en op-

position avec les droits de Henri V. Les monarchistes
conçurent alors de grandes espérances de la réconciliation des deux branches de la maison de Bourbon, et
bientôt commença, dans toute la France, une grande
agitation en faveur de la restauration de la monarchie
constitutionnelle. Le gouvernement du Maréchal de Mac
Mahon resta neutre dans la question. Pendant près de
trois mois les partis se livrèrent à une lutte ardente,
les uns pour, les autres contre la restauration projetée.
Des émissaires nombreux, des négociateurs de toute sorte
furent dépêchés à Frohsdorf, pour amener le Prince à
des déclarations catégoriques sur les questions soulevées
par son nom et ses écrits. Un moment la partie sembla
gagnée et déjà dans les fractions modérées du parti républicain on voyait poindre des désertions significatives.
On arriva ainsi jusqu'aux derniers jours du mois d'octobre 1873. Une lettre du comte de Chambord, à M.
Chesnelong, récemment envoyé auprès de lui en plénipotentiaire du comité dirigeant de l'Assemblée nationale,
vint annuler en un clin d'œil le résultat de dix semaines d'efforts patients. Cette lettre, publiée inopinément
un soir par le journal *l'Union*, était datée du 27 octobre : dix minutes après, on peut dire que la campagne
monarchique avait échoué.

Je rencontrai, dans l'après-midi de ce même jour, M.
Edouard Hervé, un des membres les plus distingués du
journalisme français et le confident des princes d'Orléans; il avait eu connaissance de la lettre du comte
de Chambord, avant qu'elle parût dans les colonnes
de *l'Union*, et il en était profondément ému : »Nous
avons perdu la partie«, dit-il, »et c'est la faute du comte

de Chambord; il est presque inconcevable qu'il ait pu écrire une telle lettre.«

En effet on se perd en conjectures sur les motifs qui portèrent le Prince à écrire un manifeste aussi impolitique. On n'admettra guères que la crainte exagérée de l'étranger, au moyen de laquelle les adversaires de la monarchie cherchaient à effrayer le comte lui-même et le peuple français, ait eu une influence à ce point décisive sur sa conduite. Il me semble, au contraire, plus probable que le comte de Chambord aura jugé contraire à son honneur de faire les concessions qu'on exigeait de lui, et je puis à ce sujet reproduire la relation suivante, puisée à une source authentique:

Dans le procès-verbal publié le 23 octobre sur le rapport fait par M. Chesnelong, au sujet de son entrevue avec le comte de Chambord à Salzbourg, il fut dit que le roi acceptait le drapeau tricolore, jusqu'à ce qu'une »transaction« entre lui et les représentants de la nation vînt fixer la couleur du drapeau. C'est ce mot, de »transaction«, qui mit le comte en colère et lui fit écrire sa lettre du 27 octobre. Ce mot implique que chaque partie cède quelque chose de ses prétentions, et le comte ne voulait pas souffrir que son droit de souveraineté fût mis en question. Son dessein était de rendre à la France le drapeau bleu, fleurdelisé d'or, qui était le véritable drapeau national, sous la monarchie bourbonniene. Si l'on s'était servi du mot »solution«, l'incident aurait été évité.

La fusion avait donc échoué, et bien que la majorité conservatrice dût rester encore unie pendant quelque temps, des germes de dissentiment ne tardèrent pas à se manifester entre les légitimistes et les orléanistes.

A l'extérieur, cette tentative de restauration eut pour effet immédiat de rapprocher sensiblement l'Italie de l'Allemagne. Dès le mois de septembre, le roi Victor Emmanuel alla faire visite à la Cour de Berlin, et cette démarche indiquait que le Cabinet de Rome n'était pas rassuré sur les intentions des partis monarchistes en France. Néanmoins l'année 1873 s'acheva très pacifiquement. La France commençait à se remettre des épreuves douloureuses de la guerre, pendant qu'en Allemagne même le sentiment public, d'abord démesurément exalté par les victoires de 1870-71, reprenait son assiette et son équilibre. Il y avait là une disposition favorable à l'établissement d'une paix durable entre la France et l'Allemagne, si cette dernière n'eût pris ombrage du relèvement rapide de la France, et si la politique d'intérêt, ingénieusement alimentée, n'eût empêché la confiance générale de s'affermir.

La politique intérieure de l'Allemagne, à la fin de l'année 1873, était presque exclusivement absorbée par la lutte des autorités contre l'église catholique, le »Culturkampf«, qui après l'adoption des lois bien connues de mai, reçut une impulsion vigoureuse et s'étendit, peu à peu, à toutes les situations publiques ou privées.

En France, l'Assemblée nationale porta à sept ans la durée des pouvoirs présidentiels du maréchal de Mac Mahon par 383 voix contre 317, et nomma, en outre, une commission de trente membres, pour élaborer des lois constitutionnelles. La prolongation des pouvoirs du maréchal, jointe à l'échec de la monarchie, eut pour effet de faire entrer le gouvernement dans une voie plus libérale. Le 26 novembre, le duc de Broglie modifia son ministère, en congédiant deux membres de l'extrême droite et en prenant lui-même le portefeuille de l'intérieur, tandis qu'il confiait au duc Decazes celui des affaires étrangères.

Quelque temps avant ces événements, le roi Georges V de Hanovre était arrivé à Paris. Il était atteint d'une maladie des plus douloureuses, qui ne lui laissait plus de répit et à cause de laquelle les médecins lui avaient conseillé d'habiter la France, le climat de l'Autriche pouvant lui être funeste. En septembre 1873 j'eus à l'Hôtel Bristol une audience du roi, qui me reçut avec sa bienveillance et sa cordialité habituelles. La conversation roula naturellement et principalement sur les événements extraordinaires qui s'étaient accomplis depuis que j'avais eu l'honneur, pour la première fois, en août 1869, d'être reçu par Sa Majesté. Malgré l'aspect défavorable des temps, le roi croyait encore fermement au triomphe final de sa cause, et l'intérêt qu'il prenait à tout ce qui était du ressort de la politique, était toujours aussi vif. Mais comme son ancien ministre des affaires étrangères avait donné sa démission et que le roi n'entretenait plus d'agent politique à l'étranger, il manquait de renseignements suffisants sur les événements politiques qui avaient lieu en Europe; il me pria, en conséquence, de lui donner des informations soit verbalement, soit par écrit, lorsqu'il se trouverait momentanément absent de Paris. Je lui dis que j'étais tout disposé à me rendre à ses désirs, et lui demandai la permission de le faire sans rémunération aucune, pensant, tout bien considéré, que ce désintéressement était plus conforme à ma position. Sa Majesté eut la bonté d'y consentir, et à partir de ce moment, jusqu'à sa mort, je n'ai pas manqué plusieurs fois par semaine de m'acquitter de ce soin. Il s'établit ainsi entre ce prince chevaleresque et moi, des relations dont j'ai gardé un souvenir impérissable. La résignation avec laquelle il endurait les souffrances physiques les plus cruelles, était admirable et sa conversation vive et animée que servait une mémoire presque sans exemple, rendait mes occupations auprès du roi Georges V des plus agréables, d'autant plus que Sa Majesté ne dit et ne fit jamais la moindre chose qui pût blesser mes sentiments comme Danois. »Je savais parfaitement«, me dit-il un jour, que cette question du Slesvig-Holstein pourrait bien amener en Allemagne une révolution, dont nous autres princes aurions certainement à souffrir; mais l'opinion publique avait été tellement influencée par des moyens ingénieux, que si je n'avais pas envoyé mes troupes dans les duchés, je me serais exposé à perdre ma couronne déjà à cette époque. Je cherchai, par conséquent, à gagner du temps et pris part à l'exécution de la confédération dans les duchés.«

La confiance du roi dans son modeste informateur ne se démentit jamais. Le gouvernement français tint, du reste, à honneur de lui assurer sur son territoire l'hospitalité la plus libérale, sans éveiller les susceptibilités de l'Allemagne.

CHAPITRE XVII.

Le duc Decazes, ministre des affaires étrangères de France. — Relations tendues avec l'Allemagne à cause de l'attitude des évêques français. Difficultés avec l'Italie et l'Espagne. Déclarations pacifiques du duc Decazes à la séance de l'Assemblée nationale du 20 janvier 1874. — Mes missions au sujet de la visite du Czar à Londres. — Les difficultés avec l'Espagne sont aplanies. Le comte de Chaudordy ambassadeur à Madrid. Rappel de l'Orénoque. — Le prince de Hohenlohe-Schillingsfürst succède au comte d'Arnim comme ambassadeur d'Allemagne à Paris. — Le comte d'Arnim est soupçonné de relations secrètes avec moi. — Mon voyage en Allemagne en octobre 1874 Diverses visites à Bade et à Berlin. Journal. Un conchyliologiste.

Le duc Decazes était, comme on l'a déjà vu, entré au ministère, vers la fin de l'année 1873, et avait pris la direction des affaires étrangères de France, où il s'acquit bientôt le renom d'un diplomate de premier ordre. Dès le premier jour, il n'y eut qu'une voix pour reconnaître que le duc était l'homme de la situation. Sa dextérité, son tact, sa prestesse n'étaient pas de trop pour sauvegarder le maintien de la paix dans une situation dont la gravité a été clairement établie depuis par les

18

pièces du procès Arnim. Rien ne contribua plus que ces pièces à mettre en lumière la nature des relations entre les deux pays, en général, et la méfiance avec laquelle on assistait, à Berlin, au relèvement de la France. Le chancelier allemand regardait comme certain, que la France chercherait, à la première occasion, à prendre sa revanche. Il trouvait donc d'une saine politique, contrairement à l'opinion du comte d'Arnim dont les sympathies étaient pour la monarchie, de soutenir la république en France, comme la forme de gouvernement qui avait le plus de chance de contribuer à entretenir l'état de faiblesse du pays et de le mettre hors d'état de se procurer des alliés. En outre, le prince de Bismarck considérait les tendances conservatives marquées du maréchal de Mac-Mahon comme plus dangereuses pour l'Allemagne qu'un gouvernement républicain, avec M. Thiers ou tel autre chef de parti à la tête.

Il ne faut donc pas s'étonner que le chancelier allemand, qui n'a pas l'habitude de laisser à ses adversaires le temps de reprendre des forces, cherchât, par tous les moyens, à affaiblir la force morale de la France et à lui susciter des difficultés internationales. Ne pouvant pas l'entraîner à une attitude agressive, il s'appliqua à la troubler dans son travail de réorganisation.

Mais ce fut aussi dans ces circonstances, que le duc Decazes eut occasion de déployer ses meilleures qualités de calme, de sang-froid et de sérénité imperturbable.

La première difficulté se présenta au mois de janvier 1874, lorsque l'attitude du clergé français et, surtout, la lettre pastorale de l'évêque de Nancy, excitèrent le courroux du gouvernement allemand, qui était alors au plus fort du *Culturkampf.* Le chancelier de l'Allemagne envoya à Versailles ce qu'on appela alors »une douche froide« et fit comprendre au gouvernement français, que s'il ne pouvait arrêter les instigations de ses évêques, l'Allemagne saurait bien se faire justice. Le duc Decazes conseilla de donner satisfaction à M. de Bismarck. Les évêques français reçurent un avertissement confidentiel; le journal »*l'Univers*«, qui avait publié la lettre pastorale, fut suspendu, et tout danger immédiat se trouva écarté, bien que le désaccord entre l'Allemagne et la France continuât certainement.

Vers la même époque, la question de *l'Orénoque* menaça de troubler les bonnes relations avec l'Italie, éventualité que le prince de Bismarck avait sans doute fait intervenir dans son jeu. Cette situation amena le duc Decazes à donner lecture de la déclaration suivante, à la séance de l'Assemblée nationale du 20 janvier 1874:

J'ai proposé à M. le maréchal Président de confier à M. le marquis de Noailles le poste de ministre plénipotentiaire en Italie, parce que, bien pénétrés de la sagesse et de la prudence de cette politique, nous voulons la poursuivre avec un soin jaloux sans rien faire qui pût la compromettre et sans nous écarter jamais du double but qu'elle poursuivait, et que je résume en deux mots:

Entourer d'un pieux respect, d'une sollicitude sympathique et filiale, le pontife auguste auquel nous unissent tant de liens, en étendant cette protection et cette sollicitude à tous les intérêts qui se relient à l'autorité spirituelle, à l'indépendance et à la dignité du Saint-Père;

Entretenir, sans arrière-pensée, avec l'Italie telle que les circonstances l'ont faite, les relations de bonne harmonie, les relations pacifiques et amicales que nous commandent les intérêts généraux de la France, et qui peuvent aussi nous permettre de sauvegarder les grands intérêts moraux dont nous nous préoccupons à juste titre.

Voilà, messieurs, toute notre politique en Italie. Je pourrais ajouter que notre politique générale, dans le monde entier, s'inspire des mêmes préoccupations et des mêmes mobiles. Nous voulons la paix. Nous voulons la paix, parce que nous la croyons nécessaire à la grandeur et à la prospérité de notre pays; parce que nous la croyons ardemment désirée, ardemment réclamée par tous. Pour l'assurer, nous travaillerons sans relâche à dissiper tous les malentendus, à prévenir tous les conflits, et nous la défendrons aussi contre les vaines déclamations, contre les regrettables excitations, d'où qu'elles viennent. Que l'on ne nous dise pas que nous y compromettons l'honneur et la dignité de la France. L'honneur et la dignité de la France ne sauraient être compromis que par des politiques d'aventure qui la conduiraient fatalement ou à une faiblesse ou à une folie.

Messieurs, la France, que l'on dit si facilement impuissante, reste assez grande, reste assez forte pour avoir le droit et le devoir d'être sage. Si l'Assemblée voulait considérer ces explications, les seules que je puisse donner, comme répondant suffisamment à ses préoccupations actuelles, je crois qu'elle pourrait, avec un grand profit pour la chose politique, écarter des discussions qui ne sauraient que troubler les intérêts qui ont besoin d'apaisement et de sécurité.

Il est d'ailleurs de mon devoir de le répéter : il me serait impossible de rien ajouter aux éclaircissements que vous venez de me permettre de vous donner.

Cette déclaration fut accueillie avec une satisfaction unanime dans tout le pays, et produisit un bon effet à l'étranger. Cependant, le ministre voyait clairement la difficulté de procurer à la France la sécurité dont elle avait besoin, s'il ne trouvait pas chez quelque grande puissance un ferme appui pour déjouer les intrigues de ceux qui avaient intérêt à troubler la paix de l'Europe. Le gouvernement français n'avait, certes, pas l'intention de rechercher des alliances; quelle était la puissance qui eût voulu traiter avec un pays dont le régime était encore si peu assuré? Mais il pouvait être d'une sage politique de se concilier les sympathies et la bienveillance d'une Cour en mesure de faire entendre à Berlin, au moment voulu, un conseil de modération.

C'est dans ce sens qu'il faut interpréter les efforts que fit le duc Decazes pour gagner l'intérêt de la Russie, et particulièrement de l'empereur Alexandre.

A cette époque, on parlait beaucoup d'un voyage que le Czar devait faire en Angleterre, où sa fille unique avait récemment épousé le duc d'Edimbourg. On désirait vivement dans les hautes sphères en France, que l'empereur Alexandre passât par ce pays, soit en se rendant à Londres, soit à son retour, une telle visite devant être incontestablement d'une grande importance pour le gouvernement du maréchal de Mac-Mahon; mais il n'était pas facile de réaliser ce vœu, encore moins de l'exprimer d'une manière convenable. C'est à cette dernière considération qu'il faut attribuer, sans doute, la mission honorable qui me fut confiée dans les premiers jours d'avril 1874, de m'enquérir de ce que pensaient de ce plan le Czar et le cabinet de St Pétersbourg. Pourvu d'une lettre de recommandation, je me rendis à Dresde pour m'entretenir, d'abord, avec un gentilhomme russe qui résidait dans cette ville, et qui se trouvait sur un pied d'amitié très-intime avec le prince Gortchakoff, et me rendre ensuite avec lui à St Pétersbourg. A mon arrivée à Dresde, je lui exposai l'objet de ma mission; mais avant de se décider à m'accompagner, il voulut consulter le prince Gortchakoff, avec lequel il pouvait correspondre confidentiellement. Il écrivit donc au chancelier, et reçut, quelques jours après, un message télégraphique, lui faisant savoir qu'il serait inutile d'entreprendre un voyage à St Pétersbourg, l'itinéraire de l'Empereur ayant été déjà définitivement arrêté.

Je m'en retournai alors à Paris, et j'y vis qu'on n'avait pas renoncé au plan primitivement conçu; il s'agissait maintenant de décider le Czar, lorsqu'il quitterait Londres, à prendre la route de Boulogne-sur-mer.

L'empereur Alexandre arriva à Londres dans la seconde huitaine de mai, et je m'y rendis à la même époque pour tâcher d'intéresser quelques personnages haut placés en Angleterre au désir que l'on éprouvait, dans l'entourage du maréchal de Mac-Mahon, de recevoir la visite du Czar sur le territoire français. On en parla, en effet, et même avec insistance, à l'empereur Alexandre; mais la politique ne lui permettait pas de faire une démarche pour laquelle, du reste, il n'avait certainement aucune répugnance personnelle, et il retourna en Russie par Bruxelles et l'Allemagne.

La visite du Czar à Londres avait, d'ailleurs, un caractère tout privé, et je sais que, dans le cours d'un entretien avec l'ambassadeur de France, le duc de La Rochefoucauld-Bisaccia, l'Empereur lui dit : »Monsieur le Duc, vous pouvez assurer au maréchal de Mac-Mahon que ma visite ici n'a rien à faire avec la politique, et que celle que j'ai l'intention de faire à Chislehurst, dans quelques jours, sera de pure politesse«; mais la visite que le comte de Paris fit au Czar, au palais de Buckingham, constitue un intéressant épisode du séjour de l'Empereur en Angleterre. Depuis la révolution de 1830, les rapports entre la Cour de Russie et la maison d'Orléans étaient restés très-tendus, et la mort du roi Louis Philippe n'avait pas modifié cet état de choses. M. le comte de Paris désirait vivement l'améliorer, et l'ambassadeur de Russie en France fut l'intermédiaire courtois de ses vœux. Au retour d'un voyage que ce diplomate avait fait à St. Pétersbourg, il fut chargé de présenter au Prince les compliments de son souverain et de lui témoigner le désir qu'il avait de faire sa connaissance. Le comte de Paris profita, avec empressement, de l'occasion que lui offrait le séjour de l'empereur Alexandre à Londres, pour lui faire visite, et il eut avec le monarque un entretien fort amical qui se prolongea pendant une demi-heure. Deux heures après, l'empereur rendit au comte sa visite à Claridge Hôtel, et comme j'étais précisément moi-même auprès du comte de Paris à ce moment, je pus voir de près, pour la première fois, la figure du Czar. Je dois ici rendre justice au grand nombre de personnes qui ont fait le portrait de l'empereur, et reconnaître que son extérieur annonce, en effet, une grande bonté de cœur avec un mélange de dignité et de tristesse.

Ainsi ce que l'on désirait en France n'eut pas lieu, mais j'ai tout sujet de croire que ces appels réitérés à la bienveillance du Czar firent une impression favorable sur lui et sur son gouvernement, et préparèrent l'intervention vigoureuse qui devait sauver la paix européenne quelques mois plus tard.

Dans le courant de la même année, la plupart des puissances européennes ayant reconnu le gouvernement de Serrano en Espagne, la Russie refusa de suivre cet exemple. Le gouvernement français qui avait beaucoup à se plaindre du cabinet de Madrid, ne crut pas devoir cependant imiter cette réserve, et le duc Decazes réussit du reste par l'habileté de ses manœuvres à ramener l'Espagne à une appréciation plus équitable de la politique qu'il représentait. Il fut remarquablement secondé dans ces circonstances par M. le comte de Chaudordy, qui avait été appelé au mois de septembre, de Berne à l'ambassade de France à Madrid. Ce diplomate prit possession de son poste à un moment où la guerre des Carlistes et les difficultés auxquelles elle avait donné lieu entre la France et l'Espagne au sujet des frontières, rendaient les relations des deux gouvernements assez aigres. Il ne se laissa décourager ni par les attaques de la presse espagnole qui accusait le gouvernement français de sympathies pour les insurgés, ni par le langage que tenait l'ambassadeur d'Espagne lui-même à Paris. La restauration de la monarchie en Espagne et l'avénement du roi Alphonse XII achevèrent bientôt de ramener la plus parfaite harmonie entre Versailles et Madrid.

Il est à espérer que ces bonnes relations continueront pour le bien des deux pays. On sait que la nation espagnole, si fière et si chatouilleuse sur le point d'honneur, a senti longtemps ce qu'il y a d'humiliant pour elle, dans le rôle effacé qu'elle a été forcée, à cause de sa situation intérieure, de jouer en Europe pendant tous ces derniers temps. L'armée espagnole surtout montre des velléités de s'assurer une place dans la première conflagration qui pourrait s'allumer en Europe, et certes, elle pourrait être à ce moment très-recherchée. C'est là un point important qui mérite toute l'attention des hommes politiques.

A la même époque le duc Decazes avait heureusement écarté tout germe de conflit avec l'Italie en rappelant la frégate *l'Orénoque* des eaux de Civita-Vecchia. Les relations avec la Prusse même, s'améliorèrent un peu dans la dernière moitié de l'année 1874, et le procès Arnim, qui jeta un jour si nouveau sur la politique du prince de Bismarck à l'égard de la France, n'y apporta aucune modification.

Sur ces entrefaites, le comte d'Arnim, ambassadeur d'Allemagne en France, avait été rappelé le 15 mai, et le 24 du même mois le prince de Hohenlohe-Schillingsfürst remit ses lettres de créance, comme successeur du comte, au Président de la République. Peu de temps après, j'eus l'honneur d'être présenté au prince de Hohenlohe qui me laissa l'impression d'un diplomate accompli. La haute position qu'il occupait lui-même en Allemagne, et son mariage avec une personne appartenant à la plus haute noblesse russe, devaient lui faciliter l'accès des cercles aristocratiques de Paris; ses manières avenantes étaient du reste bien faites pour plaire aux Français, en général, en tant qu'il pût être question de bonnes relations sociales entre Français et Allemands. Le prince de Bismarck avait, certainement, trouvé en lui l'homme qu'il fallait pour ce poste difficile.

En automne, il fut convenu entre un publiciste français de mes amis et moi, que nous ferions un voyage de l'autre côté du Rhin pour nous rendre compte du sentiment public, surtout à l'égard de la France. Le prince de Hohenlohe fut informé de notre projet, et j'écrivis par conséquent à plusieurs hommes politiques d'Allemagne avec lesquels je désirais m'entretenir, pour déterminer l'époque et le lieu où nous pourrions nous rencontrer. J'écrivis aussi au comte d'Arnim, à ce sujet, quelques lignes que j'adressai au domaine de Nassenheide, pensant qu'il devait s'y trouver. J'ignorais à cette époque, que le comte fût menacé d'un procès, que dis-je? à la veille d'être arrêté ; et c'est à cette circonstance qu'il faut attribuer la mesure comique prise par un haut fonctionnaire du ministère des affaires étrangères d'Allemagne, M. de Philippsborn, de faire intercepter ma très innocente lettre au bureau de poste de Grambor, pour justifier la supposition qu'on avait imaginée, qu'il existait des relations compromettantes entre cet ancien ambassadeur et ma modeste personnalité.

Je ne me laissai pourtant pas intimider, et j'entrepris mon voyage, bien que mon ami de France eût été empêché de m'accompagner, et, comme on le verra par les notes suivantes de mon journal, cette excursion ne fut pas dépourvue d'intérêt.

Bade, le 20 octobre 1874.

Dès mon arrivée, j'allai rendre visite à un homme politique allemand, très anciennement de ma connaissance, qui s'était retiré du monde aux environs paisibles d'une ville de bains.

Il va sans dire que la conversation tomba tout de suite sur la situation intérieure de l'Allemagne et sur la position de la Prusse et de sa capitale dans l'Empire.

»Les Berlinois«, me dit-il, aiment bien à assurer que leur ville est la capitale de l'Univers. Peut-on réellement dire cela de Berlin? en d'autres termes cette ville a-t-elle sous un rapport quelconque le moyen de justifier ces prétentions? Il ne suffit pas pour cela de mettre en ligne une population de plusieurs centaines de mille âmes. Sans doute Berlin, dans ces dix dernières années, a augmenté d'une manière considérable; mais beaucoup d'autres villes se sont développées dans la même proportion sans y joindre la même ambition. Et l'on ne

peut pas non plus dire que Berlin ait à d'autres points de
vue quelque importance pour le monde. Les arts et les
sciences qui ont pris naissance sur son sol, n'ont jamais
eu d'originalité propre. Quant au commerce, Berlin est
si loin d'être un entrepôt qu'elle a peine à suffire à
ses besoins. Pour ce qui est du goût et des manières,
les Berlinois en ont de tels qu'ils ne tentent aucun autre
pays, pas même d'autres parties de l'Allemagne.«

»Pourquoi cette ville est-elle donc devenue la capitale du plus puissant des gouvernements? C'est parce
qu'elle est le siége de toutes les branches de l'administration germanique et qu'elle est surtout une ville de
garnison. Si l'on transférait le siége de ces grands services ailleurs, le nom de Berlin disparaîtrait de la géo-
graphie, et l'orgueilleuse cité tomberait au dessous de
Munich, de Stuttgard et de Dresde. Les provinces de
la Prusse, et surtout les États allemands, en dehors de
la Prusse, évitent autant que possible les relations avec
Berlin et n'admettent pas qu'ils en dépendent sous le
rapport intellectuel. C'est ailleurs que vont les jeunes
gens pour achever leur éducation, les femmes, pour prendre le bon ton, et tous pour s'imprégner de bons principes. Par conséquent, Berlin n'offre rien d'attrayant à
l'étranger. Il n'y a que ceux qui ont des affaires avec
le gouvernement qui s'y rendent; personne n'y va pour
son plaisir. La noblesse de la campagne a horreur de
cette capitale ennuyeuse; l'industriel qui se retire des
affaires après de nombreuses années de travail, préfère
s'établir partout ailleurs qu'à Berlin. La ville manque
ainsi de luxe et d'éclat; elle n'est un paradis que pour
les employés du gouvernement, qui sont ici plus nombreux et plus puissants que dans aucun autre pays.

Mais Berlin est avant tout une ville de garnison; les militaires absorbent tout et forment la véritable noblesse. Elle ressemble sous ce rapport à n'importe quelle autre ville de garnison; et la seule distinction à laquelle elle puisse aspirer, c'est d'être la plus grande ville du monde de ce genre, puisque c'est une ville de plus d'un million d'habitants.

»La situation de Berlin, enfin, l'empêche d'être la capitale de l'Allemagne. Lorsque l'Autriche voulut transformer l'Allemagne en 1863, elle pensa à en porter le centre à Francfort ou dans les environs; tous ses plans étaient conçus en ce sens. C'est une tentative hardie, à laquelle personne n'a jamais pensé auparavant, que de vouloir reprendre cette idée au profit de Berlin. Il faudrait aussi reconnaître que M. de Bismarck a mal étudié Machiavel, s'il ne l'a pas consulté sur ce point. Machiavel dit, en effet, que le seul moyen de dominer un pays conquis c'est d'en établir la capitale au centre. C'est ce que fit le czar Pierre, lorsqu'il eut conquis les territoires que baigne la Baltique; c'est ce qu'a fait l'Italie, lorsqu'elle transféra sa capitale à Rome, et la Prusse agit de même autrefois, en abandonnant la ville de Königsberg pour celle de Berlin.«

Bade, le 22 octobre 1874.

L'impératrice d'Allemagne est continuellement assiégée par les catholiques, qui attaquent sans relâche le chancelier.

On semble un peu bonapartiste dans les cercles de la Cour, à Bade. Le grand duc et la grande duchesse sont allés faire visite à l'impératrice Eugénie, à Arenenberg, et ils sont pleins de confiance dans la cause du prince impérial et dans son avenir.

Dans un entretien qu'un des aides-de-camp de l'empereur Guillaume eut avec la princesse russe Mentchikoff, il lui aurait dit:

»La conduite de notre consul Lindau à Bayonne est une honte pour nous, et ne peut que nous abaisser dans l'opinion des gouvernements européens. Le mémorandum espagnol est une insolence qui aura probablement passé par Varzin avant de voir le jour.«

Bade, le 23 octobre 1874.

J'ai rencontré aujourd'hui un ancien diplomate, qui s'est exprimé ainsi sur la situation:

»Il peut très-bien se faire que dans les cercles officiels à Berlin on éprouve de la sympathie pour les bonapartistes; car ceux-ci sont assez forts pour susciter des obstacles au maréchal de Mac-Mahon. Comme le système du prince de Bismarck. consiste à empêcher qu'un gouvernement se consolide en France, il est très naturel que les impérialistes trouvent quelque appui secret auprès du chancelier.«

»Du reste, je regrette de vous dire qu'en Allemagne, on considère la France comme à moitié perdue, parce qu'elle gaspille toutes ses forces en dissensions et en luttes intestines de partis.

»Quant à la politique générale, le prince de Bismarck fait naturellement tous ses efforts pour empêcher la France d'arriver à une alliance, surtout avec la Russie. C'est aussi pourquoi il ne désire pas en Espagne un gouvernement qui puisse être tenté de s'allier avec son voisin du Nord. Le prince de Bismarck ne permet de pressentir aucune modération dans sa politique extérieure. Il est destiné à toujours avancer et à tout prix, et je prévois une nouvelle guerre, sans pouvoir pourtant assigner l'époque où elle éclatera. Mais je suis convaincu que le prince de Bismarck et la Prusse finiront par succomber devant une coalition européenne. Si non, nous assisterons à une restauration de l'ancien empire germanique, tel qu'il était à l'apogée de sa puissance, comprenant la Franche-Comté, les Pays-Bas et tous les pays allemands. La politique du chancelier est dirigée dans le but de faire considérer, partout, l'empire allemand comme le régulateur incontesté de l'équilibre européen.«

»Le nouveau projet de loi sur le Landsturm est bien fait pour éveiller les soupçons des autres puissances. C'est, pour ainsi dire, toute la nation armée et prête à marcher contre l'ennemi, au moment même où éclatera une guerre.«

Berlin, le 25 octobre 1865.

J'ai eu ce matin une conversation avec un écrivain marquant du parti national libéral.

»Il ne faut pas«, m'a-t-il dit »se faire une idée exagérée des embarras que crée au gouvernement la lutte contre les ultramontains. Comme le gouvernement peut s'appuyer sur la partie éclairée et libérale de la nation, il aura bientôt raison de la résistance de ces messieurs. Il faut absolument que l'État sorte vainqueur de la lutte contre l'Église; je me tromperais fort, s'il n'y avait déjà des indices certains qui font pressentir qu' avant longtemps les ultramontains seront disposés à une espèce d'accord ou de paix avec le chancelier.«

»A tout prendre, la situation intérieure de l'empire est satisfaisante, et il ne semble pas probable qu'à la session prochaine du *Reichstag* on en vienne, comme d'habitude, à des discussions violentes et irritantes.«

»Je sais que le prince de Bismarck ne parle qu'avec la plus grande réserve des bonapartistes; par contre, il ne fait pas mystère de son antipathie personnelle pour les orléanistes. Je dois, du reste, vous faire observer que, dans toutes ces questions de dynastie, le prince de Bismarck n'est pas souverain absolu; il faut qu'il compte avec l'empereur Guillaume, qui considère ces sortes de problèmes comme spécialement de sa compétence.«

Berlin, le 26 octobre 1874.

J'ai eu aujourd'hui un long et intéressant entretien avec un diplomate étranger, qui est bien au courant de la situation en Allemagne.

»Je suis convaincu,« m'a-t-il dit, »que le prince de Bismarck, à l'heure actuelle, ne médite pas une nouvelle guerre. L'empereur Guillaume est vieux et préfère se reposer en paix sur ses lauriers. Je ne veux pas dire qu'on n'en viendrait pas à une nouvelle guerre, si elle semblait absolument nécessaire; mais il sera bien difficile d'amener l'Empereur à l'entreprendre. Pensez donc aux difficultés dangereuses que les ultramontains et les autres ennemis de l'empire à l'intérieur susciteraient au chancelier, en cas de guerre avec l'étranger!«

»Autant que je puis en juger, le prince de Bismarck réussira à réaliser son idée de l'unité de l'Allemagne. C'est son but principal, et il l'atteindra sans recourir à une guerre; mais il ne faut pas s'étonner qu'il cherche autant que possible à empêcher la régénération de la France. Il la taquine et la harcèle pour la faire sortir de son calme; à cet effet, il se sert, pour le moment, de l'Espagne comme instrument; mais il n'existe pas de traité écrit entre les deux gouvernements, et le chancelier ne fera certainement pas la guerre à cause de l'Espagne. M. Rascon, l'ambassadeur d'Espagne, tient, il est vrai, un langage qui pourrait faire croire qu'il attend de grands effets »des relations amicales et intimes qui existent entre les gouvernements de Madrid et de Berlin«; mais j'ai de bonnes raisons pour croire qu'il se berce d'illusions.«

»Le prince de Bismarck s'efforce pour le moment de tenir tête au duc Decazes, et il est intéressant de voir, comment l'habile ministre des affaires étrangères de France a su se conquérir une position même en Allemagne.«

»Quant à l'affaire Arnim, tous les libéraux sont très satisfaits des mesures de sûreté qu'on a prises à l'égard de cet ancien ambassadeur. Dans les cercles diplomatiques, on ne s'explique toute cette affaire qu'en supposant que le comte d'Arnim a perdu la tête.«

»Le chancelier a réussi à diminuer l'émigration allemande en payant sur les fonds des reptiles un grand nombre d'articles et de lettres d'Amérique, qui représentent, sous les couleurs les plus sombres, le sort qui attend les émigrants de l'autre côté de l'Atlantique. Ces articles ont eu pour effet de changer les résolutions de bien des gens qui étaient décidés à émigrer.«

»On peut dire, sans crainte de se tromper, que le peuple allemand, en général, est animé du désir de la paix. Il a toujours été porté à s'endormir sur ses lauriers, après avoir remporté une victoire; c'est ce qui

arriva après la guerre de sept ans, et ce fait eut pour
conséquence la défaite de Jéna. MM. de Moltke et Blumen-
thal veulent à tout prix empêcher qu'une pareille défail-
lance ne se renouvelle, et l'on parle beaucoup des peines
qu'ils se donnent pour entretenir l'esprit militaire en
Allemagne.«

Berlin, le 27 octobre 1874.

J'ai eu ce matin une conversation avec le prince de
Hohenlohe qui revient de Varzin. Ce diplomate s'est
exprimé ainsi sur la situation:

»Il n'est pas vrai que le gouvernement allemand ait
pensé à envoyer une note pour appuyer le mémorandum
espagnol. A tout prendre, nous considérons, pour ainsi
dire, cet épisode diplomatique avec l'Espagne comme
arrivé à son terme. Il est fâcheux seulement que la
presse se soit donné pour mission de toujours calomnier
l'Allemagne et de lui attribuer toutes sortes de mauvaises intentions, du reste irréalisables. Mais d'un autre
côté, je comprends très bien que le duc Decazes n'ait
pas rappelé M. de Nadaillac après la menace qui lui
avait été faite par l'Espagne.«

»Quant à la question dynastique en France, je puis
vous assurer que le prince de Bismarck n'aime pas
les bonapartistes qui, du reste, ont réussi tout au plus
à gagner des sympathies parmi quelques femmes de la
haute société.«

»Pour vous parler de l'affaire Arnim,« continua le
prince de Hohenlohe, »je crois qu'elle est, au fond,
assez pénible pour le prince de Bismarck; mais elle
est déjà aux mains de la justice; et il faut vous souvenir que les juges en Prusse sont, pour la plupart, des
19

démocrates qui éprouvent une véritable jouissance à pouvoir envoyer une Excellence en prison, et qui ont, en conséquence, saisi avec empressement l'occasion qui leur en était offerte. Le comte d'Arnim s'est fait une bien mauvaise position par sa lutte contre le prince de Bismarck. Il est maintenant, dit-on, dans un piteux état et ses cheveux en ont blanchi.«

En terminant, le prince de Hohenlohe m'assura des dispositions pacifiques du gouvernement allemand, et à cet effet il me lut, du manifeste qu'il venait d'adresser à ses électeurs de Kulmbach, le passage suivant qui concernait la France:

»Il importe à tout diplomate d'avoir un appui moral,« disait le prince, »mais surtout au représentant de l'Allemagne à Paris. La France est une république, où la théorie du suffrage universel a jeté de profondes racines; il n'y a pas de nation où l'on attache plus d'importance au témoignage de la confiance publique. Voilà pourquoi ma position en France, qui a déjà répondu à mon attente, sera encore améliorée par mon élection comme député.«

»Il n'est pas question ici de satisfaction personnelle; ma mission est une mission de paix, et votre empressement à me donner vos voix a rendu plus facile l'œuvre que je poursuis au nom de l'humanité.«

Berlin, le 28 octobre 1874.

J'ai fait visite ce matin à un député du centre, qui m'a dit:

»Vous pouvez être certain que les catholiques tiendront bon; ils ne feront jamais la paix avec le prince de Bismarck. Je vous assure que nous sommes souvent obligés de tempérer l'ardeur de nos coreligionnaires et de les empêcher de franchir les limites de la légalité; car nos adversaires ne désirent rien tant que de les voir se compromettre. Les dernières lois anti-cléricales auront un bien mauvais effet sur la population.«

»Ici à Berlin, le matérialisme a pris des proportions vraiment effrayantes; on insulte ouvertement la religion. Depuis que la loi sur les mariages civils a été mise en vigueur, on se passe généralement de la bénédiction de l'Église, parce que de cette façon on en est quitte à meilleur marché. On ne juge plus nécessaire de faire baptiser les enfants. Allez au théâtre de Victoria voir comment la foule applaudit un acteur qui remplit le rôle d'un moine ivre, courtisant le beau sexe.«

»Si cela continue, nous arriverons, avant longtemps, à voir la population de Berlin composée exclusivement de Juifs et d'Athées. De plus, les basses classes sont très mécontentes de ce que tout a renchéri démesuré-ment. Le peuple n'a pas vu la couleur d'un seul sou des fameux cinq milliards, et les taxes sont écrasantes. Berlin est devenu peu à peu la ville la plus chère de l'Europe.«

Berlin, le 30 octobre 1874.

J'ai été présenté aujourd'hui à M. Marquardsen, mem-bre distingué de la fraction nationale-libérale du Reichstag. Dans le cours de la conversation que j'eus avec lui, il me dit:

»Je regarde le dernier paragraphe du discours du trône, comme un avertissement à tous les ennemis de l'empire pour leur rappeler que celui-ci est très-fort par lui-même et par ses alliances, et qu'il ne faut pas

19*

du tout se figurer qu'on pourra porter atteinte à cette puissance. Il me semble que les paroles de l'Empereur s'accordent parfaitement avec la situation; je suis bien loin de croire que les ultramontains aient la moindre tendance à vouloir bientôt se réconcilier avec le prince de Bismarck; mais je pense que leur puissance a atteint son apogée.«

»Je ne crois pas surtout qu'ils puissent conserver tous leurs sièges au *Reichstag* aux prochaines élections générales. Ils avaient espéré procurer aux catholiques quelque soulagement, et organiser une sorte de deuil public, toutes les fois qu'un évêque ou un prêtre serait mis en prison. Mais la première de ces espérances ne s'est pas réalisée, et quant à la seconde, il est certain que si quelques démonstrations ont eu lieu jusqu'ici dans les cercles catholiques, elles ont été éphémères; et le peuple a continué à aller tranquillement au théâtre et au cabaret, comme si de rien n'était. Le dogme de l'infaillibilité a fait un tort immense au pape dans les cercles éclairés en Allemagne.«

M. Marquardsen m'assura en terminant que toute l'Allemagne était animée du désir de voir la paix se maintenir, et la conception de l'unité se réaliser. Il pensait qu'une guerre était improbable, à moins que l'Allemagne n'y fût provoquée.

Berlin, le 31 octobre 1874.

J'ai eu aujourd'hui une longue conversation avec un collaborateur d'une feuille de l'opposition, qui m'a fait un récit intéressant des relations du chancelier avec la presse.

»Aucun homme d'État», me dit mon interlocuteur, »ne sait mieux que M. de Bismarck se servir de la presse en Allemagne et à l'étranger, pour l'aider à atteindre ses buts politiques. Lorsqu'il a maille à partir avec un pays, il commence toujours par se servir des journaux, pour influencer l'opinion publique. Cette activité dans la presse repose sur un système complet pour l'exécution duquel il emploie des personnes qui sont établies dans le milieu où il a besoin d'agir; il les y envoie au besoin en missions spéciales. Le plus souvent, le public ne se rend pas bien compte de cette activité, bien que les traces en puissent être découvertes; mais il y a aussi des cas où les artifices du prince, et les agents qu'il y emploie, sont trahis, à la grande joie du public. C'est ainsi qu'on pourrait citer un grand pays, où un agent prussien s'efforça longtemps de gagner la presse et n'était généralement pas à court de moyens pour atteindre son but. Son activité se faisait remarquer surtout, lorsqu'il se préparait de grands événements en Europe. Il se donnait alors beaucoup de mouvement, et à ces moments-là il se trouvait visiblement dans une excellente position pécuniaire. Mais il avait une passion qui lui coûta cher et qui mit fin à son lucratif commerce. Il était grand amateur de coquillages et lorsque sa position de fortune le lui permettait, il en achetait des spécimens de grand prix et en quantités considérables. Un publiciste qui avait intérêt à suivre ses allées et venues, avait surpris la passion de notre amateur, et trouvé moyen d'être renseigné lorsqu'il faisait ses emplettes. Il en arriva à tirer cette conclusion, que toutes les fois que notre homme satisfaisait sa pas-

sion pour les mollusques, on devait méditer quelque
part un grand coup. Et, en effet, ses conjectures portèrent juste assez souvent. Mais le publiciste ne sut pas
taire sa découverte, et de cette façon, notre amateur et
son activité tombèrent à plat.«

CHAPITRE XVIII.

Retour à Paris en novembre 1874. — Je publie la brochure:
„A travers la diplomatie." — Trois lettres y ayant trait. — Lutte
parlementaire en France, au commencement de l'année 1875. —
La proposition Wallon, déclarant que le gouvernement de la France
est une république, est adoptée le 30 janvier. — Les nouvelles
lois constitutionnelles sont enfin votées le 25 février. — Loi sur
les cadres de l'armée en France. — Articles belliqueux dans le
presse officieuse de Berlin. Craintes de guerre en France et en
Angleterre. — Correspondance parisienne remarquable dans le
Times du 4 mai. Intervention diplomatique de l'Angleterre. Arrivée
du Czar à Berlin le 10 mai 1875. La paix est assurée.

A mon retour à Paris, en novembre 1874, de ma tournée en Allemagne, un Français de mes amis me fit une confidence qui pouvait avoir, à première vue, de sérieuses conséquences pour moi, mais qui avait aussi son côté comique. Il me dit que dans les derniers temps, et surtout pendant mon absence, on avait répandu le bruit que j'étais un des agents politiques du prince de Bismarck, et en outre, un des plus dangereux, parce que je savais mieux qu'un autre cacher mon jeu. Mon

ami connaissait les quelques personnes (leur nombre était
heureusement très restreint) qui colportaient ces bruits,
mais ne savait pas, au juste, s'il devait les attribuer à
la malveillance ou au manque d'intelligence, ou peut-
être à l'un et à l'autre de ces motifs. Il me conseilla
pourtant de couper court à ces racontars avant qu'ils
eussent pris trop de consistance, et je résolus alors de
publier, sous forme de brochure, un court exposé de
mes travaux politiques, pendant les années de 1864 à
1866, afin de mettre le public, en général, au courant
de ce que je faisais à l'étranger.

Mon petit livre parut donc au commencement de l'année 1875; il avait pour titre : »*A travers la diplomatie*«
et était accompagné d'une préface de mon ami M. Jules
Valfrey, ce publiciste politique distingué dont j'ai déjà
parlé. L'œuvre fut accueillie avec bienveillance, aussi
bien dans la presse que dans les cercles diplomatiques.
Je reçus de diverses notabilités politiques un grand
nombre de lettres ; je me permettrai de reproduire les
trois suivantes, parce qu'elles émanent de personnages
qui doivent surtout connaître les événements de la période qu'embrasse mon livre, et dont le témoignage est
de nature à imprimer à cet exposé un cachet d'authenticité que mon nom seul n'aurait peut-être pas suffi à
lui donner :

Paris, le 24 février 1875.

Mon cher Monsieur Hansen,

Je vous remercie de l'envoi de votre livre, que
j'ai lu avec le plus vif intérêt. J'ai retrouvé, dans
cet écrit, l'expression de votre ardent et fidèle patriotisme, dont toute votre conduite m'avait donné

tant de preuves à l'époque que vous vous rappelez. Aussi je joins mes félicitations sincères à mes remercîments.

Drouyn de Lhuys.

Florence, le 8 mars 1875.

Monsieur Hansen,

J'ai reçu depuis quelques jours la copie de votre ouvrage, que vous avez bien voulu m'envoyer, et, après l'avoir lu avec un grand intérêt, je vous en remercie beaucoup. Si je ne l'ai pas fait plus tôt, c'est à cause de mes yeux, qui sont en très mauvais état, et ne me permettent de lire et d'écrire que très-peu et par intervalles.

En vous renouvelant mes remercîments, je vous prie d'agréer l'assurance de ma considération très distinguée.

Alphonse de La Marmora.

Copenhague, le 18 mars 1875.

Monsieur,

J'ai reçu votre brochure »*A travers la diplomatie*«, dont vous m'avez fait l'honneur de m'adresser un exemplaire. En dehors de son importance pour l'histoire générale des dernières années, cette publication a un intérêt spécial pour ceux qui, comme moi, ont pu apprécier, sur place, les qualités morales et le patriotisme de la nation dont vous avez si bien su plaider la cause. Je vous suis donc doublement reconnaissant de votre envoi, et je vous prie, Monsieur, d'agréer, avec tous mes remercîments, l'expression de mes sentiments de considération les plus distingués.

Saint-Férriol.

Ma petite brochure eut du moins un résultat décisif: je n'entendis plus dire que je devais être un agent prussien, allégation qui, du reste, a dû bien faire rire le prince de Bismarck, si elle est jamais arrivée à ses oreilles.

Le commencement de l'année 1875 se passa en luttes parlementaires et en polémiques de presse très violentes. La majorité du 24 mai s'étant dissoute, il ne restait réellement plus que deux partis en présence, les bonapartistes et les royalistes, tandis que le gouvernement cherchait à s'appuyer, autant que possible, sur les membres des groupes modérés, pour provoquer un dénouement de la crise constitutionelle. Le 6 janvier, le maréchal de Mac-Mahon avait, dans un message à l'Assemblée nationale, réclamé une prompte constitution du septennat; c'était surtout l'adoption du mot »République«, comme l'expression de la forme définitive du gouvernement en France, qui donnait lieu au différend. L'adoption, à la majorité d'une voix, de la proposition Wallon, le 30 janvier, fit de la République le gouvernement légal de la France; mais le petit incident suivant que je tiens d'un député digne de foi, fera voir combien l'enfantement fut laborieux.

A la séance du 30 janvier, un riche député du nord de la France, M. Leurent, se trouvant fatigué vers cinq heures de l'après-midi, se rendit dans le parc de Versailles pour prendre l'air. Avant de quitter la salle, il chargea cependant son ami et voisin, député monarchiste, de déposer pour lui, dans l'urne, un bulletin *non,* lorsqu'on voterait sur la proposition Wallon. L'ami oublia cette recommandation, bien qu'elle eût été faite en termes pressants, et ne déposa que son propre bulletin. Or, la république n'ayant été votée qu'à la majorité d'une voix, il y aurait eu égalité de suffrages, si le bulletin de M. Leurent avait été déposé, et d'après les réglements, la proposition Wallon eût été dans ce cas rejetée.

La République ne tint donc qu'à un fil; mais ce fil était déjà solide, et, le 25 février, les lois constitutionnelles furent enfin votées; elles donnaient à la France, comme on le sait, un Président de la République, élu en congrès, un Sénat et une Chambre de députés. La République française était, par conséquent, constituée en principe, quoique le paragraphe, dit de révision, laissât la porte ouverte à de nouvelles luttes, à l'expiration du septennat. Peu de temps après, le 11 mars, le maréchal forma un ministère sous la présidence de M. Buffet, le duc Decazes conservant le portefeuille des affaires étrangères.

Malgré les divisions politiques, la France progressait économiquement à vue d'œil; son bien-être augmentait d'une manière surprenante, et l'armée commençait à présenter quelque consistance.

C'est alors qu'au mois d'avril, de sombres nuages commencèrent tout-à-coup à poindre à l'horizon. La presse officieuse de Berlin emboucha la trompette guerrière. Le journal la *Post* publia son fameux article »*Der Krieg im Sicht*«, qui causa dans les esprits un trouble si profond. Le monde officiel observait une attitude très réservée, et déclarait qu'il ne savait rien; le prince de Hohenlohe, surtout, gardait le silence. C'est ainsi que, m'étant permis, à une soirée qui eut lieu dans les premiers jours de mai, au ministère des affaires étrangères, de questionner le prince au sujet de ces bruits inquiétants, je reçus cette reponse : »Je sais bien qu'on est mécontent à Berlin du quatrième bataillon, dont les régiments français vont être augmentés; mais je ne sais, du reste, rien de la probabilité d'une guerre.«

La vérité était pourtant que la situation avait pris un caractère très-grave; on s'aigrissait à Berlin de la rapidité avec laquelle la France se relevait. On avait espéré que ce pays, ruiné par une guerre malheureuse, serait paralysé pendant toute une génération; ces espérances ne s'étant pas réalisées, les Allemands crurent que le moment était venu de réparer une négligence, et d'en finir une bonne fois avec un ennemi qu'on avait laissé pour mort.

Ces intentions de l'Allemagne ont été démenties; mais sans grand succès. Il est certain que le prince de Bismarck avait manifesté officiellement l'inquiétude que lui causaient les prétendus armements de la France. Il est certain également que, dans les cercles officiels à Berlin, on faisait ressortir la nécessité de déclarer la guerre à la France, pendant qu'elle était encore faible, comme mesure d'humanité, afin d'épargner à la génération future une plus large effusion de sang. Enfin, il est notoire que le sentiment public a bien jugé la question, et que la haine dont le chancelier allemand continue de poursuivre ceux qui, par une manœuvre énergique, ont fait avorter ses plans monstrueux, est ce qui leur fait le plus d'honneur.

La gravité de la situation fut surtout caractérisée par un article que M. de Blowitz, le correspondant du

Times à Paris, adressa à cette feuille, le 4 mai 1875, et dont je reproduis ici les principaux passages:

»La presse française est silencieuse; la presse allemande chante les bienfaits de la paix. La *Post*, de Berlin, qui a jeté sur le monde le premier coup de tonnerre belliqueux, se retire et regrette la sensation produite par ce bruit. Les autres journaux allemands critiquent la violence hors de propos de leur confrère, et après l'avoir reproduit sans observation, ils lui reprochent amèrement son article. Le monde diplomatique est rempli de confiance. Princes et Empereurs voyagent, prennent les eaux ou se préparent à les prendre. Politiquement parlant, le contraste qui existe entre les chants de paix et le fantôme de la guerre évoqué récemment, rappelle l'une des premières scènes d'*Hermann et Dorothée*, de Gœthe. La politique est une idylle, et les peuples s'embrassent dans un fraternel transport.«

»J'avais donc, il y a deux jours, des raisons de m'étonner lorsque, dans un salon politique, un des principaux représentants de la politique étrangère en France me demandait: »»Pouvez-vous m'expliquer comment cela se fait? Je suis allé aux courses. J'ai vu vingt personnes appartenant à des cercles différents, toutes en position de réfléchir et de juger, et je les ai toutes trouvées inquiètes du lendemain.«« Le malaise que remarquait mon ami, et qui ne vient ni de la note belge ni de la récente alarme dans la presse, qui se propage maintenant dans les hautes classes avant de se répandre dans les sphères inférieures, qu'on s'efforce de dissimuler sans parvenir à le cacher, ce malaise existe sous une forme persistante et accablante. Les esprits les plus sérieux croient à un danger imminent, à une menace latente; ils éprouvent cette sensation vague et terrible qu'on exprime par ces mots : »Il se trame quelque chose.« Depuis quelque temps déjà cette sensation hante les esprits les mieux réglés. On espérait s'en délivrer en retenant sa langue; j'y comptais moi aussi, mais maintenant je suis forcé de renoncer à cet espoir. Ces choses circulent obscurément, et font irrésistiblement leur chemin dans l'imagination des gens. Le mieux est de les présenter au grand jour, pour en chercher les causes et en montrer les conséquences. Si elles sont fausses, la lumière du jour les dissipera; si elles sont vraies, il vaut mieux qu'elles sortent de l'obscurité.«

»Or, le fait est que les hommes politiques venant du dehors, aussi bien que ceux qui, en France, prétendent être bien informés, affirment que la paix ou la guerre va dépendre de l'entrevue entre les empereurs d'Allemagne et de Russie. On dit, et personne ne le nie ou ne peut le nier, qu'il existe en Allemagne un parti puissant, comprenant tout l'élément militaire, qui pense que l'Allemagne a conclu un mauvais traité avec la France; que les fameux cinq milliards — cette somme monstrueuse dont l'exigence devait, aux yeux même de M. de Bismarck, ruiner la France — sont déjà rentrés dans ses caisses; que Belfort est, comme il l'était, une épine dans les chairs de l'Allemagne; que la France militaire se réorganise, non pas assez rapidement pour devenir immédiatement dangereuse, mais assez rapidement pour fournir avant longtemps un contingent formidable à une alliance avec d'autres nations.«

»On ajoute que l'Allemagne n'est pas plus riche qu' avant la guerre, que son industrie, son commerce, ses finances, son organisation sociale ne peuvent supporter longtemps ses armements actuels, et qu'elle ne peut, au risque de s'épuiser, entreprendre de défendre pendant cinquante ans ses conquêtes faites en six mois ; que si, d'autre part, elle désarme pour éviter de se ruiner, la France sera de nouveau armée avec une promptitude menaçante, et que de là résulte ce dilemme : se ruiner pour pouvoir se défendre, ou se livrer à l'ennemi en cessant de rester en armes. Ils ajoutent — et à ce point de vue, le point de vue de la patrie allemande, il est impossible d'en disconvenir — ils ajoutent que jamais moment ne fut plus propice pour assurer à l'Allemagne une longue période de prospérité, une longue ère de paix. Voici comment ils raisonnent, et ce raisonnement explique à la fois les rumeurs de la dernière quinzaine et le silence présent :

» »La note récente adressée à la Belgique, communiquée aux puissances, et qui a fait son chemin dans l'opinion publique, a prouvé qu'en ce moment l'Allemagne peut faire tout ce qui lui plaît. L'Angleterre, ce défenseur de la neutralité belge, ne veut pas qu'on touche à la Belgique. Telle est la limite de ses volontés, et sa politique ne se lie à aucune autre réserve. Or, on ne touchera pas à la Belgique et l'Angleterre restera tranquille. L'Italie est de l'autre côté des Alpes, et maintenant elle est en compétition avec la France quant à l'influence religieuse. Elle n'a pas écouté, il est vrai, M. de Keudell, mais ce n'était point pour défendre la grandeur de la France, dont la question papale l'a pour longtemps séparée. L'Italie ne fera rien. M. Visconti-Venosta a dit d'ailleurs que l'Italie a autant besoin de paix que de pain. L'Autriche ne se croit pas menacée, car sa politique

consiste à deviner et à prévenir les désirs de l'Allemagne.
Ce n'est point l'Autriche qui sera un obstacle; elle ne
fera rien. Une seule puissance est embarrassante, et c'est
d'elle seule qu'il convient de tenir compte. Lorsqu'en
février dernier M. de Radovitz prévit la politique russe
en Orient; quand il fit connaître que l'Allemagne ne se
croyait pas obligée à entraver cette politique de la Russie,
il lui fut répondu que la Russie poursuivait seulement
en Orient une politique de conquêtes morales, et qu'elle
ne pouvait ni ne voulait obtenir aucun avantage matériel, dans les circonstances prévues qui semblaient rendre
des compensations nécessaires. C'est donc uniquement la
Russie à laquelle doit être démontrée la nécessité d'en
finir pour longtemps, sinon pour toujours, avec les inquiétudes périodiques qui troublent le monde. Toutes les
puissances se sont bornées, quant aux notes adressées à
la Belgique, à de timides et amicales représentations.
Nulle ne s'est montrée menaçante, résolue ou même irri-
tée. Ce fut le moment d'épreuve. En finir avec la France
n'est pas seulement une occasion à saisir, c'est un devoir
envers l'Allemagne et envers l'humanité. L'Europe ne
sera jamais tranquille tant que la lutte sera possible, et
la lutte sera possible aussi longtemps que la bévue du
dernier traité ne sera pas réparée, car elle laisse la France
en position de revivre et de rentrer en lutte. L'Allemagne est troublée par la conscience de n'avoir qu'à
moitié écrasé son ennemi, et de ne pouvoir se défendre
qu'à la condition de dormir un œil ouvert. Ce qui, exécuté promptement aujourd'hui, coûterait seulement un
sacrifice insignifiant, coûterait dans deux ans une mer de
sang, rien que pour remporter des victoires douteuses.««

»Ceux qui raisonnent ainsi, ne se bornent pas à des

considérations abstraites; ils présentent une conclusion positive. La guerre, disent-ils, doit être promptement entreprise et terminée, pour réduire la France à une condition permettant à l'Allemagne de se livrer à un repos nécessaire au développement définitif de sa grandeur. Il est nécessaire d'entrer en France, de marcher sur Paris, de prendre position sur le plateau d'Avron, d'où l'on pourrait détruire la capitale et signer un nouveau traité, privant seulement la France du territoire de Belfort, limitant le chiffre de son armée active, et la mettant à l'amende de dix milliards payables en vingt ans, avec intérêt à 5 %, et sans anticipation de payement du capital. Paris ne serait attaqué qu'au cas où la France se refuserait à signer le traité.«

»Il serait inexact de dire que l'argumentation que je viens de reproduire et la conclusion à laquelle elle arrive soient acceptées, même en Allemagne, en dehors du parti qui a adopté ce programme. Il serait également inexact de dire que ces menaces sont destinées à se réaliser. Le monde diplomatique, même en Allemagne, affirme qu'on ne peut combattre un ennemi qui ne cherche pas à combattre, qui annonce qu'il ne combattra pas, qui a fidèlement exécuté le traité signé par lui, et qui se déclare sans défense. Tous les honnêtes gens de l'Allemagne repoussent ces suppositions, et déclarent que l'honneur allemand se révolte contre une pareille théorie.«

»On dit que l'Empereur lui-même, songeant à l'histoire, et écoutant sa conscience, s'est écrié: »»Après tout, je suis un gentilhomme et j'ai signé un traité.«« Mais les partisans d'une action immédiate répliquent que le devoir suprême, dominant toute considération personnelle, consiste à servir et à sauver la patrie, et que ce serait une fatale méprise que de sacrifier des millions d'hommes, dont le sort vous est confié, à des scrupules relatifs au jugement que portera l'histoire même sur les plus grands personnages. »»Ce n'est pas la nation allemande,«« ajoutent-ils à l'appui, »»qui a commis la faute; c'est vous. La nation vous a suivi sans hésitation. Elle vous a donné sans marchander son or, ses enfants, son sang. Ce n'est point sa faute, si vous avez commis des erreurs et laissé l'entreprise à moitié faite; si vous avez signé des traités illusoires, c'est à vous à réparer la faute, fût-ce aux dépens de votre orgueil. Vous nous avez conduits à la guerre pour assurer la paix; cette paix, vous ne l'avez pas gagnée, car vous n'avez vaincu l'ennemi qu'à moitié. Si la France ne veut pas se battre, imposez-lui un traité sans verser du sang. Si vous n'avez pas de prétexte, trouvez-en un. Vos contemporains à l'étranger vous blâmeront; mais l'Allemagne fortifiée, florissante et tranquille, vous bénira éternellement.««

Il circula bien des bruits à Paris au sujet de la rédaction de cette correspondance; quelques-uns m'en attribuèrent même la paternité, et je dus, par conséquent, me servir de la voie des journaux de Paris pour décliner cet honneur. La vérité est que l'article est dû à la plume de M. de Blowitz, mais qu'il est en quelque sorte une mosaïque de journaux allemands. On y avait condensé la quintessence de tous les raisonnements que les feuilles officieuses de Berlin avaient servis au public, depuis plusieurs semaines, pour le préparer à la guerre.

L'article eut un effet immense. Toutes les personnes bien pensantes en Europe s'émurent des faits qu'il dévoilait, et cette publication imprévue rendit difficile l'exécution du plan révélé.

Mais on était encore loin d'avoir conjuré le danger. Le prince de Hohenlohe était enfin sorti de son mutisme, et il avait déclaré au ministre des affaires étrangères de France, que son gouvernement avait lieu de se préoccuper des armements de la France. Le duc Decazes fit bonne contenance devant cette communication, mais, sans perdre une minute, il pria l'ambassadeur de Russie, le prince Orloff, d'exposer à son gouvernement la gravité de la situation. Le cabinet de St Pétersbourg tint le plus grand compte des inquiétudes de la France, et il se mit aussitôt en devoir de les calmer. A la même époque la diplomatie anglaise entra également en scène. Il ressort des déclarations officielles de lord Derby qu'il avait été, en effet, sérieusement question dans les sphères gouvernementales en Allemagne d'exiger la cessation de ce qu'on appelait les armements français, et en cas de refus d'attaquer la France. »Le langage tenu publiquement à Berlin par les personnes les plus autorisées, ne laissait aucun doute à ce sujet«, dit le noble lord plus tard en répondant à une interpellation au parlement, et l'intervention et les efforts de l'Angleterre pour maintenir la paix étaient donc parfaitement justifiés.

Il était réservé à l'empereur Alexandre de dire le dernier mot dans cette affaire. Dès le mois d'avril le général Le Flô, ambassadeur de France à St Pétersbourg, avait déjà averti le Czar des velléités belliqueuses de l'Allemagne et avait sollicité son appui. Le Czar avait répondu avec beaucoup d'affabilité : »Je pars bientôt pour Berlin et j'y exprimerai le désir de voir la paix maintenue. On ne peut pas faire la guerre sans un motif, et la France n'en donne aucun. Si l'Allemagne vous attaquait maintenant, elle commettrait la même faute que Bonaparte en 1812, et il faudrait alors qu'elle fasse la guerre à ses risques et périls.«

Le prince Gortchakoff tint le même langage à l'ambassadeur de France.

»Je vous promets,« lui dit-il, »de faire des représentations au prince de Bismarck à Berlin. Le Czar en fera à l'empereur Guillaume.« Le 10 mai 1875 l'empereur Alexandre, se rendant à Ems, arriva à Berlin où il parla à l'empereur d'Allemagne, comme il l'avait promis, et lui fit part de son désir bien arrêté de voir la paix maintenue. Le lendemain, le Czar reçut le corps diplomatique et déclara que la paix était assurée; le même jour le prince Gortchakoff, qui accompagnait son souverain, expédia à tous les représentants de la Russie à l'étranger, une dépêche télégraphique contenant des assurances identiques.

Le 12 mai cette bonne nouvelle fut télégraphiée à Paris. Le soir, le monde officiel était réuni chez le préfet de police M. Léon Renault, où il y avait soirée, et l'on pouvait lire sur toutes les figures, la joie qu'on éprouvait d'être sorti de cette situation pénible. Le duc Decazes était présent, et m'étant permis de le féliciter, il me répondit que l'intercession de bons amis avait détourné de la France un grand danger.

»La France peut-elle maintenant poursuivre en paix la réorganisation de son armée,« lui demandai-je; »et n'est-elle pas obligée de désarmer?«

»Non,« me répondit le duc, »pas un seul de nos fantassins.«

L'orage était donc dissipé, et la France pouvait procéder en paix à sa réorganisation intérieure. Le ministre des affaires étrangères, par sa vigilance et la promptitude de son action, avait rendu à la France un grand service, et tout le monde au fond avait lieu d'être satisfait, excepté le chancelier de l'Allemagne. Il eut pourtant une petite consolation; le comte Andrassy lui rendit le service de déclarer à l'ambassadeur d'Angleterre à Vienne, que n'ayant jamais cru aux intentions agressives de l'Allemagne, il avait jugé inutile de lui adresser des représentations.

L'épilogue de cet incident diplomatique, c'est l'entretien que le prince de Bismarck eut pendant le congrès de Berlin avec le correspondant du *Times,* M. de Blowitz.

»Toute cette histoire qui émotionna l'Europe en 1875,« dit le chancelier, »ne fut qu'une invention de M. de Gontaut-Biron et du prince Gortchakoff, ce dernier désirant recevoir les éloges des journaux français et être appelé le sauveur de la France. Ils avaient arrangé l'affaire de manière qu'elle éclatât le jour même où le Czar arriverait à Berlin. Il entrerait alors en scène, prononcerait son »Quos ego« et rendrait à l'Europe la paix par sa seule présence. Je n'ai jamais vu un homme d'État agir d'une manière aussi peu réfléchie, compromettre ainsi par vanité l'amitié de deux gouvernements, et s'exposer aux conséquences les plus sérieuses, dans l'unique but de s'attribuer le rôle de sauveur là où il n'existait aucun danger. J'ai dit alors à l'empereur de Russie et au prince Gortchakoff: »Puisque vous désirez tant une apothéose en France, vous avez encore assez de crédit à Paris pour obtenir qu'on vous représente sur un théâtre quelconque, en costume mythologique avec des ailes aux épaules et entouré de feux de Bengale.

Ce n'était réellement pas la peine de nous représenter comme des criminels, pour pouvoir envoyer une circulaire dans le monde.«

Ces railleries du chancelier eurent un grand retentissement, et il n'est pas nécessaire de faire ressortir l'effet qu'elles produisirent à St Pétersbourg. Elles eurent pour conséquence immédiate sans doute d'affermir la position du prince Gortchakoff. Si le prince de Bismarck s'était tu, il aurait peut-être obtenu, selon son désir, la nomination du comte Schouvaloff au ministère des affaires étrangères de Russie. Mais en tenant publiquement un langage aussi blessant pour le Czar, M. de Bismarck n'a fait que consolider la situation du prince Gortchakoff.

Le chancelier allemand, dans ce même entretien, a voulu également se disculper du reproche d'avoir menacé la paix européenne en 1875. Si ces protestations sont sincères, on peut se demander pourquoi, à l'époque dont il s'agit, il permit à ses écrivains officieux d'emboucher la trompette guerrière et à ses ambassadeurs de tenir un langage menaçant. De deux choses l'une : ou le parti militaire à Berlin était alors si puissant, que la direction de la politique extérieure avait échappé des mains du chancelier, ce qui semble extraordinaire, ou le chancelier était d'accord avec le parti militaire, ce qui paraît beaucoup plus probable.

Et la vérité vraie se trouve sans doute dans ces paroles que l'empereur Guillaume adressa à M. de Polignac, attaché militaire de France à Berlin, au plus fort de la crise : »On a voulu nous brouiller, mais tout est fini maintenant.«

CHAPITRE XIX.

Mon audience à Paris chez l'archiduc Albrecht en juillet 1875. — Les prédictions d'un Polonais. — La question d'Orient prend un caractère menaçant. Mon rapport politique du 10 novembre 1875. — Publication de l'Europe diplomatique en février 1876. La politique de ce journal. — Devoirs d'un homme politique étranger en France. Une nouvelle princesse Lieven à Paris. — La question égyptienne. Le prince Halim. — Aperçu des grands événements de 1876 à 1878.

Au milieu de l'été de l'année 1875 l'archiduc Albrecht d'Autriche arriva à Paris, et j'eus l'honneur, le 23 juin, d'être reçu par lui en audience. Ayant prié son Altesse impériale de me faire part de son opinion sur la situation en général et sur les probabilités d'une guerre, je reçus cette réponse :

»En Autriche nous n'avions pas aussi peur de la guerre qu'en Angleterre et en France. Nous savions très-bien à Vienne, non seulement le comte Andrassy mais nous tous, que l'empereur de Russie désirait le maintien de la paix et qu'il s'exprimerait catégoriquement en ce sens à Berlin. Nous savions depuis l'année précédente les vues du Czar à ce sujet, et, par conséquent, nous ne

regardions pas comme probable que la guerre éclatât,
encore qu'il y eût des personnes qui la désirassent.
L'Autriche ne s'est pas montrée aussi indifférente qu'on
le croit, dans cette question; car nos hommes politiquès
regardaient comme très inique et regrettable que la Prusse
se jetât sur la France, qui avait loyalement rempli ses
obligations. Maintenant, si vous me demandez mon opinion
sur l'avenir, je vous dirai que je crois aussi que la paix
sera maintenue en Occident où la situation sera probablement, l'année prochaine, à peu près ce qu'elle a été cette
année. L'empereur Guillaume ne désire pas la guerre; le
prince de Bismarck est puissant et peut faire beaucoup,
sans doute, mais il ne peut pas cependant faire tout ce
qu'il veut. Napoléon 1er était plus puissant que lui, et
nous avons vu pourtant comment il a fini. C'est l'histoire qui se reproduit, et il faut avoir plus de confiance
en la sagesse et en la justice divines que dans celles
des hommes. Voyez les catholiques allemands qui luttent
avec persévérance contre le chancelier; ils ont leur chef
religieux hors de leur pays et pourtant ils lui restent
fidèles et dévoués. C'est un bel exemple qu'ils offrent;
ils se cramponnent à leur droit sans être révolutionnaires
et en cela leur conduite est très digne et correcte; car
personne ne désire une guerre de religion.«

Après avoir encore échangé avec son Altesse quelques
paroles au sujet de la position du roi de Hanovre en
France, je pris congé de l'illustre vainqueur de Cu-
stozza.

Quelques semaines après cet entretien, je reçus la
visite d'un ecclésiastique polonais qui avait été, quelque
temps, rédacteur du journal berlinois »la Germania«, mais
qui avait fui de Berlin pour se soustraire à une peine

sévère à laquelle il avait été condamné pour outrages
contre la personne du chancelier de l'Allemagne. C'était un
homme politique très intelligent qui s'exprimait sur la
situation avec beaucoup de calme et de sûreté. Je fus
surtout frappé de deux de ses remarques. Ainsi il fit
ressortir que le prince de Bismarck ne pouvait penser
sérieusement à la guerre avec l'étranger, tant qu'il n'aurait pas mis un terme au *Culturkampf* à l'intérieur. Si,
au contraire, il se produisait des indices sérieux d'un accommodement entre le chancelier et les catholiques, il
faudrait alors que les puissances étrangères soient sur
leurs gardes; car ce rapprochement indiquerait que le
prince de Bismarck méditerait des complications auxquelles l'Allemagne prendrait une part active.

L'autre remarque de mon interlocuteur, qui fit surtout impression sur moi, avait trait à la question d'Orient.

»Le prince de Bismarck«, dit-il, »a certainement essuyé
une grande défaite diplomatique au printemps par l'intercession de la Russie; mais il ne faut pas croire pour
cela qu'il considère la partie comme perdue. Il a besoin
de remuer l'Europe, et pour le faire, il a encore un
bon atout en main, la question d'Orient. Vous verrez
que cette petite révolte en Herzégowine nous mènera
loin, et vous pouvez être convaincu que le prince de
Bismarck saura faire naître et exploiter ensuite les
complications qui se préparent dans la péninsule des
Balkans.«

Je ne nierai pas que je fus très frappé de ces remarques; celui qui les avait formulées devant moi, partit
quelques jours après pour l'Écosse, où un membre distingué de l'aristocratie anglaise lui avait offert un asile.
Jusqu'à ce moment je n'avais pas, de même que la

plupart de ceux qui s'occupaient de politique à Paris, attaché une grande importance à la révolte de l'Herzé-gowine; et il ne m'était pas venu à l'idée qu'elle pût remettre sur le tapis la question d'Orient avec toutes ses conséquences sérieuses. Mais dans le courant de l'été arrivèrent peu à peu de la péninsule des Balkans des nouvelles qui me parurent confirmer de plus én plus toutes les prévisions de mon ecclésiastique polonais. Au ministère des affaires étrangères de France on com-mençait à éprouver des inquiétudes; j'entendis alors souvent parler du danger de la situation en Orient, et il me sembla qu'une grande guerre pourrait bien en sortir et amener des conséquences incalculables, même pour les petits États. En conséquence, je rédigeai l'ex-posé suivant de la situation que j'envoyai à mes amis politiques en Danemark, en prenant pour point de dé-part un article remarquable qui avait paru dans la feuille officielle russe :

Paris, le 10 novembre 1875.

Les événements d'Orient prennent, depuis la publi-cation du journal officieux russe, une tournure in-quiétante, et d'autant plus surprenante que les orga-nes russes, qui reflètent plus particulièrement les idées du prince Gortchakoff, ne faisaient aucunement pré-voir un revirement aussi brusque dans la politique de la Russie; j'en conclus que l'article en question émane de l'entourage du czar Alexandre, et que son chancelier n'y est pour rien.«

»Comment le Czar qui est l'esprit pacificateur par excellence a-t-il été amené à une telle résolution? Ce n'est pas facile à dire; mais ce qu'il y a de plus probable, c'est qu'il a été obsédé à Livadia par les mémoires et les lettres des Slaves du Sud, protégés par des hommes influents du vieux parti russe. L'état des choses dans la péninsule des Balkans a dû aussi faire impression sur le Czar; la fermentation insurrectionnelle, au lieu d'être circonscrite, se développe et s'étend à toutes les populations slaves. En Herzégowine l'insurrection reste ce qu'elle était à ses débuts; il en est de même en Bosnie; en Serbie, la position du prince Milan deviendra de plus en plus difficile, s'il s'oppose aux vœux du parti de la guerre. En Bulgarie même, une insurrection paraît être sur le point d'éclater.«

»»C'est dans cet état de choses que le manifeste du Czar est arrivé, avec le but évident de calmer les populations slaves, en attestant la volonté bien arrêtée de la Russie de leur procurer les réformes nécessaires. Mais les Slaves sont en politique très positifs; ils ne demandent pas de phrases; ils ignorent tout de la diplomatie et n'ont aucune confiance dans ses ressources. Très-probablement, ils sont décidés cette fois à tout risquer pour conquérir leur indépendance complète, plutôt que de se fier à des promesses de réformes qu'ils considèrent comme absolument vaines dans la bouche des Turcs.«

»Dans ces circonstances, que peut-on espérer d'une intervention diplomatique dont on parle aujourd'hui? J'ai bien peur que la diplomatie n'échoue dans sa tâche, soit qu'elle cherche à réunir une conférence pour amener une occupation mixte des provinces insurgées de la Turquie, soit qu'elle tente par une intervention directe et collective à Constantinople d'extorquer à la Porte des garanties sérieuses pour l'exécution des réformes promises. Vous savez par l'histoire de la question du Slesvig-Holstein à quoi conduit une occupation mixte; et celle que l'on met en avant devant être effectuée, comme je l'ai dit, par des troupes autrichiennes et russes, on peut être persuadé que même si elle avait lieu, elle constituerait un grand danger pour la paix de l'Europe. Je suis convaincu que l'Autriche et la Russie ne pourront jamais s'entendre sur le partage des dépouilles de la Turquie; ajoutons à cela que le prince de Bismarck fera sans doute tout son possible pour séparer l'Autriche de la Russie dans cette question d'Orient, et je me tromperais fort, si en fin de compte, il n'offrait pas son appui à la première de ces puissances, sa politique ayant toujours eu pour but de la pousser vers l'est.«

»M. de Bismarck a-t-il la main d'une manière effective dans les événements de la Bosnie et de l'Herzégovine? C'est difficile à dire; mais ce qui est certain c'est qu'il n'a pu oublier le rôle d'arbitre joué par la Russie à Berlin au printemps dernier, et comme il ne saurait atteindre directement le Czar, à cause des relations d'amitié qui existent entre l'empereur Guillaume et ce souverain, il est assez vraisemblable qu'il cherche à créer des embarras au gouvernement russe, par un soulèvement de la question d'Orient, afin de pouvoir jouer à son tour le rôle d'arbitre.«

»La méfiance de l'Angleterre à l'égard de la Russie et la jalousie qu'excite en elle le déploiement de sa puissance, contribueront encore à compliquer cette question. Le cabinet de Londres se portera probablement du côté de l'Autriche dont il a moins à redouter pour ses intérêts.«

»En somme, sous quelque face qu'on envisage la situation actuelle en Orient, il me semble que l'avenir est sombre et gros de complications.«

J. Hansen.

J'avais résumé dans cet exposé les entretiens que j'avais eus avec différents hommes politiques, au sujet de cette question d'Orient qui devait bientôt prendre de si grandes proportions, et pendant plusieurs années reléguer au second plan tous les autres événements en Europe.

Pendant ce temps ma position dans le journalisme et dans le monde politique en France s'était améliorée au point que j'osai tenter une entreprise dont je caressais l'idée depuis longtemps, c'était d'éditer moi-même un journal international en français. Le premier numéro parut au mois de février 1876 sous le titre de „*l'Europe diplomatique*“, journal hebdomadaire, destiné surtout au monde diplomatique. Je savais bien qu'il serait difficile de mener à bonne fin une telle entreprise; car le cercle de lecteurs auxquels je m'adressais, serait toujours restreint. Mais d'un autre côté, j'avais de puissants motifs de ne pas me décourager. Pendant mon long séjour à Paris, j'avais su me concilier assez la bienveillance de la plupart des membres du Corps diplomatique pour pouvoir compter sur leur appui. Ensuite il me semblait que beaucoup d'entre eux désiraient la création d'un organe international, s'exprimant avec impartialité et sincérité sur les affaires européennes, dans le sens de la justice et de la paix. Enfin pourquoi le nierais-je? j'espérais, au moyen de mon journal, ramener l'attention publique sur la question du Slesvig du Nord, à laquelle j'avais déjà consacré tant d'années de mon activité et de mon travail.

Quand on se produit en public et qu'on édite un journal politique, qu'il soit grand ou petit, jouissant de beaucoup ou de peu d'influence, on s'expose à toutes sortes de critiques; et je n'ai pu m'y soustraire, surtout dans ce qui concerne mes relations avec le gouvernement français. L'occasion est bonne, d'ailleurs, pour m'expliquer sur ce sujet délicat.

Lorsqu'un étranger comme moi arrive en France, y est bien reçu et qu'il rencontre beaucoup de bienveillance dans les cercles politiques, il a un double devoir à remplir, ce me semble, s'il veut s'occuper de politique. Le premier c'est de s'immiscer le moins possible dans les affaires intérieures du pays; car étant d'une nationalité étrangère, il n'a aucun droit de faire de la propagande pour tel ou tel parti, pour tel ou tel système politique. Le second a trait aux relations avec l'extérieur, et à ce sujet, j'ai toujours pensé que l'étranger qui a été bien reçu en France, doit chercher à lui être utile dans la mesure de ses moyens. J'ai rigoureusement observé cette règle pendant mon long séjour, et si mes moyens d'action ont été forcément limités, du moins je puis me rendre cette justice que ma bonne volonté ne l'était pas. Si je n'ai rien ou du moins peu accompli, je puis cependant quitter Paris en emportant la satisfaction d'avoir fait tout ce qui dépendait de moi pour contribuer à la puissance et au bonheur de ce pays.

J'ai souvent vu des étrangers s'établir en France et y suivre une voie différente, c'est à dire se mêler activement de ses affaires intérieures. Mais selon moi, ils ont eu tort. Tout le monde a connu le Valaque Grégory Ganesco, qui dans la dernière période de l'Empire, et plus tard encore, se donna tant de mal pour jouer un rôle politique à Paris. Très-actif et très intelligent, Ganesco fonda plusieurs journaux et se jeta avec ardeur dans les luttes de partis; mais bien que dans les dernières années de sa vie il se fît naturaliser Français, il ne gagna jamais complétement la confiance de ses nouveaux compatriotes, et il mourut dans la décadence complète de ses ambitions et de ses affaires.

J'en dirai autant de la princesse russe Lisa Troubetzkoi. D'une illustre naissance, bien douée, spirituelle, grande dame dans toute l'acception du mot, lorsqu'elle le voulait, elle avait comme Russe toutes les qualités requises pour se concilier les sympathies des Français, à l'époque où elle s'établit à Paris après la chute de l'Empire. M. Thiers appréciait beaucoup la princesse; c'était surtout de ses amis qu'elle s'entourait, et ceux-ci formaient à peu près exclusivement la société habituelle de ses salons. Il lui fournit même en 1872 les moyens de fonder à St Pétersbourg, un journal français-russe, *La Newa*, qui n'eut pourtant qu'une existence éphémère. La princesse s'était sans doute proposé pour modèle la célèbre Mme Lieven, et elle voulait à tout prix jouer un rôle politique. Dans les premières années, ses salons étaient très fréquentés. On y rencontrait le Corps diplomatique, M. Thiers, les ministres, les bonapartistes et les républicains, même de couleur radicale; et l'esprit et la conversation animée de l'hôtesse donnèrent réellement, pendant quelque temps, assez d'attrait à ces réunions. Mais après la chute de M. Thiers, la princesse Troubetzkoi se mit du parti de l'opposition et prit bientôt une attitude vraiment hostile

au gouvernement du maréchal de Mac-Mahon. Et quelle
en fut la conséquence? Son propre gouvernement la dés-
avoua; ses salons furent de plus en plus désertés, et
elle quitta enfin Paris, il y a quelques années, mécontente de la France, et sans doute peu contente aussi
d'elle-même. Ce fut regrettable, parce que la princesse,
outre ses brillantes qualités, se distinguait par sa bonté
de cœur, son obligeance et sa fidélité envers ses anciens
amis. Mais les Français n'aiment pas que les étrangers
se mêlent de leurs affaires, et en cela ils ont raison.

Ces principes me servaient de règle, pour la direction de mon journal, à l'époque où je m'occupais de sa
rédaction. Sur un seul point je fus amené à m'écarter
un peu de cette réserve, je veux parler de la question
égyptienne. Mais je n'éprouve aucun embarras à m'expliquer sur ce sujet. En 1876, je rencontrai un jour
à Paris un ancien ami, un Français qui avait appris que
je publiais un journal hebdomadaire international et qui
me proposa de m'envoyer, de temps en temps, quelques
correspondances du Caire, où il était établi depuis plus
de dix ans. J'acceptai son offre, en le remerciant, et je
reçus plus tard de lui bon nombre de lettres d'Égypte
qui peignaient sous de vives couleurs l'état des choses
dans ce pays si mal administré, et qui annonçaient les
catastrophes auxquelles la dissipation sans exemple et
le mauvais gouvernement du Khédive allaient inévitable-
ment aboutir. On peut bien dire que mon correspondant fut le premier parmi les publicistes à donner l'é-
veil, par ses révélations piquantes, sur la situation de
l'Égypte, et qu'il prépara ainsi les mesures que les gouvernements anglais et français durent prendre plus tard.

pour sauvegarder les intérêts pécuniaires de leurs sujets respectifs.

Mon correspondant a en outre toujours défendu avec ardeur la vieille succession musulmane en Égypte, d'après laquelle le plus jeune fils existant de Méhémet Ali, le prince Halim, serait le successeur légitime de Ismail Pacha. Ce principe est incontestablement le plus juste. J'ai eu, à ce sujet, bien des discussions à Paris avec Nubar Pacha, mais pour plusieurs motifs, il ne voulait pas alors se ranger à mon opinion. Plus tard, en 1878, j'eus l'honneur de faire la connaissance du prince Halim, et je trouvai en lui un musulman éminemment éclairé, très familiarisé avec les idées de notre époque et capable d'y donner pleine satisfaction, si jamais il était appelé à occuper le vieux trône des Pharaons.

Du reste, les affaires égyptiennes se rattachaient étroitement à la question d'Orient qui devait constituer à peu près exclusivement l'histoire politique de l'Europe de 1876 à 1878. La diplomatie fut impuissante à la résoudre. Après plusieurs tentatives de peu d'importance pour arriver à une solution amiable, les délégués des grandes puissances s'assemblèrent à Constantinople, comme on le sait, en décembre 1876, pour s'entendre avec la Turquie sur les concessions qu'elle pouvait et devait faire. On crut un moment, que la conférence conduirait réellement à la paix. Le comte de Chaudordy, délégué de la France, avait surtout obtenu de grandes concessions du général Ignatieff. Les huit demandes que la Russie avait primitivement faites à la Porte, furent, grâce aux efforts du représentant de la France, peu à peu réduites à deux : 1° Les Valis des provinces danubiennes seraient nommés pour cinq ans avec l'assentiment des puissances;

2⁰ une commission internationale, dans laquelle entreraient des Ottomans, suveillerait l'exécution des réformes dans ces provinces.

On cherchait encore à adoucir les termes de ces demandes, et les négociations semblaient près d'aboutir à un heureux résultat, lorsque tout à coup le prince de Bismarck adressa un télégramme très-énergique au baron de Werther, ministre d'Allemagne à Constantinople, pour se plaindre des exigences de la Turquie, ajoutant que, quant à lui, il était décidé à ne pas s'y soumettre plus longtemps. Le baron de Werther qui avait jusque-là montré une grande modération, dut alors changer brusquement de langage; il se sépara de ses collégues avec lesquels il avait toujours marché d'accord, et l'œuvre de conciliation se trouva suspendue. Les Turcs qui étaient mal renseignés sur la portée de ce revirement de l'Allemagne, en prirent prétexte pour traiter de haut les puissances européennes, et la conférence échoua en janvier 1877.

Dès ce moment, la guerre devint inévitable. Ses péripities durant l'année 1877, les revers des Russes au début de la campagne, la défaite finale des Turcs, l'attitude de l'Autriche et de l'Angleterre, le traité préliminaire de St Stefano, le congrès de Berlin et la conclusion définitive de la paix le 13 juillet 1878, — tous ces faits sont d'hier, et je ne pourrais d'ailleurs les exposer ici sans sortir du programme de mon livre.

Je ne m'arrêterai pas non plus sur les événements assez connus qui se produisirent en France vers la même époque : le ministère du 17 mai 1877, la grande agitation qu'il provoqua dans le pays, la lutte des républicains et du ministère conservateur, la mort de M.

Thiers le 3 septembre, les élections générales du 14 octobre, la chute du cabinet de Broglie-Fourtou, et la victoire définitive des républicains, qui amena enfin la démission du maréchal de Mac-Mahon, après l'armistice des partis pendant la grande Exposition universelle de 1878.

Il ne me reste, avant de terminer ces mémoires, qu'à raconter quelques épisodes assez curieux.

CHAPITRE XX.

Bruits de la démission du prince de Bismarck au printemps de l'année 1877. Lettre intéressante de Berlin du 4 avril 1877. — Une soirée chez la princesse Antoine Radziwill. L'agneau pascal polonais. Absence de principes dans la politique du prince de Bismarck. Ses chances sans exemple. Ses sympathies et ses antipathies. Comment il poursuit avec dureté tous ses adversaires. Fleurs artificielles de M. Majunke. Chute de Wagener et disgrâce de Lasker. Le prince de Bismarck dans sa jeunesse et dans l'âge mûr. Ses opinions religieuses. Sa vie privée.

Vers la fin du mois de mars 1877, le monde politique apprit un beau matin avec surprise que le prince de Bismarck avait donné sa démission, et l'on ajoutait que sa résolution était cette fois sérieuse. Une grande partie de la presse anglaise s'en montra fort satisfaite. Le *Morning Post* n'hésita pas à dire que cet événement devait être considéré comme un bienfait pour l'humanité, et que la chute du grand chancelier de l'Allemagne éloignerait des conseils de l'Europe, un homme qui la menaçait toujours de troubles.

Très anxieux moi-même de connaître au plutôt la vérité sur un tel sujet, je demandai des renseignements à Berlin, en m'adressant à cet ancien diplomate, auquel j'ai souvent fait allusion dans le cours de mon récit. Il me répondit aussitôt par la lettre suivante qui a conservé, si je ne me trompe, tout son intérêt.

Berlin, le 4 avril 1877.

Je tiens de bonne source qu'il faut attribuer la cause immédiate de la crise ministérielle aux faits que je vais vous raconter.

Comme vous le savez, les princes Antoine et Ferdinand Radziwill, alliés à l'Empereur, habitent Berlin. Le premier qui est aide de camp général de l'Empereur, a épousé une Castellane, l'autre, une princesse Sapieha de la plus haute noblesse polonaise. D'accord avec l'origine des deux dames, la maison du prince Antoine a un cachet plutôt français et celle du prince Ferdinand, plutôt polonais.

La princesse Antoine reçoit tous les mardis. L'Impératrice vient assez régulièrement à ses réceptions, l'Empereur souvent. Ils s'y trouvent tous deux beaucoup plus à l'aise qu'ailleurs et y recueillent volontiers les racontars du jour. On sert toujours chez le prince Ferdinand le premier jour de Pâques un grand déjeuner, selon la coutume polonaise. La pièce principale du repas est un agneau rôti; tous les mets sont bénis et il n'y a que des catholiques parmi les convives. Les invitations étant très recherchées, des obstacles insurmontables seuls peuvent empêcher celui qui en a reçu une d'assister à ces fêtes.

Le jeudi 27 mars, l'Empereur s'était rendu à une réception de la princesse Antoine. Allant de l'un à l'autre des invités pour lui dire un mot aimable,

selon son habitude, l'Empereur accosta le vieux comte
polonais N., homme riche et indépendant, qui depuis cinquante ans est intimement lié avec la famille des Radziwill et passe depuis longtemps ses hivers à Berlin. »Je
crois bien,« dit Sa Majesté, en l'abordant, »que nous
sommes les deux hôtes les plus âgés dans la maison
de Radziwill,« à quoi le comte N. répondit par quelques
remarques sur le plaisir qu'il éprouvait à venir dans
cette maison. L'empereur Guillaume lui ayant demandé,
si, le jour de Pâques, il irait manger l'agneau pascal
chez son cousin Ferdinand : »oui,« répondit le comte,
»si M. Falk ne confisque pas l'agneau.« — »Soyez
tranquille,« dit l'Empereur, »cela n'aura pas lieu, et
il ne vous arrivera rien de désagréable.« »Ce ne serait
pas à craindre,« repartit le comte N., »si tout dépendait des intentions gracieuses de Votre Majesté. Mais
comment Vos sujets pourraient-ils se croire tranquilles,
quand Sa Majesté l'Impératrice elle-même a tellement
peur de Vos ministres, qu'il faut qu'elle cache ses actes de charité pour éviter des incidents désagréables.«
L'Empereur fixant alors le regard sur son interlocuteur comme pour l'interroger, le comte N. raconta que
l'Impératrice avait donné officiellement deux cents mark
aux Ursulines expulsées de Berlin, et qu'elle y avait
ajouté secrètement mille mark pour que les ministres n'en
sussent rien. L'Empereur écoutant sans interrompre,
le comte N. entra dans des détails circonstanciés sur
les tracasseries auxquelles les catholiques étaient en
butte, et ajouta qu'on cachait soigneusement ces actes
arbitraires à l'Empereur. Celui-ci écoutait sans rien
dire; mais il était évident qu'il avait perdu sa bonne humeur, et il quitta la réunion plus tôt qu'à l'ordinaire.

Le lendemain, l'Empereur fit appeler M. de Bismarck qui s'excusa par une indisposition. L'Empereur lui expédia immédiatement un second messager avec l'ordre de dire au chancelier que Sa Majesté désirait le voir sans retard, à moins qu'il ne fût au lit; dans ce cas, l'Empereur irait chez son ministre. Alors M. de Bismarck se rendit au château, et fut immédiatement introduit dans le cabinet de l'Empereur. Lorsqu'il sortit plus d'une heure après, on remarqua qu'il était très agité, et dans la journée même il envoya sa démission.

Il ressort donc de ces faits que la politique de M. de Bismarck à l'égard de l'Église a rencontré une forte opposition dans les plus hautes sphères, ce qui n'est pas étonnant, si l'on songe à quel point l'élément catholique est représenté dans l'entourage immédiat de Leurs Majestés. Je puis, à ce sujet, vous citer les personnes dont les noms suivent, qui professent la religion catholique : le prince Antoine Radziwill et le baron von Loë, aides-de-camp généraux; le baron de Locquenghien, aide-de-camp; le comte Stillfried d'Alcantara, maître des cérémonies; le comte de Nesselrode-Ehreshofen, grand-maître de la Cour; le commandant du château, Raitz von Frenz; le prince Ferdinand Radziwill et les autres princes et princesses de cette famille; le prince Hatzfeldt et la princesse Carolath, tous deux établis à Berlin; le prince Blücher et d'autres noms marquants. Je n'ai pas compris dans cette liste les catholiques qui, comme le duc de Ratibor, ne sont pas ultramontains, bien qu'ils soient aussi les adversaires des persécutions contre l'Église. Dans les cercles de la Cour se trouvent en outre beaucoup de personnages qui ont épousé des catholiques, ou qui sont liés d'une manière quelconque aux intérêts catholiques.

Dans ces conjonctures, il n'est pas étonnant qu'une brouille ait réellement eu lieu entre le souverain et son chancelier; mais combien de temps durera-t-elle, et comment pourra-t-on trouver à ce dernier un successeur? Voilà la question. Le prince de Bismarck ne pense certainement pas à se retirer définitivement de la scène politique. Il a déjà plus de dix fois menacé tantôt l'Empereur, tantôt les parlements de donner sa démission, et il a obtenu par ces menaces ce qu'il désirait. Pourquoi n'en serait-il pas de même cette fois-ci? Pour bien des motifs, il ne peut pas du tout penser sérieusement à abandonner son poste. L'incident de la maison Radziwill que je vous ai raconté plus haut, peut avoir été la cause immédiate d'une crise; mais nous ne sommes pas encore au bout, et quel en est le motif réel? Quel avantage en retirera M. de Bismarck? Berlin est depuis quelques jours partagé entre les suppositions, les prédictions et les espérances les plus diverses qui se rattachent toutes à ce grand événement; mais quant à moi, je n'ose pas émettre d'opinion sur le résultat définitif de cette crise. Par contre, je suis tenté, pendant que je tiens la plume, de m'étendre sur la politique et la personnalité du grand chancelier.

Ce qui caractérise surtout la politique de M. de Bismarck, à l'intérieur comme à l'extérieur, c'est l'absence de principes, laquelle en fait presque une politique d'aventure. Par cette dernière expression, j'entends une politique poussée à un tel degré de hardiesse qu'elle échappe à tous les calculs de la raison. Jusqu'en 1866, il s'est donné comme le défenseur des principes conservateurs, et il avait tellement su faire prendre le change au cabinet de Vienne, sous ce rapport, que celui-ci se joignit à lui pour entreprendre la campagne contre le Danemark. Lorsqu'au printemps de 1866, il démasqua sa politique anti-autrichienne et fit valoir les prétentions de la Prusse à la souveraineté en Allemagne, il eut, grâce à son attitude antérieure, tout le monde contre lui : les libéraux, parce qu'ils considéraient la guerre, qui allait éclater, comme une lutte fratricide, opinion qui se manifesta surtout lors de l'attentat de Blind ; les conservateurs, dont toutes les sympathies était pour l'Autriche et qui avaient par-dessus tout horreur d'un parlement allemand ; l'armée, qui voyait dans les Autrichiens des frères d'armes comme au temps de Napoléon 1er, et qui se souvenait de la campagne récemment faite en commun contre le Danemark ; les princes royaux, qui tenaient aux traditions du temps de Frédéric Guillaume III et à cette recommandation qu'il avait faite, à son lit de mort, à son successeur, de s'attacher à la Russie et à l'Autriche. M. de Bismarck n'avait pour lui que le roi auquel il avait persuadé que la provocation venait de l'Autriche. Quelque disposé qu'on soit à ne pas appliquer l'épithète d'aventureuse à cette entreprise, parce qu'elle a été couronnée d'un éclatant succès, on ne peut pourtant s'empêcher de qualifier ainsi la manière dont elle a été préparée, M. de Bismarck s'étant mis en opposition flagrante avec tous les partis politiques. On ne peut pas non plus dire que la politique qu'il suivit de 1866 à 1870, après la guerre avec l'Autriche, ait eu un autre caractère. Ce fut non seulement une singulière manière d'agir que de se brouiller, à cette époque, avec le grand parti conservateur pour faire en même temps de la politique libérale, mais encore un acte de témérité inutile qui aurait bien pu ne pas réussir, si la guerre

avec la France n'avait pas fourni au chancelier un secours bien opportun.

Le succès extraordinaire de 1871 ayant tout-à-fait
donné le vertige à M. de Bismarck, il a été amené à
s'engager dans des entreprises insensées où il échouera
tôt ou tard. Quant à la politique intérieure, l'idée de
tenter l'anéantissement de l'église catholique au moyen
de lois civiles, de votes de majorité dans un parlement
tout nouveau, de pénalités de police et d'autres armes
semblables, ne pouvait naître que dans le cerveau d'un
politique mal équilibré. Ce fut aussi un acte téméraire,
que de s'aliéner, au début d'une campagne contre l'Église
catholique, le parti conservateur par des insultes graves,
bien que ce parti eût été assez faible pour suivre le
chancelier dans une expédition aussi injustifiable. Ce ne
sera jamais le fait d'un homme d'État réfléchi que de
défier gratuitement des groupes puissants et nombreux;
il cherchera, au contraire, un point d'appui pour sa politique dans l'ensemble de la nation, en se guidant d'a-
près les intérêts de l'État, au lieu de se reposer sur sa
bonne fortune et chercher à fonder un gouvernement
de parti.

A l'extérieur, la politique de M. de Bismarck porte le
même cachet. Au lieu de travailler à dissiper et à éloigner, par la modération et une certaine retenue, les craintes qu'inspire à l'Europe le nouvel empire allemand, le
chancelier aime à faire peur, et aime à faire sentir sa puissance à l'étranger, souvent dans des choses dont l'utilité
pour l'Allemagne est imposible à discerner. Il s'efforce
de créer en Autriche un parti ayant pour programme
de détacher les provinces allemandes de cet empire.
Dans la péninsule des Balkans il en veut à la vie du

malade. Il malmène le Danemark, terrorise la Belgique ainsi que la Hollande, et il tient la Suisse sous sa férule, pour s'en servir de champ d'expérimentation. Il cherche même à prendre pied en Angleterre, tantôt en y organisant des meetings, tantôt en influençant la presse. Ce qu'avait à faire la politique allemande en Espagne, est une véritable énigme pour tout le monde; et pourtant le chancelier a été bien près d'une intervention armée dans ce pays. Mais une politique aussi remuante et aussi tracassière n'est-elle pas véritablement une politique d'aventure?

Pour expliquer, sinon pour excuser cette ligne de conduite, il faut dire en vérité que le prince de Bismarck a excité un tel mécontentement, qu'il est de son intérêt d'empêcher l'Allemagne d'arriver jamais à une situation tranquille. Si les relations internationales en Europe se consolidaient, ou si l'état de choses en Allemagne prenait une consistance définitive, tous les éléments de la paix et de l'ordre, ici et là, se tourneraient contre M. de Bismarck, et son rôle politique toucherait bientôt à sa fin. Il faut qu'il attise le feu partout, s'il ne veut pas être dans l'embarras.

J'ai dit plus haut que M. de Bismarck se ressent personnellement des conséquences funestes de sa ligne de conduite, et ce fait ressort de la répugnance que chacun éprouve à s'identifier avec une politique, qui n'est pas motivée par les besoins de la nation et qui ne repose pas sur une base, mais qui oscille incertaine, n'étant que le résultat de l'arbitraire. Il y a naturellement des gens qui cherchent à tirer parti de chaque constellation politique, et qui par conséquent mettent leurs services à la disposition des puissants du jour; mais ils ne le

font que dans leur propre intérêt, afin de profiter des
faveurs du temps. L'étoile du potentat vient-elle à pâlir,
ils se hâtent de tourner le dos. Une politique d'aventure
ne dure d'ordinaire, qu'autant que celui qui la dirige
reste au pouvoir; elle cesse dès qu'il est renversé et son
successeur en adopte une tout-à-fait opposée. Celle de
M. de Bismarck est intimement liée à sa personne et
elle cessera quand il mourra ou sera remplacé; c'est le
sentiment général en Allemagne, bien qu'on ne puisse
partout donner les motifs qui l'ont fait naître. L'arbitraire qui caractérise cette politique est le signe caractéristique de sa courte durée; tout le monde la considère comme un épisode, bien que ceux qui s'y com-
plaisent, ne veuillent pas l'avouer. Ceci explique beaucoup de choses : d'un côté cette violente course au clo-
cher de tous ceux qui espèrent recueillir des avantages
sous l'administration de M. de Bismarck; d'un autre
côté l'attitude expectante de tous ceux qui ne sont pas
obligés, comme les catholiques, de défendre leur existence.
Cette réserve de plusieurs partis importants est motivée
par la croyance, où l'on vit, que le système prédominant
à l'heure actuelle s'écroulera un jour ou l'autre. Mais
personne ne veut associer indissolublement son existence
politique ou économique à un système qui est si incertain.

Un trait caractéristique à l'appui de cette assertion,
c'est que de tous les hommes d'État qui peuvent encore
compter sur un avenir, il n'y en a pas un seul qui se
soit complétement identifié avec la politique de M. de
Bismarck. Le ministre des cultes, M. Falk, est un personnage assez nul que le chancelier n'a choisi qu'à cause
de sa docilité. Les autres ministres se tiennent sur la
réserve. Tous les hauts fonctionnaires qui nourrissent

l'espoir d'arriver un jour à la tête de l'administration, évitent toujours avec soin de se lier complétement avec le prince, et même les chefs des fractions libérales aux deux parlements, qui désirent politiquement survivre à la chute du chancelier et se maintenir en place, évitent d'entrer avec le gouvernement dans une solidarité qui les lierait définitivement à son existence.

Bref, M. de Bismarck trouve des partisans et des serviteurs, en grand nombre, parce qu'il a le pouvoir en mains; on exécutera volontiers ses ordres, en empochant avec plaisir le salaire qu'il assure à l'obéissance; mais il ne trouve personne qui soit disposé à partager avec lui la responsabilité complète de sa politique.

Pour quiconque a suivi avec attention la carrière du prince de Bismarck, il est évident qu'il est redevable de sa puissance et de sa gloire à une chance sans exemple plutôt qu'à son habileté, à la profondeur de ses conceptions ou à la finesse de ses combinaisons. Il s'est servi avec beaucoup de hardiesse et d'énergie des moyens qu'on lui avait mis entre les mains, surtout de cette excellente armée que l'Empereur et le maréchal de Moltke avaient su créer. En diplomatie, son art a surtout consisté à agir par surprise. Si les cabinets de l'Europe avaient un peu mieux connu l'homme, il n'aurait pu triompher ni du Danemark en 1864, ni de l'Autriche en 1866, ni de la France en 1870-71. Mais on ne le connaissait pas et l'on n'était pas préparé à voir le sans-gêne, la ruse et l'ingratitude qui régnaient, il y a deux cents ans, dans les rapports entre la plupart des gouvernements de l'Europe, reparaître dans la seconde moitié du dix-neuvième siècle. Les révélations de La Marmora en ont donné les preuves les plus éclatantes.

Mais les diplomates ont trop tard ouvert les yeux sur le caractère réel de l'homme, et, en somme, on ne saurait nier que les hommes d'État qui se sont trouvés aux prises avec M. de Bismarck, n'étaient pas à la hauteur de leur mission, et c'est à cette circonstance qu'il doit surtout ses succès.

Du reste, ceux qui ont suivi avec attention la politique de M. de Bismarck ont dû nécessairement remarquer que sa ligne de conduite s'est souvent ressentie de ses sympathies et de ses antipathies personnelles qu'il a prises pour guides. Ainsi il est très probable que sa politique anti-autrichienne avant 1866, avait pour but non seulement de développer la Prusse et de fonder un empire allemand sous la direction de cette puissance, mais aussi de se venger des affronts qu'il avait dû essuyer de la part de l'Autriche, à l'époque où il était ministre de Prusse à Francfort. Ensuite, le refroidissement qui s'est opéré dans les relations du prince de Bismarck et du prince Gortchakoff, est dû en grande partie aux incidents diplomatiques de 1875. Il en est de même de sa politique à l'intérieur. M. de Bismarck ne pardonne jamais une offense, il poursuit ses ennemis avec une ténacité extraordinaire même s'ils se trouvent placés aux derniers degrés de l'échelle sociale. Ainsi des couturières et des joueurs d'orgues de Barbarie ont été poursuivis et condamnés pour outrages envers le chancelier. Il s'est montré particulièrement dur pour les journalistes qui ont attaqué sa politique ou sa personne, et le nombre de condamnations pour délits de presse, qui ont été prononcées à sa requête en Allemagne, s'élève à bien près de trois mille. De plus, il a eu soin de faire traiter très durement ces condamnés politiques, contrairement à ce qui avait eu lieu jusqu'ici à l'égard de la presse. Comme règle, on veut maintenant qu'ils soient confondus avec des criminels vulgaires et qu'ils soient occupés à des travaux peu conformes à leurs occupations et à leurs habitudes antérieures. C'est ainsi que des ecclésiastiques, des publicistes et des nobles sont obligés souvent de coller des petits sacs, de faire des porte-cigares et d'autres ouvrages aussi insipides. Ils ne peuvent voir leurs parents ou leurs amis que rarement, et toujours en présence d'un employé. Quant à leur santé et aux soins hygiéniques qu'elle réclame, on s'en préoccupe peu. Lorsque le rédacteur en chef de la *Germania*, le prêtre Majunke, membre de la Chambre des députés, fut condamné à un an de prison pour offenses contre le chancelier et fut conduit à la prison de Plötzensee, cet homme de constitution débile ne put obtenir qu'on le transférât à une autre prison. Et pourtant il avait prouvé, par des certificats de médecin, que l'affection pulmonaire, dont il était atteint, ne lui permettait pas de supporter l'air chaud que l'on emploie dans cet établissement pour en chauffer les pièces. M. Majunke fut obligé de faire des fleurs artificielles. Pas un employé n'oserait tenter d'adoucir le sort de ces condamnés; il ne sait que trop qu'il s'attirerait ainsi la colère du chancelier.

Il faut que plusieurs des coryphées du parti national libéral se tiennent sur leurs gardes; car M. de Bismarck a une dent contre eux. Ainsi il n'a certes pas oublié ce que le professeur Gneist a dit des »violateurs de la constitution qui portent au front la flétissure de Caïn«, quelque soin qu'ait pris le professeur, depuis lors, pour regagner les faveurs du chancelier par une obéissance servile. M. de Bismarck ne déteste pas moins M. Lasker, qui a osé exécuter en public un ami et une créature du chancelier, le célèbre Wagener. Leur amitié date des années 1848—50, époque à laquelle Wagener rédigeait la *Kreuzzeitung*, et M. Bismarck luttait à la tête de ce qu'on appelait le »parti de la Gazette de la Croix.« Les grandes connaissances scientifiques de Wagener eurent beaucoup d'influence sur le jeune Bismarck. Lorsqu'il prit la direction du ministère en 1862, il fit immédiatement de Wagener son conseiller le plus intime, dans ses luttes contre la majorité du parlement. La fortune du favori fut poussée très-haut; elle atteignit son apogée lorsque le Roi, malgré ses antipathies, l'autorisa à lui adresser des rapports directs. La dénonciation d'un fonctionnaire subalterne de Poméranie qui avait été révoqué pour malversations, mit le feu aux poudres. Lasker attaqua Wagener à la Chambre des députés avec une violence extrême. Le but fut atteint; Wagener reçut son congé, et M. de Bismarck perdit son meilleur et son plus fidèle conseiller. Mais depuis ce jour il épie l'occasion de se venger de Lasker.

M. de Bismarck est surtout d'une nature sanguine, et se laisse facilement guider par la passion; il fait peu de cas des principes politiques. L'histoire de la jeunesse et des premières années de l'âge viril du chancelier indique clairement que son esprit n'a été ni façonné par l'éducation, ni habitué aux formes sérieuses de la pensée, ni coulé dans un moule régulier. Par suite, devenu homme, il a conservé quelque chose des allures brusques de l'étudiant; sa conduite, sa manière de parler et d'agir en portent l'empreinte, ce qui est assez rare chez les hommes occupant des positions élevées. Ces allures originales et en apparence si franches ont souvent trompé ses adversaires et servi merveilleusement la diplomatie prussienne. On sait comment M. Benedetti qui passait cependant pour un esprit doué de finesse, s'est laissé prendre aux piéges de M. de Bismarck ; plusieurs autres ambassadeurs n'ont guère été plus heureux. C'est ce laisser-aller qui constitue l'amabilité tant vantée du chancelier. Elle étonne chez un tel homme et on la prend pour de la bonhomie, tandis qu'elle n'est au fond que du dédain pour ceux auxquels elle s'adresse.

M. de Bismarck n'a ni en politique ni en religion d'opinions bien tranchées, et il se laisse par conséquent beaucoup moins guider par une profonde conviction et une ferme confiance que par les nécessités du moment, par ce qui excite et apaise les passions humaines. Il ne se fait aucune idée des aspirations réelles d'un peuple, de ses besoins moraux, ni des forces qui concourent à former, consolider et soutenir les États ; tout au plus, comprend-il l'idée des nationalités telle que l'a enfantée la révolution et que la professent ses adeptes, les nationaux-libéraux. On ne saurait dire de M. de Bismarck qu'il soit anti-chrétien, mais il est certain qu'il n'est pas un chrétien fervent, et qu'il ne se rend pas bien compte des choses de l'Église. Le pouvoir et l'autorité de celle-ci s'exerçant uniquement sur les âmes par la religion et la loi, M. de Bismarck est tenté de ne les considérer que comme des éléments inutiles et nuisibles. A ses yeux, les droits de l'Église sont donc fondés sur des usurpations, et sa force sur la crédulité de la foule ; il ne croit qu'à l'omnipotence de l'État qui peut agir au lieu et place de l'Église avec sa puissance incomprise.

22

Par suite des tendances de son esprit et de l'éducation défectueuse qu'il a reçue de maîtres rationalistes, il ignore que l'ancien Empire allemand a été fondé par l'Église, avec l'Église pour base, et a reçu d'elle ses attributs les plus élevés. S'inspirant d'historiens vulgaires et faux, tels que Raumer et consorts, il suppose au contraire que la chute de l'Empire provient de l'action de l'Église, et il a adopté pour devise: »Plus d'église générale! elle doit disparaître et faire place à une église nationale allemande, dépendant entièrement de l'État.«

Dans la vie privée, le prince de Bismarck est un homme honorable dans le meilleur sens du mot. Ce serait lui faire injure que de le croire capable de s'écarter du droit chemin dans les relations sociales, d'homme à homme; et cependant, en politique, il regarde la duplicité comme une arme permise, si elle peut aider à faire prendre le change à ses adversaires et contribuer à la réussite de ses plans. Ce contraste frappant entre les principes qui règlent sa vie publique et sa vie privée, a sa source dans une morale erronée, mais non pas relâchée. C'est la vieille doctrine »orangiste« qui, avec des mœurs intègres, croit qu'en politique on peut s'affranchir des lois de la morale et poursuivre un but *per fas et nefas.*

Comme conséquence de cette manière de voir, M. de Bismarck, sans abuser franchement de la confiance des gens, les a souvent trompés par des demi promesses et des espérances qu'il a fait miroiter à leurs yeux. On lui a surtout fait ce reproche au sujet de ses relations avec le parti conservateur qu'on l'accuse d'avoir trahi en passant dans le camp des libéraux; mais il faut pourtant l'absoudre de cette accusation. La vérité est plutôt que les conservateurs se sont abusés eux-mêmes. M. de Bismarck n'a jamais été, dans le cours de sa carrière politique, un seul instant conservateur; il n'a même jamais eu de tendances à le devenir. Pendant les années 1848-51 il était un gentilhomme de campagne spirituel, peut-être même un peu présomptueux, qui s'opposait avec courage et habilité aux folies de la révolution, et qui se serait bien accommodé d'une contre-révolution. Il ne faut pas s'arrêter à ce qu'il disait à cette époque, comme par exemple ces mots bien connus : »L'Église est l'écueil contre lequel viendra se briser le vaisseau de la bouffonnerie de l'époque.« Ces paroles n'étaient pas inspirées par une conviction profonde; elles n'étaient de sa part qu'une phrase ronflante et rien de plus. Lorsqu'il revint à Berlin en 1862, après avoir été façonné à l'étranger au service diplomatique et s'être un peu débarrassé de son humeur pétulante, il ne prit pas les rênes du gouvernement pour diriger le vaisseau de l'État vers les parages conservateurs; il revint fort disposé à administrer le gouvernement d'accord avec les fractions libérales. Mais leurs prétentions étaient si exagérées et leurs utopies si creuses, qu'il dut se porter ailleurs. Si les libéraux avaient alors accepté la main qu'il leur tendait, l'histoire de ces dix dernières années eût été bien différente de ce que nous l'avons vue. Quoi qu'il en soit, M. de Bismarck dut chercher son point d'appui auprès des conservateurs, mais il s'en sépara, dès qu'un autre parti lui sembla devoir mieux servir son but; il n'avait pas, après tout, conclu d'alliance éternelle avec la droite parlementaire. En somme, M. de Bismarck n'a de préférence pour aucun parti, et il se soucie fort peu des con-

victions politiques de ceux qui se mettent sous sa direction, pourvu qu'ils lui rendent les services qu'il en attend. Les nationaux-libéraux n'éviteront pas non plus
leur sort; un jour, ils seront éveillés du beau rêve dont
ils se bercent, et s'apercevront qu'ils n'occupent aucune
place dans le cœur de leur maître.

Pour les mêmes motifs, M. de Bismarck se soucie fort
peu des idées politiques de ses collaborateurs; il lui
est indifférent qu'ils le servent avec conviction ou par nécessité, il lui suffit qu'ils fassent ce qu'il veut. De là, ces
nuances disparates que l'on remarque chez les hommes
dont il s'entoure, et que Windthorst appelle une société
où il y a »trop de mélange.« En effet, il est bien étrange
de voir réunis à la même table Wagener, Keudell, Bucher et Michaelis. M. de Bismarck ne peut se servir
d'hommes à principes bien arrêtés; car ce ne sont pas
des conseils qu'il leur demande, mais une obéissance absolue, et il ne souffre pas qu'on le contredise. Huit années successives d'heureuses chances, dans un tel entourage, ont contribué à façonner cet esprit dominateur.
Ses anciens amis, choqués par ses allures autoritaires à
peine tempérées, se sont retirés peu à peu de lui, et
il a dû se former un nouveau cercle de familiers et
d'intimes. Aux postes qui n'étaient autrefois occupés
que par des nobles indépendants, de grands seigneurs
campagnards, on ne voit plus aujourd'hui que des fonctionnaires.

Le prince de Bismarck est un époux fidèle et affectueux, un père très-aimant et un bon chef de maison.
Son goût pour la vie de campagne, pour la chasse, et
pour une vie simple et débarrassée de l'étiquette sociale,
est bien connu. A table et dans les soirées intimes, il

aime beaucoup la conversation gaie et à ventre débou-
tonné; il reste souvent assis, devant un verre de cham-
pagne, jusque longtemps après minuit. »Le gentilhomme
de campagne est ce qu'il y a de mieux en lui« est une expression, non pas de ses adversaires, mais de ses amis, qui
veulent par là faire allusion à la saine et solide constitution
qu'il a conservée à travers son existence orageuse. On ne
l'a jamais vu épuisé ni fatigué, et toutes les histoires qu'on
a débitées au sujet de son abattement physique, etc. ne
sont que des fables. Il est vrai qu'il travaille beaucoup,
mais il ne faut pas prendre au pied de la lettre ce que
disent ses séides de la presse; car quelque zèle qu'il
déploie au travail, il ne le pousse jamais au point d'être
épuisé par la fatigue. Du reste, ses occupations ne
sont pas de nature à abattre un homme de sa trempe.
Elles sont très-variées et se bornent à recevoir des rapports, à conférer avec les autres ministres, ses collègues,
et les représentants des puissances étrangères, à faire
des rapports verbaux à l'Empereur et à parcourir des
comptes-rendus et des mémoires. Il écrit lui-même très-
peu et s'en tient à des notes concises, à de courtes remarques ou décrets. Il interrompt par moment son travail
pour faire des visites chez la princesse, ou dans le cabinet de travail d'un de ses secrétaires; depuis quelque
temps, c'est dans le bureau de M. Bucher qu'il va le
plus souvent. Le chancelier aime aussi à sortir tout seul,
tard dans la soirée, quelque fois après minuit, pour se
promener dans les jardins, plongé dans des méditations
et des rêveries.

Il a été déjà question plusieurs fois des principes religieux de M. de Bismarck. Il n'assiste que rarement aux
offices.

Une seule observation pour terminer : Cet homme, doué d'un esprit ferme et indépendant, a sa faiblesse particulière comme d'autres grands hommes, à savoir, une sorte de superstition musulmane : il se croit prédestiné à l'accomplissement de certaines œuvres, de certains exploits, qui pourraient bien échouer en fin de compte.

CHAPITRE XXI.

Conversation avec un Russe en décembre 1878. Caractéristique du prince Gortchakoff. Pourquoi il reste au pouvoir. — L'Allemagne encourage la Russie à faire la guerre à la Turquie. Le général de Schweinitz part pour Livadia. Le plan de campagne. Le prince Gortchakoff s'oppose à la guerre. Le mémoire de M. de Reutern. Les partisans de la guerre l'emportent à Livadia. Le discours du Czar à Moscou. La guerre commence. Les échecs devant Plevna. La Roumanie entre en scène. L'attitude équivoque de l'Autriche et hostile de l'Angleterre. L'Allemagne fait le mort. La marche désespérée sur les Balkans. Les puissances s'opposent au traité de San Stefano. — L'attitude du prince de Bismarck au Congrès de Berlin. Il favorise l'Autriche aux dépens de la Russie. — Le bandeau tombe des yeux du Czar. — L'avenir de la Pologne.

Un jour de décembre 1878, j'eus à Paris une conversation très intéressante avec un Russe sur la situation créée en général par le Congrès de Berlin, et particulièrement sur la position du prince Gortchakoff. Mon interlocuteur, ancien diplomate et habitant depuis longtemps le midi de la France, avait, malgré sa retraite, suivi attentivement les événements politiques de notre époque;

il devait sans aucun doute connaître exactement la politique de la Russie et de son ministre dirigeant.

Voici la reproduction aussi fidèle que possible de son récit :

Mes observations me portent à croire que l'Europe se trouve en ce moment, au point de vue politique, dans une position toute nouvelle et des plus importantes. C'est la première fois, depuis neuf ans, qu'un changement aussi profond a lieu dans l'état des choses qui a amené et permis l'écrasement de la France. L'entente, d'abord, de la Prusse et de la Russie, puis celle des trois Empereurs, n'existent plus ni l'une ni l'autre. Elles sont toutes les deux enterrées. La lutte sourde, personnelle, acharnée que se sont livrée depuis quelque temps les deux chanceliers de Russie et d'Allemagne est encore un secret que révéleront seuls un jour les mémoires du temps. Obligés par les rapports intimes de leurs deux souverains et par les obligations de la politique, à cacher leur jeu, cette lutte entre les deux grands hommes d'État n'a pu être observée et suivie de près que par leurs très-intimes. Elle n'a pas moins conduit au premier résultat que le prince Gortchakoff voulait atteindre, celui de convaincre l'empereur Alexandre qu'en emboitant le pas à l'Allemagne, la Russie ne faisait que jouer le jeu du prince de Bismarck. Ce but est aujourd'hui atteint. La conviction chez l'empereur Alexandre est faite ; le dégrisement est complet.

Quelques critiques que l'on puisse adresser au vieux chancelier russe, on ne peut certes lui refuser une grande, une haute intelligence, des opinions libérales et un profond sentiment de la dignité et des intérêts de son pays. Esprit essentiellement généralisateur, il possède,

développée à un degré vraiment exceptionnel, la faculté
de saisir d'un mot, d'un moindre fait, toutes leurs signi-
fications, toutes leurs conséquences les plus lointaines. Il
embrasse une situation d'un coup d'œil, et aime, comme
il le dit lui-même, les grandes lignes. Par contre, il
déteste les détails. Aussi en laisse-t-il le soin à son
adjoint. Bon nombre de personnes en Russie, même
parmi les intimes du prince, lui ont reproché et lui
reprochent encore de s'accrocher au pouvoir, de s'y éter-
niser, comme ces vieilles chanteuses qui ne peuvent pas
vivre loin du feu de la rampe. Selon l'élévation de leur
esprit, les uns attribuent cette persistance à un sentiment d'avarice, à la soif d'amasser de très-forts émolu-
ments, dont il ne dépense pas la dixième partie; d'autres,
au besoin de jouer un grand rôle; d'autres enfin à une
jalousie incroyable qui lui fait prendre en grippe quiconque — hier le général Ignatieff, aujourd'hui le comte
Pierre Schouvaloff — se trouve, au moment de ses violents
accès de goutte, porté sur les rangs pour le remplacer.

Sans vouloir démentir entièrement la part relative
que ces divers sentiments peuvent avoir eue, dans la
décision du prince, de conserver ses hautes fonctions,
je suis du nombre de ceux qui pensent, qu'il a surtout
obéi en cela à un sentiment, beaucoup plus noble, beaucoup plus élevé. Ses intimes ont pu le voir maintes
fois, quelques minutes encore avant de se rendre chez
l'Empereur, alors que celui-ci suivait une voie qui n'é-
tait pas la sienne, discuter la question de savoir si,
finalement, il ne ferait pas mieux de remettre, séance
tenante, son portefeuille entre les mains de Sa Majesté.
Le jour, par exemple, où devait se décider définitivement dans le conseil réuni chez l'Empereur, la question

de la guerre avec la Turquie, le prince, qui s'était catégoriquement prononcé contre, et qui maintint cette même opinion au conseil, avait discuté, une heure avant, avec deux de ses intimes, si sa dignité ne lui faisait pas un devoir de se retirer. Il leur prouva très-clairement que rien désormais ne le retenait au pouvoir, si ce n'est la conviction que la Russie avait encore besoin de lui. En fait d'honneurs, il ne pouvait plus rien obtenir, et, comme richesses, il avait déjà assuré à ses deux fils une grande fortune et celle qui lui restait était encore d'un millionnaire. Il caressait, par contre, l'idée d'aller se retirer à Paris, dans cette ville où son esprit, ses goûts, ses connaissances se trouveraient si bien à l'aise. Tout-à-coup son front se plissa : »Mais qui me remplacera?« s'écria-t-il. »Non, je n'ose pas en un moment aussi grave demander ma démission à l'Empereur.« Et il resta.

Ses propres partisans lui ont reproché de ne s'être point retiré après la signature du traité de Berlin. »On comprend,« disaient-ils, »qu'il ait tenu à honneur de terminer sa brillante carrière par un acte diplomatique qui remplaçât et effaçât celui de 1856, si humiliant pour la Russie; mais, cela fait, il devait prendre sa retraite. Maintenant il se survit et il ne trouvera plus une si belle occasion pour faire une fin digne de lui.« — Les petits esprits, qui mesurent tout à l'angle étroit de leurs petites passions et de leurs petits calculs, expliquèrent alors son entêtement à rester au pouvoir, par la jalousie que lui faisait éprouver la candidature au poste de ministre des affaires étrangères du comte Pierre Schouvaloff, et par son désir de la faire avorter. Le fait est que lorsqu'à Berlin il eut un accès de goutte, com-

pliqué d'une forte indigestion de fraises, qui l'empêcha
d'assister à plusieurs séances du Congrès et qui, pendant 24 heures, fit sérieusement craindre pour ses jours,
les chances du comte Schouvaloff étaient assez grandes,
voire même incontestables. L'irritation qu'on put remarquer alors chez le prince, n'avait d'autre cause que
son impuissance à assister au Congrès, juste au moment
où se discutaient les plus importantes questions pour
la Russie, celle entr'autres, relative à la Roumélie Orientale. C'est là qu'il vit surtout combien il ne s'était pas
trompé sur le compte du prince de Bismarck, et combien ce dernier faussait compagnie à la Russie au moment le plus décisif. Il en voulait au comte Schouvaloff de trop se laisser influencer par ce dernier, d'aller
trop souvent le voir et lui demander conseil.

Bref, pour ceux qui sans avoir ses confidences secrètes et avouées — ce qu'un homme d'État, comme le
prince Gortchakoff, ne fait d'ailleurs à personne — se
sont trouvés dans le cas d'apprendre et d'entendre beaucoup de choses, il est un fait certain, c'est que le vrai,
le plus grand mobile de sa persistance à garder le pouvoir, c'est sa lutte contre M. de Bismarck et sa conviction que le moment viendra — qui n'est peut-être
pas loin —, où cette lutte éclatera au grand jour, et où
sa présence aux affaires sera alors indispensable dans
l'intérêt même de son pays. Du reste, à vrai dire, dans
cette lutte, le prince Gortchakoff a presque toujours eu,
jusqu'ici, le dessous. C'est là ce qui explique sa persistance à ne pas quitter la partie. Qui sait? La veine
peut changer et l'échec et mat être au bout.

Pour bien comprendre la situation réciproque des deux
lutteurs, il faut se rendre compte de ce qui suit. D'a-

bord, en Allemagne, existent un parlement, des partis
constitués, une presse libre, une opinion enfin qui a
ses organes, son autorité légitime et légale, son influence parfaitement établie, et ce sont là de puissants le-
viers d'influence entre les mains d'un premier ministre
populaire et adroit. Le prince Gortchakoff, malgré sa
popularité, est sous ce rapport bien moins favorisé.
De là, pour le chancelier russe une bien plus grande
difficulté à manœuvrer. Il ne peut ni lutter à armes
égales, ni toujours jouer son propre jeu. Il est donc obligé de déployer beaucoup plus d'intelligence, d'énergie,
de patience, et de compter davantage sur le temps.

Ainsi, s'il n'est pas parvenu à dissuader son souverain de laisser l'Allemagne écraser la France, du moins
a-t-il réussi, plus tard, à le faire aller à Berlin juste
à temps pour empêcher le prince de Bismarck de mettre à exécution le projet de provocation qu'il méditait
contre son relèvement. De même, s'il a dû laisser
s'accomplir l'entente platonique des trois empereurs,
du moins est-il parvenu à lui enlever toute importance
réelle, toute valeur synallagmatique écrite, en refusant
d'y apposer sa signature. Le prince de Bismarck a raison d'en vouloir au prince Gortchakoff de lui avoir fait
manquer, par son refus péremptoire et motivé, un projet de convention à trois qu'il mijotait de longue main
et par lequel il se proposait de s'assujettir à jamais la
Russie.

Mais aujourd'hui commence pour les deux adversaires
une situation toute nouvelle. L'entente, même platonique, entre les trois empereurs est enterrée. A sa place
se sont substitués des ressentiments nombreux, profonds,
motivés, qui ne seront pas oubliés de sitôt et qui, se-

lon les circonstances, peuvent amener bien des changements.

On a dit souvent que c'était la Prusse qui avait provoqué la crise d'Orient et poussé la Russie à la guerre; mais on ignore généralement comment les choses se sont passées. Or, il est aujourd'hui un fait avéré, qu'à Berlin on nous excitait constamment à déclarer la guerre à la Turquie; ou alla même jusqu'à nous insinuer que c'était là pour la Russie une question d'honneur. Bien avant cela déjà, et alors de plus haut, on avait représenté à l'empereur Alexandre la récupération de la Bessarabie, perdue pendant la guerre de Crimée, comme un devoir pour la dignité de son nom et l'honneur de son règne. Le langage du général de Schweinitz, ambassadeur d'Allemagne à St Pétersbourg, ainsi que du général Werder, agent militaire allemand et attaché à la personne du Czar, était conçu dans le même sens. C'est par hasard que le prince Gortschakoff apprit ces intrigues. Il devina de suite d'où elles partaient et ce qu'elles laissaient présager. Dès lors, il fit son possible pour les combattre et signaler les dangers qu'elles récélaient.

L'empereur Alexandre qui croyait fermement à la sincérité de l'alliance avec la Prusse, et qui écoutait volontiers tout ce qui directement ou indirectement venait de Berlin, ne prêtait au commencement qu'une oreille distraite aux sombres prévisions du vieux chancelier. Cependant, à un certain moment, on eût dit que le prince Gortchakoff allait l'emporter. Non seulement lui, mais tous les ministres sans exception, — si ce n'est le général Ignatieff et un peu le général Miloutine, — étaient contre la guerre. D'autres généraux, et des plus vieux, des plus autorisés, ayant fait la campagne de Turquie, tels, entre autres, que le vénérable général de Kotzébue, gouverneur général de Varsovie, qui vinrent exprès soutenir leur dire, répétaient à l'Empereur qu'une guerre contre la Turquie, sans même parler des éventualités qu'elle pouvait faire naître, était très difficile avec le nombre de troupes que la Russie pouvait alors mettre réellement en ligne. L'Empereur se montra ébranlé. Au fond, d'ailleurs, il ne désirait pas la guerre, et s'il tenait à ravoir la Bessarabie, il tenait bien plus encore à ne pas perdre tous les bénéfices de ses vingt années de paix et de glorieuses réformes. Malheureusement, ce revirement pacifique ne dura pas longtemps, et ceux qui étaient intéressés à la guerre, devaient bientôt triompher des hésitations du Czar.

Tout-à-coup on apprit que le général de Schweinitz, l'ambassadeur d'Allemagne, partait subitement pour Livadia, où se discutait alors le plan de campagne, à la conception duquel une main étrangère avait, disait-on, aidé. Dans ce plan, il était prouvé que le Danube n'était pas une frontière défendable; que la vraie ligne stratégique pour les Turcs était les Balkans où ils n'avaient pas fait jusqu'ici de grands travaux de défense; conséquemment, dans l'état des choses, une armée de deux cents mille hommes disponibles était parfaitement suffisante pour imposer la paix au Sultan; que, partant, l'essentiel était de se dépêcher, de se hâter de passer le Danube à deux endroits différents, puis de diviser l'armée en trois corps, l'un faisant éventail et rempart à gauche, du côté de la Dobrudja, l'autre, remplissant le même rôle à droite et donnant la main aux Serbes, enfin le troisième, devant être essentiellement un corps d'élite, léger, composé de beaucoup de cavalerie, et poussant droit devant lui à bride abattue sur les Balkans,

devait surprendre les Turcs avant qu'ils aient eu le
temps de se réunir et de se défendre. Le plan était
hardi. Il souriait surtout beaucoup au grand-duc Nicolas, auquel il fournissait le moyen de vaincre les dernières objections fondées sur l'insuffisance des troupes
disponibles. En même temps arrivait à Livadia un message annonçant que les démarches nécessaires avaient
été faites de Berlin à Bucharest, afin d'assurer au commandant en chef russe une prompte et facile convention sur le passage de ses troupes par la Roumanie,
laquelle, pour gagner son indépendance, ferait cause
commune avec la Russie, — ce qui augmentait d'autant l'effectif des forces dirigées en Turquie. Là-dessus
arrivèrent les députations des Slavophiles de Moscou,
appuyées par l'entourage de l'Impératrice et par le Docteur Botkine, qui a joué un grand rôle dans toute cette
affaire. Le Czar crut que les excitations à la guerre
apportées par ces députations, étaient celles de toute
la nation russe, et il n'est pas étonnant que ce souverain chevaleresque, qui se considère, avec raison, comme
le protecteur naturel de tous les Slaves, ait été lui-
même saisi d'un enthousiasme belliqueux.

Toutefois, avant de prendre une résolution décisive,
l'empereur Alexandre voulut consulter son ministre des
finances, et il le fit venir à Livadia. M. de Reutern,
en ministre convaincu et honnête, répondit à la demande
de Sa Majesté, que la Russie ne pouvait guère au
point de vue financier faire la guerre. L'Empereur lui
ayant parlé d'un emprunt, il lui répondit que, dans les
dispositions d'esprit où se trouvait l'Europe, à cause
des projets belliqueux qu'on prêtait à la Russie, celle-
ci ne trouverait pas un sou à emprunter, si ce n'est

à des conditions ruineuses; que ces seuls bruits de
guerre faisaient déjà perdre à la Russie des sommes
considérables par suite de la baisse de ses valeurs et
du cours qui avait peine à se soutenir; que, d'ailleurs
lui, ministre de la paix pendant vingt ans, ne pouvait
pas devenir le ministre de la guerre, et qu'il suppliait,
en conséquence, Sa Majesté d'accepter sa démission.
En même temps il lui remit un mémoire, remarquable
de netteté et de franchise, dans lequel il prouvait:

1°. Que le moment de développement et de prospérité relative, auquel était arrivée la Russie, était précisément celui où une guerre devenait la plus désastreuse. Grâce aux nouvelles banques, à l'extension du
crédit, toute la propriété foncière en Russie était aujourd'hui représentée par des valeurs. Celles-ci, encore
jeunes, n'avaient pas acquis cette élasticité et cette consolidation qu'ont celles de l'étranger. En pareil cas, par
conséquent, la guerre allait faire tomber toutes ces valeurs au plus bas et ruiner grand nombre de propriétaires, de particuliers et les banques elles-mêmes, et,
par suite, tarir dans leurs sources l'agriculture, l'industrie, le commerce;

2°. L'immense capital dû par la Russie à l'étranger en
numéraire, elle ne l'avait emprunté pour la construction
de son grand réseau de chemins de fer qu'en comptant
sur de longues années de paix; elle ne pouvait en payer
les intérêts qu'à cette seule condition. Aujourd'hui elle
allait devoir contracter, à de dures conditions, des em-
prunts pour payer et ces intérêts et les frais de la
guerre, c'est-à-dire charger pour longtemps ses finances
d'un lourd fardeau entièrement improductif;

3°. La Russie allait perdre en outre d'un coup, non

seulement ses vingt dernières années de prospérité et de glorieuses réformes, mais vingt autres années pour regagner le même point de départ, en admettant que cette guerre n'en entraînât pas d'autres à sa suite;

4°. La gêne, l'appauvrissement général, la misère dans les classes ouvrières, qui résulteraient forcément de cet état de choses après la guerre, seraient, en présence de la révolution qui levait déjà la tête, des conditions défavorables pour la fin d'un règne qui avait bien commencé.

L'empereur Alexandre fut certainement impressionné par ce mémoire, mais il crut que la guerre était devenue pour lui un devoir sacré. Il se raccommoda avec son ministre, céda à ses instances de retraite, lui dit de se choisir lui-même un successeur, mais lui demanda de ne point l'abandonner dans le danger et de garder son portefeuille jusqu'à la fin de la guerre. M. de Reutern a tenu sa promesse; il ne s'est retiré qu'à la conclusion de la paix. Mais les moyens par lesquels, sans emprunt extérieur, il a pu se procurer les sommes fabuleuses qui arrivaient chaque semaine à l'hôtel du Consulat général de Russie à Bucharest, en or et en argent, est certainement ce qui, pour les hommes compétents, restera longtemps inexplicable. Avait-il thésaurisé secrètement, à la banque d'État, un fort capital en vue des nombreuses usines à hauts fourneaux et des lignes de raccordement qu'il se proposait de créer dans l'immense bassin du Donatz, si riche en mines de fer, en acier et en houilles, et qu'il appelait »la grande Belgique«, — projet auquel il avait déjà mis la main et qu'il caressait comme devant être le couronnement de sa longue gestion? C'est ce que l'avenir seul dira un jour.

Le prince Gortchakoff, qui avait accompagné l'Empereur à Livadia dans l'espoir d'y combattre l'influence du général Ignatieff, appelé de Constantinople, voyant l'impossibilité de combattre directement, avec avantage, une aussi puissante coalition que celle des députations slaves de Moscou, du gouvernement allemand, du Grand-Duc Nicolas et du général Ignatieff, chercha à louvoyer, à gagner du temps et à empêcher tout acte, toute décision pouvant engager la partie avec la Turquie et devenir irrévocable. Il borna là son action, refusant son concours à tout ce qui devait engager son souverain dans la voie de la guerre, et, quelqu'un lui faisant l'éloge du général de Schweinitz, il se borna à répéter le fameux dicton : »Timeo Danaos et dona ferentes.«

Enfin, la Cour quitta Livadia et l'Empereur arriva à Moscou. C'est là que le dé fut décidément jeté en faveur de la guerre. Croyant fermement que toute la Russie pensait comme les députations slavophiles de Moscou, l'Empereur improvisa son célèbre discours et brûla ses vaisseaux. Dès ce moment la rupture était inévitable.

On sait quelle série de circonstances imprévues, empêcha le plan de campagne d'être exécuté avec toute la rapidité qu'on avait espérée. D'abord, l'énorme crue des eaux du Danube qui retardèrent de plusieurs semaines le passage du fleuve; puis, l'affreux état des chemins qui ne se prêtait pas si facilement à la »brillante cavalcade du Danube aux Balkans« — recommandée dans le plan —; enfin, la résistance de Plevna. Dès le premier terrible échec des troupes russes devant ce second Sébastopol, l'empereur Guillaume fit le mort. De Berlin ne venaient plus ni encouragements, ni conseils. Au second et, surtout, au troisième échec, on remarqua du côté de Vienne des symptômes douteux. Cependant, le vieux chancelier qui était parti pour la Roumanie en disant : »Si je n'y peux rien faire de bien, du moins pourrai-je empêcher beaucoup de mal,« s'était catégoriquement opposé, et avec succès, aux négociations directes entamées par le Grand-Duc Nicolas avec la Serbie pour l'entraîner à la guerre, ce qui était contraire aux engagements pris avec le comte Andrassy. Les négociations avec le prince Milan furent donc rompues. On l'apprit à Vienne, où l'on aurait dû s'en montrer plutôt satisfait. Néanmoins, les nouvelles qui arrivaient, tant au camp russe qu'au camp du prince Charles, sur les mouvements des troupes-frontières Austro-Hongroises étaient peu satisfaisantes. On s'adressa donc à Berlin pour que, de là, on déconseillât à l'Autriche toute velléité hostile. La crainte de se voir subitement tournés par les Autrichiens au moment où l'on se trouvait arrêté devant Plevna, agita un moment fortement l'esprit des militaires russes. L'Angleterre en ce moment commença à devenir menaçante. Il n'y avait rien d'extraordinaire à ce que celle-ci eût réussi à gagner l'appui de l'Autriche-Hongrie, les Hongrois, eux, ne demandant que cela. Or, quel ne fut pas l'étonnement de l'empereur Alexandre en recevant pour toute réponse de Berlin des conseils de prudence, et, ce qui plus est, l'insinuation de conclure la paix.

Ce fut le premier acte de la série de tous ceux qui, de désenchantements en désenchantements, finirent par ouvrir les yeux du Czar sur les intentions de l'Allemagne.

C'est qu'alors il s'était passé ceci. Au moment où éclatait la guerre, M. de Bismarck avait, paraît-il, fait

proposer au gouvernement russe une alliance offensive
et défensive en promettant de soutenir la Russie en
Orient. Il voulait ainsi obtenir de la Russie un engagement éventuel contre la France, qui est toujours, quoi
qu'on en dise, son principal objectif et contre laquelle il
continuera à chercher une alliance sérieuse jusqu'à ce
qu'il en trouve une. Il craint son réveil et la guerre
de revanche pour l'heure où lui peut-être n'y sera plus,
ou bien où il se sera produit en Europe des changements de règne défavorables à l'Allemagne. Mais le
prince Gortchakoff, fidèle à son programme que la Russie ne doit s'engager avec personne, ce qui la laisse maîtresse de son heure et de ses forces, déclina l'offre de
M. de Bismarck, qui alors chercha immédiatement son
appui ailleurs. C'est ce qui explique la conduite de ce
dernier avant et pendant le congrès de Berlin; au reste
les preuves du mauvais vouloir du chancelier allemand
ne tardèrent pas à se manifester.

Bientôt après, survinrent des difficultés d'une nature
assez délicate avec le gouvernement roumain et l'on ne
fut pas sans remarquer la coïncidence de ce changement
d'attitude avec le refroidissement soudain constaté à
Berlin depuis le premier insuccès de Plevna. L'empereur Alexandre en fut personnellement très affecté.
Enfin, le général Totleben ayant été appelé à Plevna,
ce terrible obstacle finit par succomber, ce qui livra aux
Russes Osman Pacha et son armée. Ce succès d'Alexandre II lui valut un télégramme de félicitations de
son oncle; mais ce fut tout. En attendant, l'attitude de
l'Angleterre devenait de plus en plus menaçante. A la
suite de la chute de Plevna, le Cabinet de Londres se
mit à prendre, les unes après les autres, des mesures

sur le sens et la portée hostile desquelles il était impossible de se faire illusion. On marchait en plein vers une guerre anglo-russe.

C'est qu'en ce moment, et à la suite de la prise de Plevna, il s'était passé en Bulgarie des choses encore peu connues. L'empereur Alexandre qui était déjà revenu de l'illusion de la »promenade militaire« promise, et qui ne voulait pas aventurer sa belle garde, déjà fortement atteinte à Plevna et dans les autres batailles, ne tenait nullement à lui faire entreprendre, au cœur de l'hiver, le difficile et dangeureux passage des Balkans. Il avait, en conséquence, résolu de nommer au printemps son fils, le Grand-Duc Héritier, commandant en chef de l'armée dite »des Balkans«. La conduite de ce prince, quoiqu'elle ne fût jamais mentionnée dans les bulletins du Commandant-en-Chef, avait été, en effet, au dessus de tout éloge. L'Empereur lui fit part confidentiellement de son projet dans l'entrevue qu'il eut avec lui à mi-chemin, entre leurs deux quartiers-généraux, avant son départ pour St Pétersbourg. Le Grand-Duc Nicolas l'ayant appris et désirant prévenir une nomination, qui lui eût enlevé la gloire finale de la campagne, envoya immédiatement l'ordre aux généraux Gourko, Skobeleff et autres de passer, coûte que coûte, les Balkans et de marcher droit sur Andrinople. On sait quels furent les résultats héroïques, surhumains, de cet ordre plus que hardi. Les succès des Russes sur les Balkans furent si imprévus, si décisifs, qu'en quelques jours le sort de la Turquie fut décidé. Alors, emporté par ce succès inespéré, le parti des exaltés, y compris le général Ignatieff et le prince Tcherkasky, dressa le projet de cette carte fantastique étendant la Bulgarie indépendante de la mer Noire et du Danube à la mer Égée, qui devint la base du traité de San-Stéfano. Le premier à être averti de ce projet fut le prince de Bismarck. Le cabinet de Londres en fut informé à son tour, et c'est alors qu'il prit cette série de mesures qui mirent l'Angleterre et la Russie à deux doigts de la guerre. Ce projet, et ensuite le traité même de San-Stéfano furent reçus à St Pétersbourg par le prince Gortchakoff et tous les hommes sérieux, avec le sourire aux lèvres et comme une mauvaise plaisanterie. Le général Ignatieff lui-même, en arrivant à St Pétersbourg, avoua qu'il savait très-bien qu'il ne serait pas accepté par l'Europe, mais, dit-il, pour se disculper : il fallait profiter du désarroi où étaient les Turcs pour leur arracher le plus possible, afin qu'après la révision du traité par les puissances, il en restât assez pour nous satisfaire. Mais le moment n'était pas aux extravagances. Il fallait ou risquer la guerre avec l'Angleterre ou lui donner des apaisements. C'est ce qu'entreprit le comte Schouvaloff à Londres, avec une résolution qui demeurera son meilleur titre à la reconnaissance de son pays. Au fond, lord Beaconsfield n'avait aucune envie de faire la guerre pour la guerre. Il ne fut donc pas difficile au comte de Schouvaloff d'apaiser le cabinet de Londres. Outre les points touchant aux intérêts anglais et où le gouvernement russe s'engagea à ne pas diriger ses troupes, l'ambassadeur de Russie prit encore, au nom de son gouvernement, d'autres engagements importants, aujourd'hui connus, qui donnèrent pleine satisfaction au gouvernement anglais. Il y eut alors entre lord Salisbury et le comte Schouvaloff un premier épanchement sérieux et sincère, dans lequel ces deux hommes d'État échangèrent

des vues intimes sur les grands intérêts politiques de leurs
gouvernements. A cette même occasion lord Salisbury
a pu, paraît-il, prouver, les preuves en main, au comte
Schouvaloff, quels étaient les véritables sentiments de
l'Allemagne envers la Russie, et à partir de ce moment
les affaires marchèrent vers un aplanissement. Les négociations au sujet du futur congrès, qui se faisaient
jusqu'ici, difficilement, par l'entremise de »l'honnête cour-
tier«, le prince de Bismarck, furent conduites sans intermédiaire entre St Pétersbourg et Londres, et les bases
du congrès furent promptement arrêtées.

L'attitude du chancelier allemand au congrès de Berlin prouva enfin jusqu'à l'évidence son hostilité envers
la Russie. Il serait trop long d'entrer ici dans tous les
détails qui prouvèrent, qu'à l'exception des deux ou trois
points où il lui était honnêtement impossible de ne pas
soutenir la Russie, en apparence du moins, il la sacrifia
dans tous ceux qui lui tenaient le plus à cœur, tel que
celui, entre autres, de la séparation de la Roumélie
orientale d'avec la Bulgarie. Toutes les importantes concessions obtenues du Czar par le comte Schouvaloff,
pendant la courte maladie du prince Gortchakoff, lui
furent demandées avec instance par le prince de Bismarck, qui arguait chaque fois de certaines confidences
à lui faites par lord Beaconsfield ou le marquis de Salisbury, attestant leur ferme résolution de ne pas céder.
Il n'eut que deux seules préoccupations dans tout le
Congrès, et n'usa de l'influence que lui donnait sa position, que pour deux fins : d'abord pour que le Congrès
aboutît et se terminât le plus vite possible; puis, pour
obtenir à l'Autriche-Hongrie la Bosnie et l'Herzégovine. Sans l'esprit alerte et prévoyant du premier pléni-

potentiaire d'Italie, il serait même parvenu à faire glisser un mot synonyme d'annexion à la place de celui d'occupation.

Qu'il y ait eu un parti pris d'entente secrète avec l'Autriche-Hongrie contre la Russie, dans l'esprit du prince de Bismarck, dès la réunion du Congrès, c'est ce dont, alors, les esprits clairvoyants et, depuis, les moins prévenus ont dû se convaincre.

Aujourd'hui, que sont révélées les vues de l'Autriche-Hongrie sur Novi-Bazar, et, par suite, sur la tête de ligne de Métrovitza, qui lui livre, d'une part, le chemin de fer sur Constantinople, de l'autre, celui sur Salonique, c'est-à-dire les deux plus courtes routes vers l'Asie et vers l'Inde, aujourd'hui l'on comprend et l'on embrasse tout le vaste plan du prince de Bismarck, depuis l'insurrection de l'Herzégovine. Si l'Autriche-Hongrie réussit dans cette entreprise où il l'a lancée à tête perdue, ces deux immenses débouchés profiteront surtout aux produits allemands, et l'on a alors l'explication de son nouveau système de tarifs douaniers. Si elle ne réussit pas, le système dualiste est fini, l'élément slave prend le dessus en Autriche et passe compromis avec l'élément Hongrois; en attendant, l'Autriche allemande, avec Trieste, passe à l'unité allemande et tombe aux mains de M. de Bismarck comme un fruit mûr. D'une manière comme d'une autre son mot de 1866 sera une vérité; l'Autriche devient une grande »puissance slave du Danube« qui tient la Russie, mâtée, écartée de l'Allemagne, dont l'unité définitive est faite.

Tels sont les faits non encore connus dans leurs détails, qui ont complétement rompu l'entente des trois Empereurs et dessillé tout-à-fait, quoique tardivement, les yeux du gouvernement russe sur la politique poursuivie par le chancelier allemand.

Après avoir écrasé, démembré et isolé la France, il
a voulu par d'autres voies affaiblir et isoler la Russie
et la réduire pour longtemps à l'impuissance. Alors,
libre au centre de l'Europe, s'alliant à l'Autriche-Hongrie, il fera de celle-ci l'instrument qui doit agrandir,
enrichir et fortifier l'Allemagne par Constantinople et
Salonique d'une part, par Trieste de l'autre.

»On verra facilement« — dit en terminant le diplomate russe — »que cette alliance austro-allemande rendra la position de la Russie très-difficile, et que ses
hommes d'État auront besoin de beaucoup de circonspection et de prudence pour sauver leur pays des
dangers qui le menacent. Le prince de Bismarck est
insatiable, et les frontières de la Prusse à l'est ne lui
conviennent pas. Beaucoup de monde se souvient encore
de la conversation qu'il eut, un jour en février 1863,
avec M. Behrend, l'un des vice-présidents de la Chambre
des députés en Prusse. Il s'agissait de la convention
récemment conclue entre la Prusse et la Russie pour
l'oppression de l'insurrection en Pologne, et les paroles
du ministre firent une grande sensation. Il laissa, en
effet, entrevoir que la lutte pourrait prendre des dimensions telles que la Prusse serait amenée à occuper la
Pologne russe et à garder possession du pays pour son
propre compte. M. de Bismarck ne s'en tint pas là; il
dit même à M. Behrend que les Russes pourraient difficilement dominer les Polonais civilisés, tandis que
c'était, au contraire, chose facile pour les Allemands,
qui germaniseraient le pays en trois ans; qu'alors la
Pologne russe entrerait en union personnelle avec la

Prusse, à la suite de quoi les députés polonais siége-
raient à Varsowie au lieu de Berlin. Mais la remarque
la plus intéressante qu'il fit dans le cours de la conversation, ce fut que pareille entreprise serait possible
après la première grande guerre, qui éclaterait en Orient.«

»Ces paroles furent, il est vrai, officieusement démenties; mais comme il est déjà dit, elles produisirent
une grande sensation, et peut-être trouverait-on là, en
partie, l'explication de l'avenir.«

CHAPITRE XXII.

Mort et funérailles du roi de Hanovre en juin 1878. — Ma position personnelle pendant l'Exposition universelle. — Aperçu des différentes phases de la question du Slesvig du Nord dans la période de 1868 à 1879. Démonstrations de la population danoise. Visites princières. Discussion de la motion de M. Krüger au Reichstag allemand le 19 avril 1877. Discours de M. Krüger. Déclaration du ministre d'État Bülow. — Convention du 11 octobre 1878. Question de son origine. Comment on la juge en Europe. L'effet qu'elle a produit en Danemark et dans le Slesvig du Nord. Note danoise du 12 février 1879. — Atteint par un deuil irréparable je suspends mon activité politique.

Au milieu du bruit et des fêtes de la grande Exposition universelle, Georges V, roi de Hanovre, mourut presque subitement dans la matinée du 12 juin 1878 en son hôtel de la rue de Presbourg, à Paris. Une longue maladie, occasionnée à l'origine par l'anémie, l'avait certainement beaucoup affaibli, mais rien ne faisait pourtant pressentir une fin aussi prochaine. Le roi Georges, au contraire, avait visiblement repris des forces depuis sa visite en Angleterre au printemps de l'année 1876, et il parlait souvent de l'excellent accueil

que le peuple anglais, aussi bien que le gouvernement,
avait fait à lui et à sa famille. Le roi s'étendait avec
un plaisir particulier sur ses entretiens avec Lord Beaconsfield qui avait sévèrement blâmé la conduite de la
Prusse à l'égard du Hanovre et s'était plaint très-
amèrement de ce que les Whigs, grâce à leur politique
imprévoyante à l'extérieur, eussent permis la création
de deux nouvelles flottes en Europe, celles de l'Allemagne et de l'Italie, avec lesquelles l'Angleterre ne
pouvait s'empêcher de compter. Le roi Georges conservait encore l'espoir de quelque complication au cours
de laquelle l'Angleterre pourrait user de son influence
en faveur de la maison de Hanovre; la mort vint le
surprendre au milieu de ces illusions. On attribue sa
fin subite à une paralysie du cœur.

Les obsèques du roi eurent lieu le jeudi 18 juin
en grande pompe et au milieu de grandes manifestations
de sympathie de la part de la population. C'était un
spectacle intéressant que de voir cette foule qui s'étendait à perte de vue et formait la haie de l'Arc de triomphe à l'extrémité des Champs Elysées, jusqu'à la
chapelle protestante de la rue Chauchat, et qui se découvrit avec des signes non équivoques de respectueuse
condoléance sur le passage de cet imposant cortège, conduit par le prince de Galles et le fils du défunt. Le
roi Georges, par son caractère chevaleresque, avait gagné
les sympathies du Paris républicain, et les classes populaires n'étaient pas les moins empressées à témoigner
leurs regrets. Quelques jours après, le corps du roi fut
transporté à la chapelle de St Georges à Winchester,
sous l'escorte d'un aide de camp, le baron Pavel-Ram-

mingen, officier hanovrien resté au service de son roi, avec un rare dévouement, jusqu'à la dernière heure.

Les fêtes de l'Exposition universelle et les réceptions officielles reprirent leur cours. Ce grand Rendez-vous international eut un éclat et un succès qui dépassait tout ce qu'on avait pu voir ailleurs. Comme membre du jury pour le Danemark, j'eus toute facilité pour étendre le cercle de mes connaissances parmi les Français et les étrangers, et j'ai gardé le souvenir le plus agréable de mes relations avec tous ces personnages distingués. Je fus présenté notamment à l'ancien premier ministre, M. Jules Simon, qui était président de mon groupe, et je pus apprécier sa merveilleuse éloquence à un banquet où se trouvaient réunies plusieurs notabilités étrangères.

Les fonctions de jurés demandaient beaucoup de temps et de travail; mais elles étaient instructives et agréables. En outre, je puis dire que ma position personnelle à Paris avait à cette époque atteint un point qui dépassait de beaucoup les modestes vœux que je formais, quinze ans auparavant, en arrivant pour la première fois dans la capitale de la France. J'avais maintenant le plaisir de pouvoir compter, parmi mes amis intimes, un grand nombre de Français et la plupart des Danois qui fréquentaient la France. Je pouvais certainement m'applaudir de l'appui et des encouragements que je recevais de tous les côtés.

Mais cette heureuse période ne fut pas de longue durée et, comme la suite le fera voir, l'année 1879 devait me frapper cruellement dans ce que j'avais de plus cher.

J'ai laissé dans cet exposé la question du Slesvig du Nord à l'année 1868, époque à laquelle avaient été in-

terrompues les négociations ouvertes l'année précédente
entre les gouvernements prussiens et danois, au sujet
de l'exécution de l'article V du traité de Prague. Pendant ce long intervalle de dix années, les deux gouvernements avaient gardé le silence le plus complet sur
l'affaire; mais elle avait pourtant continué d'occuper
l'attention du monde politique par des échanges confidentiels d'opinions entre les princes, par des démonstrations de la population du Slesvig du Nord, par des débats aux parlements allemands et par des articles de
la presse dans tous les pays de l'Europe.

C'est ainsi qu'au mois de septembre 1869, les populations du Slesvig du Nord, jusqu'au Sud de la ligne
Flensborg-Tœnder, envoyèrent au roi de Prussse une
adresse, revêtue d'environ 28,000 signatures et ainsi
conçue:

„Sire,
Trois ans se sont écoulés depuis que Votre Majesté a conclu avec l'empereur d'Autriche la paix du 23 août 1866.
Dans l'article V du traité, une clause fut insérée, sur les
instances de l'empereur des Français, stipulant la rétrocession de la partie septentrionale du Slesvig au Danemark,
si les populations de ces districts par un vote librement
émis exprimaient le désir d'être réunies de nouveau au Danemark. Ce vote n'a pas encore eu lieu, et l'articleV du traité
de Prague attend son exécution. Nous soupirons après le
jour qui doit nous réunir à nos frères dont nous avons été
séparés, d'autant plus que toute notre patrie souffre du
caractère équivoque de la situation. Nous avons tenté deux
fois de nous adresser à Votre Majesté; mais nous n'avons
pu faire parvenir notre supplique jusqu'au trône, ni même
jusqu'au gouvernement de Votre Majesté. Rien ne saurait
ébranler notre foi en la complète exécution de ce traité,
ni la certitude que nous avons que le droit qui nous y est

constaté sera un jour reconnu; mais la situation est telle ici que nous avons cru que nous serions inexcusables de ne pas appeler, de nouveau, l'attention de Votre Majesté sur le triste état de choses qui résulte de la non-exécution du traité".

Mais le roi Guillaume ne reçut jamais cette adresse et les Slesvigeois danois, qui avaient été députés pour la porter à Berlin, durent s'en retourner sans avoir rien fait. Le gouvernement danois et le roi ne se laissèrent pourtant pas influencer par ces dispositions si défavorables. Lorsque, quelques années plus tard, au mois d'août 1873, le prince impérial d'Allemagne, ayant accepté une invitation du roi Christian IX, vint faire visite à la cour de Danemark après un voyage en Suède, il fut accueilli avec tous les égards au château de Fredensborg. Je ne sais si la question du Slesvig du Nord fut agitée dans cette circonstance; mais le prince impérial d'Allemagne, quand on lui remit, à Malmö, l'invitation du roi, aurait dit en plaisantant : »oui, j'accepte avec plaisir, mais la population va se figurer immédiatement que j'ai le paragraphe V dans ma poche.«

Le prince fut satisfait de la réception qu'on lui fit en Danemark, et l'empereur Guillaume exprima ses remercîments à notre ministre près la cour de Berlin, M. le chambellan Quaade.

Au mois de mai 1875, le roi Oscar de Suède, pendant la visite qu'il fit à la cour à Copenhague, manifesta l'intention de toucher un mot de la question du Slesvig à son prochain voyage à Berlin. Il en parla en effet avec le prince de Bismarck. Celui-ci lui aurait dit que, personnellement, il était disposé à un arrangement raisonnable avec le Danemark, mais qu'il rencontrait toujours de l'opposition de la part de l'empereur Guillaume.

Le feld-maréchal de Moltke, dans une occasion plus récente, se serait exprimé dans le même sens.

Cependant les Slesvigeois du Nord ne se lassèrent pas d'affirmer à chaque instant leur foi politique. A chaque élection qui avait lieu pour le *Reichstag* allemand et la Chambre des députés prussienne, ils réélisaient invariablement les députés danois à une majorité imposante, et notamment M. H.-A. Krüger. Ce patriote infatigable, après bien des tentatives infructueuses, finit par réunir, au printemps de l'année 1877, le nombre de voix nécessaire pour faire discuter au *Reichstag* la motion suivante :

> Le Reichstag arrête que le chancelier sera invité et autorisé à prendre les mesures nécessaires, pour que le droit qui a été garanti aux districts septentrionaux du Slesvig par le traité de Prague de voter librement sur leur retour au Danemark, soit mis en pratique le plus tôt possible.

La discussion eut lieu à la séance du *Reichstag* du 19 avril 1877 et je reproduis ici quelqus-uns des discours les plus intéressants qui y furent prononcés, surtout celui de M. Krüger, parce qu'il expose correctement et complétement le fond de l'affaire :

M. Krüger s'exprima ainsi :

> Messieurs, une motion semblable a été dernièrement faite à la Chambre des députés prussienne, sans pourtant y rencontrer l'appui et l'adhésion nécessaires. Je me permets aujourd'hui de présenter la même motion au Reichstag, non pas seulement pour faire prévaloir et sauvegarder les intérêts de mes électeurs, mais encore et surtout parce que je crois pouvoir affirmer avec raison, que la question dont il

s'agit et du ressort de cette Chambre, puisque le Reichstag représente aussi bien les intérêts de l'État prussien, que ceux des différents États allemands. La manière dont un seul État de l'empire allemand comprend ses engagements internationaux et cherche à les remplir, n'a pas seulement une grande importance pour cet État lui-même, mais elle a une portée très significative pour les États de tout l'Empire, non seulement parce qu'elle touche aux engagements internationaux en général, mais aussi parce que les conséquences d'une pareille démarche atteignent tout l'Empire allemand.

Il me sera facile de démontrer que l'attitude de la Prusse à l'égard de l'article V du traité de Prague, a un intérêt sérieux pour toute l'Allemagne.

En 1864, les duchés de Slesvig, de Holstein et de Lauenbourg furent enlevés par la Prusse victorieuse au roi Christian IX de Danemark, en vertu du principe des nationalités, sans qu'elle eût l'ombre d'un droit historique, ainsi qu'il ressort des décisions mêmes des conseillers de la couronne de Prusse. Cette conquête fut sanctionnée par les puissances de l'Europe en vertu du même principe, qu'on put invoquer pour cette partie de l'antique Slesvig danois où, dans les districts les plus méridionaux, les immigrés allemands sont en majorité, ou bien, pour les districts méridionaux où les races danoises se sont germanisées dans le cours des temps, sous une administration faible et inintelligente. Mais rien ne saurait justifier la conquête des districts septentrionaux du Slesvig où les races danoises se sont conservées pures, et où il ne se trouve qu'un nombre insignifant d'immigrés allemands; elle ne doit nécessairement être considérée que comme un acte de violence, puisque l'annexion a eu lieu contre la volonté des populations. Le sentiment de la justice porte le public à s'élever contre toute annexion qui a lieu contre la volonté du pays annexé.

Afin de protéger la liberté des races danoises, le droit de décider elles-mêmes de leur sort fut ajouté à l'article V du traité de Prague. L'époque où il devait être appliqué, n'ayant pas été fixée dans l'article en question, ne pouvait être déterminée que lorsque des preuves positives auraient démontré jusqu'à quel point la race danoise constituait la majorité de la population. Les Slesvigeois du Nord ont répondu avec le plus grand empressement à l'invitation qui leur était faite; par de nombreuses pétitions des masses et des résultats concluants aux élections ils ont indiqué clairement la limite des nationalités, et ils l'ont fait tant de fois qu'il semble superflu et même indigne, de persévérer dans cette ligne de conduite. Si l'on force les populations à rester dans leur situation actuelle, toute participation ultérieure aux élections aura de leur part uniquement pour but de protester contre la domination usurpée du gouvernement prussien et de veiller avec soin sur le droit de décider eux-mêmes de leur sort, qui a été donné aux Slesvigeois du Nord, puisque c'est sur ce droit que doit nécessairement s'appuyer l'Europe dans ses efforts pour atteindre cette ère de paix, à laquelle elle aspire depuis si longtemps.

Non seulement le gouvernement allemand ne s'est pas acquitté des obligations que lui imposait le traité, mais il s'est appliqué avec beaucoup d'ardeur, pendant les années qui se sont écoulées depuis l'annexion, à germaniser la population danoise aussi rapidement que possible, et en employant la force pour atteindre son but. Tous les efforts que tente la population pour faire connaître sa nationalité et ses dispositions politiques d'une manière légale et loyale, sont combattus par les fonctionnaires, et ont été bien des fois interprétés et punis comme actes condamnables, ce qui a donné lieu à une regrettable confusion dans l'administration de la justice. Aux dernières élections pour le Reichstag, le gouvernement adressa même, aux maîtres d'école du Slesvig septentrional, une circulaire par laquelle on appelait leur attention sur le danger auquel ils s'exposeraient en me donnant leurs voix. De hauts fonctionnaires se sont prévalus de leurs positions pour ridiculiser publiquement la confiance des populations en la loyauté de la Prusse, et pour déclarer en paroles, en y joignant l'action, que l'article V du traité n'était pas valide. Bien que la loi menace d'une peine sévère ceux qui excitent le public à regarder comme invalides les traités qui ont été

conclus, le gouvernement actuel n'a jamais jusqu'ici dés-
avoué une conduite aussi illégale et aussi condamnable.
On est autorisé, par l'abondance des preuves à l'appui de
cette assertion, à affirmer que le gouvernement actuel de
la Prusse ne veut pas exécuter l'article V du traité de
Prague, bien qu'il n'ait jamais déclaré officiellement que
cet article n'était pas valide et qu'il ait même fait mine, à
l'époque de l'affaire du Luxembourg, de prendre des mesures préliminaires pour en rappeler lui-même l'existence
et qu'il ait entamé à ce moment de prétendues négociations. L'attitude du gouvernement actuel, à l'égard des populations danoises, est celle d'un vainqueur, qui s'appuyant
sur sa force, menace l'existence de ces races et doit nécessairement, et avec raison, causer des inquiétudes et éveiller
des craintes non seulement au sein de ces populations, mais
encore chez tous les autres petits peuples voisins. Une pareille attitude, comme l'histoire nous l'apprend clairement,
ne peut pas avoir d'heureux résultats pour la Prusse ni
pour les différents États de l'Empire. Si tout l'Empire approuve cette conduite, ce qui est impossible puisqu'il s'in-
titule un Empire de paix, on lui attribuera avec raison
des tendances ambitieuses de conquêtes et personne n'aura
foi en son amour tant prôné de la paix. En se refusant à
exécuter l'article V, le gouvernement actuel de la Prusse
se rend coupable d'une violation flagrante du traité, et
même si jusqu'ici ce refus, de sa part, n'a pas eu de conséquences sérieuses, il doit pourtant recéler les germes de
complications et être gros de dangers, si l'Europe, écrasée
sous le poids d'armements immenses, exige une situation
définie et stable et est obligée de réclamer une exécution
loyale de la part de tous les contractants. Une exécution
loyale et spontanée de l'article V ne peut que faire honneur
à la puissante Allemagne; si elle ne le fait qu'après en
avoir reçu l'ordre, ce sera une amère humiliation infligée
au peuple allemand, qui peut exiger de son gouvernement
et de ses représentants qu'elle lui soit épargnée.

La mission que s'est proposée officiellement toute l'Allemagne, c'est de donner la paix à l'Europe et de la maintenir.

Le peuple allemand qui a été obligé de faire de si grands sacrifices, a réellement besoin de la paix européenne. Si les Allemands, par la voix de leurs représentants, approuvent la violation d'un traité et l'oppression d'une autre race, bien qu'ils se soient eux-mêmes réunis en vertu du principe des nationalités, l'Allemagne n'accomplira jamais sa mission; car quelque grande que soit sa puissance matérielle, il lui manquera pourtant la puissance morale. Au nom de la paix et des intérêts de l'Allemagne, je fais appel aux représentants du peuple allemand et je les invite à demander avec moi la prompte et loyale exécution de l'article V.

A une époque où il se produit de si grandes agitations sociales, et lorsqu'il s'agit d'investir l'autorité d'une force morale, il est impossible qu'il soit avantageux à la vie publique en Allemagne de voir un gouvernement de la Confédération se servir de la force pour fouler aux pieds le droit et anéantir la foi et la confiance en l'autorité. Une telle conduite doit surtout être dangereuse lorsque c'est un État confédéré, disposant d'une puissance imposante, qui fait un tel usage de la force; le premier pas est bientôt suivi du second.

Cette annexion injustifiable de 200,000 Danois n'a pas l'ombre d'utilité réelle pour l'Empire allemand, tandis qu' elle lèse et affaiblit la puissance de l'Empire. Pendant les années qui suivirent l'annexion, la population du Slesvig septentrional a été abreuvée de toutes les souffrances que peut éprouver un peuple dont on veut, brutalement, anéantir l'existence politique et la nationalité. Ces souffrances sont d'autant plus cruelles qu'elles ne sont pas méritées et qu'elles nous sont infligées contrairement à toutes notions du droit. Et tous les efforts d'un gouvernement aussi énergique que le gouvernement actuel prussien ont été pourtant stériles, comme tout spectateur impartial ou attentif peut s'en convaincre par le résultat de toutes les élections. Cette circonstance doit vous démontrer, Messieurs, de la manière la plus concluante, combien le bon droit de cette petite population doit être grand, puisqu'il constitue la seule force sur laquelle elle puisse s'appuyer et sur laquelle

elle s'appuie en effet. Elle doit aussi vous faire voir quelle grande responsabilité assumera le peuple allemand de votre fait, si vous sanctionnez l'injustice commise envers nous ; et il ne faut pas perdre de vue que même la puissante Allemagne ne peut pas, sciemment, lutter impunément contre le droit. Si le gouvernement prussien était obligé pour notre cause, de faire des concessions à la volonté et aux vœux d'une population, la position de la Prusse pourrait fournir matière à réflexion ; mais nous ne demandons pas de concessions, nous ne demandons que l'exécution loyale d'un traité que la Prusse victorieuse a solennellement signé au nom de Dieu. Il faut avoir toujours présent à la mémoire que l'article V est basé sur cette opinion, que la Prusse fit émettre à la conférence de Londres et défendre chaleureusement par ses plénipotentiaires.

Messieurs. Je vous prie de voter pour ma motion.

Le chef du centre, M. Windthorst, n'était pas absolument un adversaire de la motion, mais il ne voulut pourtant pas, pour des raisons d'opportunité, voter pour son adoption.

Je ne voterai pas pour la motion, dit M. Windthorst, non que je croie absolument qu'elle n'est ni motivée ni convenable, puisque je suis, au contraire, d'opinion que les habitants de ces districts, sinon le Danemark, ont acquis des droits par ce traité. Et s'il est vrai, comme l'ont avancé deux orateurs précédents, que la majorité de ces districts se prononce décidément pour une annexion définitive à la Prusse et à l'Allemagne, il me semble qu'il serait beaucoup plus simple de faire constater ce sentiment général par un vote ; Messieurs, or, plus vous persistez à vous élever contre cette motion, plus je doute de la justesse de votre affirmation.

Le seul motif qui m'empêche de voter pour la motion, c'est que je crois qu'une aussi délicate question ne peut pas être envisagée, par nous, sous toutes ses faces et que l'époque et les modalités pour les négociations doivent être

choisies par notre gouvernement en tenant compte de la situation générale de l'Europe. Comme je ne suis pas bien
édifié à ce sujet, je ne puis pas, à l'heure actuelle, voter la
motion; car si je le faisais, je croirais demander que le gouvernement agisse immédiatement comme on le propose. Mais
je le répète, bien que, pour ces motifs, je ne vote pas aujourd'hui pour la motion, je dois reconnaître pleinement
le droit conféré aux Slesvigeois du Nord par l'article V du
traité de Prague, et il est d'une mauvaise politique d'ajourner ces sortes d'affaires et de vouloir les faire tomber dans
l'oubli. Ce sont de ces choses qui ne s'oublient pas, elles surgissent de nouveau et très souvent au moment le plus défavorable ; mais j'ai assez de confiance en ceux qui dirigent
notre politique extérieure, pour croire qu'ils saisiront la
première occasion qui se présentera, pour en finir avec cette
question.

Un des honorables membres de la Chambre a menacé
notre collègue Krüger de proposer à l'Assemblée la radia-
tion de l'article V. C'est, en vérité, une très curieuse menace, Messieurs; peut-on faire table rase des traités européens à la Chambre des députés de la Prusse? Je ne puis
m'expliquer une pareille menace.

Par contre, la motion de M. Krüger fut vivement at-
taquée par un savant député, le docteur Hänel, professeur de droit à l'Université de Kiel. Son discours
fut l'épisode comique de ce débat.

Ma conviction, dit le docteur Hänel, est qu'il n'y a plus
lieu d'abroger l'article V du traité de Prague, qui est dès
aujourd'hui, au point de vue du droit des gens, vide de
sens et de nulle valeur. Pour vous le démontrer, Messieurs,
je ferai en très peu de mots deux observations.

La première, c'est que quiconque lit l'article V, même
superficiellement, doit se dire que l'exécution n'en peut
avoir lieu que dans certains cas prévus et, qui d'après
la nature des choses ne peuvent être déterminés qu'au

moyen de conventions entre la Prusse et le Danemark, je puis peut-être dire maintenant, entre l'Allemagne et le Danemark. Ces conventions doivent constater que les deux parties reconnaissent que les difficultés qui auraient pu s'élever, au sujet d'intérêts opposés, ont été aplanies Et bien, Messieurs, la Prusse a, de son côté et en temps opportun, précisé les cas dans lesquels surtout l'exécution de l'article V est possible, et fait des offres au Danemark en conséquence. Elles ont donné lieu à des négociations qui ont été conduites ici par MM. Quaade et Lothar Bucher, de mars 1867 à mars 1868. Il est notoire que c'est le refus du Danemark qui a enlevé aux offres de la Prusse leur importance et qu'ainsi le Danemark n'a pas admis les conditions dans lesquelles l'exécution de l'article V était possible. Voilà le premier point.

Mais le second point est encore plus important, considéré sous le rapport du droit des gens. Aux termes de l'article V du traité, quel est l'ayant droit? Formellement, c'est l'Autriche. Et bien, Messieurs, nous avons des déclarations positives de cette puissance. Dès maintenant, nous pouvons regarder comme telles certaines déductions qui figurent dans le *livre rouge* de l'Autriche. A une époque plus récente, nous avons des notes officielles, des notes qui ont été livrées à la publicité et que le comte de Beust, alors ministre des affaires étrangères, a adressées au comte Karolyi. L'Autriche y a formellement renoncé au rôle de contractant, au rôle d'ayant droit que le traité lui-même lui assignait; elle a expressément déclaré qu'elle n'a été que dépositaire de promesses. Vous vous souvenez, sans doute, de l'origine de l'article V; ce fut la France qui fit insérer cet article, en vertu duquel elle se considérait matériellement comme véritable ayant droit. Or, Messieurs, que trouvons-nous entre les stipulations, matérielles quant à la France, et seulement sous forme de dépôt, si je puis m'exprimer ainsi, quant à l'Autriche, que trouvons-nous, dis-je? La guerre avec la France et le traité de paix de Francfort. Dans ce traité, le principe du droit des gens a été entièrement appliqué, en vertu duquel les traités qui existaient entre les deux États belligérants, ont été annulés, et toutes les obligations qui découlaient des stipulations qu'ils contenaient ont cessé d'exister, excepté, si je ne me trompe, les conventions et les engagements pris en vertu de traités expressément spécifiés dans l'article XI. Or, je me demande, quelle est véritablement la situation actuelle? Si les stipulations de l'article V n'avaient pas pris cette forme singulière, tout accidentelle, d'une pareille médiation de tiers comme dépositaire, si, comme telle était l'intention véritable et comme le cas l'exigeait, elles avaient été insérées sous forme de protocole entre la Prusse et la France, quelles auraient été les conséquences? Messieurs, toute la question n'aurait plus eu sa raison d'être par suite de la guerre franco-allemande, et l'article V ainsi que le protocole qui en dépendait, aurait été abrogé. C'est une ancienne maxime du droit des gens, que les considérations formelles doivent toujours, judiciairement parlant, céder le pas aux considérations matérielles, aux points de vue matériels, comme conséquence de la situation dans son ensemble. Or, je prétends qu'en vertu d'une formule si étrangement embrouillée, nous pouvons dire : puisque le véritable intéressé, le véritable ayant droit, ne peut exiger de nous l'exécution des engagements qui résultent du traité, les obligations que nous imposait l'article V n'existent plus, et la forme adoptée pour le dépôt est de fait de nulle valeur.

Les paroles de ce savant sont réellement très étranges et très significatives; elles nous permettent d'apprécier l'état d'esprit de quelques-uns de ses compatriotes. La théorie d'après laquelle la validité d'une obligation dépend seulement des difficultés que soulève l'obligé, n'est qu'une négation de la science du droit, telle qu'elle est enseignée jusqu'ici; les dates historiques, invoquées par l'orateur, sont complétement fausses, et son assertion que le traité de Francfort, entre la France et l'Allemagne, a abrogé l'article V du traité de Prague,

est simplement ridicule. Hélas! comme on l'a dit, M.
le docteur Hänel n'est sans doute pas le seul Allemand
à qui l'enivrement de la victoire ait troublé l'esprit. Ce
qu'il y a de plus intéressant, c'est la déclaration officielle que fit à ce sujet le plénipotentiaire au conseil
fédéral, M. le ministre d'État de Bülow. En voici le
texte :

> Messieurs, je désirais, pour des motifs faciles à compren-
> dre, m'abstenir de prendre part aux débats, mais je suis
> pourtant obligé, après les paroles que vous venez d'entendre,
> dre, de rompre le silence. au risque même. comme on dit.
> de rouvrir la discussion. Il faut que je m'abstienne surtout
> de toucher au fond de la question. Pour des motifs pure-
> ment politiques, je ne serais pas en mesure d'en donner
> une explication, et je pense que cette Chambre appréciera
> les raisons qui me font désirer, en ce moment. d'éviter toute
> allusion à des négociations dont le gouvernement ne s'est
> certainement pas occupé depuis bien des années. Mais je
> ne voudrais pas avoir à me reprocher plus tard d'avoir
> omis de dégager la question d'une interprétation douteuse
> et peu claire, en constatant ici en tous cas, que la manière
> dont le gouvernement de l'Empire envisage maintenant
> cette question est identique à celle que le chancelier dont
> j'ai l'honneur d'être le représentant ici, a exposée à l'époque
> où le promoteur de cette motion en proposa une autre ayant
> pour but d'empêcher la fixation définitive des frontières de
> la Confédération allemande du Nord à cette époque, at-
> tendu que l'article V du traité de Prague n'avait pas encore
> reçu son exécution. Le président des commissaires de la
> Confédération dit alors simplement qu'il existait un traité
> d'après lequel aucun Slesvigeois — et j'appellerai particu-
> lièrement sur ce fait l'attention du promoteur de la motion.
> lequel nous a parlé d'un droit bien défini — d'après le-
> quel, dis-je, aucun Slesvigeois n'était autorisé à invoquer
> des droits acquis. Il existe, entre Sa Majesté le roi de
> Prusse et l'empereur d'Autriche, un traité au sujet duquel Sa

Majesté le roi de Prusse seul est appelé à prendre des décisions et à s'entendre avec l'autre auguste contractant,
sur son exécution, son application, les intérêts auxquels il
touche, les considérations politiques et militaires et les raisons d'opportunité. Les choses sont restées simplement en
cet état, et l'expérience de ces dix dernières années n'a
pu amener le gouvernement de l'Empire à modifier cette
interprétation, ni son opinion sur la manière de traiter cette
question. Ainsi, en constatant, au nom du gouvernement,
que je ne puis reconnaître les droits des Slesvigeois comme
tels, j'ajouterai, quelque désir que j'éprouve de tenir compte
de l'émotion visible que trahissaient les paroles du pro-
moteur de la motion, que lorsque les admonitions qu'il
a adressées au gouvernement ou à d'autres parties intéres-
sées, ont pris le caractère de menaces, bien qu'il se présente comme l'apôtre de la paix et de la bonne intelligence, l'effet sera diamétralement opposé à celui qu'il semble
attendre.

Il ressort de ce discours que le gouvernement prussien continuait d'envisager la question slesvigeoise au
même point de vue, bien qu'il se considérât toujours
comme lié par les stipulations du traité. De plus, les
derniers mots du ministre d'État contenaient, à n'en pas
douter, une espèce de menace qui ne faisait rien présager
de bon, quant aux intentions définitives du gouvernement allemand, et semblait indiquer, quoique très légère-
ment, qu'il profiterait de la première occasion favorable
pour s'affranchir de ses engagements.

Cette occasion ne se fit pas longtemps attendre. Dans
les premiers jours de février 1879, le monde politique
apprit inopinément que l'Autriche et la Prusse s'étaient
entendues pour signer une convention, qui annulait formellement la disposition du traité de Prague, relative
à la rétrocession éventuelle au Danemark du Slesvig du

Nord. Cette convention qui porte la date du 11 octobre 1878 et qui a été, par conséquent, conclue sous la régence du prince impérial d'Allemagne, pendant la maladie de l'empereur Guillaume, stipule brutalement, en deux articles, que le paragraphe V du traité est et demeure supprimé, en tant qu'il concerne le Slesvig du Nord. La convention fut plus tard ratifiée par les Empereurs d'Autriche et d'Allemagne. Elle ne fut pas conclue comme le traité de Prague au nom de la Sainte Trinité et, autant que je sache, elle n'a donné lieu à aucun échange de décorations entre Berlin et Vienne.

Le document parut dans les colonnes du *Reichsanzeiger* allemand du 4 février 1879; il n'était parvenu à la connaissance du gouvernement danois que la veille, par une communication officielle du comte Kálnoky, ministre d'Autriche à Copenhague, au ministre des affaires étrangères de Danemark. Les autres gouvernements de l'Europe avaient été, sans doute, tenus à cet égard dans une ignorance aussi complète que les Danois. Le bruit courut, pendant quelque temps, que le prince de Bismarck en avait informé l'ambassadeur de France à Berlin. Ce bruit ne semble pas fondé. C'est un télégramme, expédié par le vicomte Emmanuel d'Harcourt, alors premier secrétaire à l'ambassade de France à Vienne, le 3 février à une heure très avancée de la soirée, qui apporta à Paris la première nouvelle du traité.

On s'est demandé à quelle époque remonte réellement cette convention, et ce point n'a pas encore été bien éclairci. Il est probable que le prince de Bismarck et le comte Andrassy se sont entendus en principe sur la question, pendant le congrès de Berlin, et que le prince de Bismarck aura réclamé ce gage d'amitié de l'Au-

triche à titre de réciprocité. De plus, on croit savoir
que le prince Aloïs Lichtenstein, attaché militaire d'Autriche à Berlin, porta dans le courant de septembre
1878 à l'empereur Guillaume qui assistait alors aux manœuvres des troupes à Cassel, l'adhésion écrite de l'empereur François Joseph au traité. Comme les fiançailles
de la princesse Thyra de Danemark et du duc de Cumber-
land eurent lieu, dans l'Allemagne du Sud, vers la même
époque, beaucoup de personnes ont pensé que cette union
pouvait bien avoir servi de prétexte à la négociation.
Mais, à ce sujet, il y a plusieurs observations à faire.
D'abord, comme je l'ai déjà dit, la question avait dû
être décidée pendant le congrès de Berlin; ensuite, l'union
du fils du roi Georges V avec la princesse danoise était
probablement indifférente au prince de Bismarck, bien
que plus tard, lorsque les noces furent célébrées, il saisit
cette occasion pour faire beaucoup de bruit dans la presse
et accuser le gouvernement danois d'avoir insulté le gouvernement allemand. Il y eut là un de ces manéges dans
lesquels le chancelier allemand excelle, mais qui ne sauraient donner le change au public sérieux. A Paris, le
monde politique comprit que le traité du 11 octobre
effaçait les dernières traces de l'influence française sur
la politique générale; à St Pétersbourg on ne se dissi-
mula pas que M. de Bismarck aurait été moins hardi,
si l'empire russe n'avait pas été affaibli par la guerre
d'Orient; à Londres, on éprouva encore plus d'embarras; rien ne démontrait mieux l'impuissance radicale de
l'Angleterre qui, l'eût elle voulu, n'aurait rien pu faire
pour empêcher cette violation du droit des gens.

En Autriche, la presse officieuse se montra naturellement fort satisfaite, mais j'ai peine à croire que l'accord

du 11 octobre rencontra l'approbation absolue de tous
les peuples de la monarchie autrichienne. Une politique
malheureuse a entraîné l'Autriche, dans ces dernières
années, à faire beaucoup de tort au Danemark. Cette
attitude ne répond ni aux intérêts de l'Autriche ni
aux sympathies qui, en dépit de tout, unissent les Danois et les Autrichiens. On raconte que l'empereur
François Joseph, ce monarque si durement éprouvé,
a l'habitude de dire dans ses moments de décourage-
ment : »J'ai beau faire des alliances pour le bien-être
de mon gouvernement et pour le bonheur de mon empire; c'est ma destinée pourtant de ne faire toujours
que les plus mauvais choix.« L'alliance de l'Autriche
avec la Prusse en 1864 fut fatale au Danemark; mais
le cabinet de Vienne n'en recueillit que des humilia-
tions et des revers. Quatorze ans plus tard, l'Autriche
s'entendît de nouveau avec la Prusse pour léser le Danemark. Plaise à Dieu que cette nouvelle alliance n'ait
pas pour l'empire des Habsbourg des conséquences aussi
désastreuses que la première!

Dans toute l'Allemagne, il ne s'éleva pas, que je
sache, une seule voix contre le traité d'octobre lui-
même; seule, la *Gazette de Cologne* exprima l'espoir
qu'il n'empêcherait pas une transaction amiable avec
le Danemark. Mais l'Allemagne bismarckienne n'est
évidemment pas disposée à se montrer équitable envers
un petit État, bien que ce soit une chose insignifiante
pour elle, au milieu de sa toute-puissance, de réparer
le tort qu'elle a causé au peuple danois. Le chancelier
continue d'être l'enfant gâté de la fortune et semble
ne rien craindre de Némésis.

En Danemark, on sentait bien depuis longtemps que

dans l'état actuel de l'Europe, l'importance et la sûreté d'un pays, quelqu' honorable qu'ait été son passé, dépendent exclusivement du nombre des troupes qu'il peut mettre en campagne; on subit donc ce nouveau coup avec résignation. Le gouvernement danois se borna à exprimer son opinion sur le traité par une note datée du 12 février 1879. La réponse du gouvernement allemand se fit attendre un mois et fut, dit-on, assez peu conciliante.

Le traité a mis le courage des Slesvigeois danois à une nouvelle épreuve; mais il ne l'a pas abattu. Depuis bien des années, mes vaillants compatriotes sont habitués à souffrir et à lutter pour leur nationalité et leur langue; ils continueront à souffrir et à espérer.

Voici donc où en est aujourd'hui l'affaire : La base positive, sur laquelle reposait le droit des Slesvigeois du Nord, d'être de nouveau réunis au Danemark, n'existe plus en vertu du traité du 11 octobre, s'il est admissible toutefois qu'une stipulation, passée dans le droit des gens européen, puisse être annulée sans le consentement de toutes les parties. Mais il n'en reste pas moins, dans le Slesvig du Nord, une nationalité dont le droit public moderne a reconnu l'existence légale. L'avenir est à la Providence et non au prince de Bismarck.

Personne ne s'étonnera que le traité d'octobre ait été un rude coup pour moi qui, en dépit de toutes les amertumes, avais persisté dans l'espoir d'une solution plus satisfaisante. Sur ces entrefaites, je fus frappé,

pendant un voyage en Danemark, par un deuil de famille des plus cruels. Les forces me trahirent et je dus
renoncer à toute occupation suivie, après quinze années
employées, à l'étranger, au service de mon pays.

BIBLIOTHÈQUE NATIONALE IMPRIMÉS

TABLE DES MATIÈRES.

BIBLIOTHÈQUE NATIONALE
R.F.
IMPRIMÉS.

www.ingramcontent.com/pod-product-compliance
Lightning Source LLC
LaVergne TN
LVHW020604180726
843502LV00002B/355